Práctica del Desarrollo Participativo

Reconocimientos por este libro

"Este es un libro de carácter obligatorio para cualquier trabajador del área del desarrollo que quiera evitar caer en las trampas de las prácticas coloniales, directivas y opresivas, que tanto daño han hecho, y que quiera realizar su práctica con integridad, humildad, honestidad y compromiso. Es una mezcla llena de dulce humanidad y análisis intelectual. No es fácil ser un buen trabajador del desarrollo (y muy fácil ser uno malo) y Anthony Kelly y Peter Westoby, a partir de su vasta experiencia, le ofrecen a los lectores el desafío de crear y desarrollar sus propios marcos de práctica, y le entregan una visión profunda de cómo se podría hacer un trabajo del desarrollo genuinamente centrado en la personas."

Profesor Jim Ife. Escuela de Ciencias Sociales y Psicología
Western University Sydney

"Esta obra representa un aporte significativo al incesante esfuerzo de ofrecer análisis críticos, perspectivas e ideas para la práctica del desarrollo participativo. Los autores muestran que se pueden aprender y conectar muchas variables cuando se estimulan y aplican el amor, el diálogo y la acción, de manera sistemática, prestando particular atención a las comunidades. Además, se puede abordar de mejor manera la pobreza y sus complejidades, cuando se consideran los marcos del desarrollo comunitario como integrales y esenciales para enfatizar la importancia del cultivar la relaciones, desde el nivel local al global, entre individuos, organizaciones e instituciones. Los alumnos que recién se inician en esta área, así como también los profesionales más experimentados se verán beneficiados con estos capítulos, que nos recuerdan una vez más, que en el trabajo del desarrollo comunitario, el proceso es el resultado."

Paul Lachapelle, Profesor Asociado de Desarrollo Comunitario, Montana State
University, Presidente de International Association of Community Development

Práctica del Desarrollo Participativo

Una metodología sistemática de desarrollo comunitario para romper con el ciclo de la pobreza

Anthony Kelly y Peter Westoby

Practical
ACTION
PUBLISHING

Practical Action Publishing Ltd
27a Albert Street, Rugby, Warwickshire, CV21 2SG, UK
www.practicalactionpublishing.org

Edición inglesa 2018
Edición en español 2019

El registro de catálogo para este libro se encuentra disponible en la Biblioteca Británica. Se ha solicitado el registro de catálogo de este libro a la Biblioteca del Congreso.

ISBN 978-1-788530-750 Hardback
ISBN 978-1-788530-767 Paperback
ISBN 978-1-788530-774 Epub
ISBN 978-1-788530-781 PDF

Referencia: Westoby P. y Kelly, A., (2018) *Práctica del Desarrollo Participativo: Una metodología sistemática de desarrollo comunitario para romper con el ciclo de la pobreza,* Rugby, UK: Practical Action Publishing <http://dx.doi.org/10.3362/9781788530781>

Desde 1974, Practical Action Publishing publica y difunde libros e información en apoyo al trabajo de desarrollo internacional en todo el mundo. Practical Action Publishing es un nombre comercial de Practical Action Publishing Ltd (Reg. de la empresa No. 1159018), la compañía editorial de propiedad absoluta de Practical Action. Practical Action Publishing comercializa solo en apoyo de los objetivos de caridad de la empresa matriz y cualquier utilidad se entrega a Practical Action, según lo pactado. (Reg. de Caridad N°. 247257, Registro de IVA del grupo 880 9924 76).

Portada diseñada por RCO.design
Traducido del inglés por Iván Jiménez Valdivieso y Luis Díaz
Impreso en el Reino Unido
Compuesto por vPrompt eServices Pvt. Ltd.

Contenido

http://dx.doi.org/10.3362/9781788530781.000

Lista de tablas, figuras y recuadros

Tablas

Figuras

Recuadros

Agradecimientos

A las tantas personas que han hecho posible este trabajo

Pam Bourke
Ingrid Burkett
Mike Dendle
Gerard Dowling
Rosalie Dwyer
Deanna Kemp
Sandra Sewell
Lynda Shevellar
Ernie Stringer
Helen Thal
Paul Toon
Nuestros Colegas de Oxfam Australia
Nuestros Socios en este Proyecto

A Krystal Trickey por sus ilimitados esfuerzos de edición. A Clare Tawney de la editorial Practical Action Publishing.

Nuestros agradecimientos a las tantas personas sin nombre que han brindado tanto apoyo y han sido de tanta ayuda para darle forma este libro.

Nuestras más sinceras disculpas a quienes se han visto atrapados en el caos asociado al lento proceso de escribir este libro.

Este libro está destinado a todas las personas, sin distinción de su género, que han dedicado sus vidas a la noble labor del trabajo con las comunidades.

De más está decir, que tanto para los traductores como los editores es muy importante el lenguaje inclusivo, pero en el caso del español su uso, a veces, puede ir en contra de la fluidez y significado de las palabras, algo que por su naturaleza no necesariamente sucede con la misma frecuencia en el caso del idioma inglés.

Es por eso que se ha tomado la decisión de seguir la norma gramatical del español utilizando la forma masculina, que incluye a ambos géneros.

Sobre los autores

Anthony Kelly

Anthony lleva más de 40 años trabajando en el área de desarrollo comunitario. Dictó clases de desarrollo comunitario en la Universidad de Queensland durante 25 años y se retiró en diciembre del 2005, ya que quería dedicar los últimos años de su carrera profesional a contribuir de manera más activa en terreno.

Tras 30 años de participación voluntaria en Oxfam Australia, trabajó a tiempo parcial con ellos durante tres años como Coordinador de capacitación y educación. En el siguiente período, trabajó con el Centre for Social Response (Centro de Respuesta Social) en muchos países del mundo, ayudando a las empresas mineras a trabajar de manera más productiva con las innumerables comunidades indígenas y locales con las que interactúan.

Sus ideas fueron profundamente influenciadas por la tradición gandhiana; una persona que conocía personalmente a Gandhi le enseñó estas prácticas. Sus procesos de educación y formación también fueron profundamente influenciados por el trabajo de Paulo Freire y las múltiples aplicaciones de sus ideas fundamentales. Gran parte de su trabajo internacional inicial se realizó en Asia, particularmente en la India, donde sus colegas lo influenciaron, tanto en lo teórico, como en la práctica innovadora que compartieron con tanta generosidad.

Es posible contactar a Anthony en esta dirección: anthonykelly18@hotmail.com.

Peter Westoby

Peter originalmente proviene del Reino Unido, pero ahora disfruta vivir en Yeronga, Brisbane. Después de haber trabajado más de 10 años en la Universidad de Queensland, es profesor asociado de ciencias sociales y desarrollo comunitario en la Queensland University of Technology Australia; es profesor visitante en el Centro de Apoyo al Desarrollo, Universidad de Free State, Sudáfrica; y es Director de la Cooperativa de Praxis Comunitaria.

Enseña e investiga sobre teoría y práctica del desarrollo comunitario, estudios de diálogo y estudios de migración forzada. Ha trabajado en desarrollo juvenil, comunitario y organizacional hace 28 años en Sudáfrica, Uganda, Vanuatu, Papúa Nueva Guinea, Filipinas y Australia. Este trabajo ha incluido diversos campos de práctica, como el trabajo de apoyo psicoactivo para refugiados, salud reproductiva de adolescentes, agua y saneamiento, y rehabilitación de drogas. Es conocido por sus monografías, tales como: *Dialogical Community Development* (2013) (Routledge), *Soul, Community and Social Change* (2016) y *The Sociality of Refugee Healing* (2009).

Peter es un apasionado de la lectura, del buen café, de pasar tiempo en su librería local AVID Reader Bookshop, del senderismo y de viajar.

Es posible ponerse en contacto con Peter en esta dirección: peter@communitypraxis.org.

Uniendo viajes: introducción

Resumen

Este capítulo introductorio le dará al lector una idea clara de porqué hemos escrito este libro, preocupados por los asuntos fundamentales de la vida, mientras respondemos a las diversas peticiones sinceras de los demás. Al vincular nuestro trabajo con las diversas tradiciones de práctica que nos han influenciado, especialmente la expresión de la tradición gandhiana, examinamos el contexto del trabajo de desarrollo. Desde esta base sólida y rica, consideramos la contribución intermedia de la comunidad, un espacio entre lo pequeño y lo grande. Aunque la comunidad tiene un rostro humano y un toque personal, lo suficientemente pequeño para que podamos participar e influir, se encuentra en una forma lo suficientemente grande como para emprender una acción pública concertada en el nivel que sea necesario.

Palabras claves: desarrollo participativo, desarrollo comunitario, práctica del desarrollo, desarrollo internacional, desarrollo social.

Historias de tradición
como obsequios verbales que flotan
llenos de espíritus que sanan
sus sagrados truenos rebotan.
Bailarines y hechiceros
las pasan de labios a oídos
cada narrador dice algo nuevo
joyas y finas túnicas adornan sus sentidos.

Se forjan las historias
de tantos miles de hilos
los tejedores están unidos
al igual que sus amplios tejidos.
Las madres las cuentan a sus hijos
Y ellos así a los suyos,
estas palabras de antigua sabiduría,
para todos son riqueza y orgullo.

Nadie es dueño de una historia
quietas no las podemos retener.
Las historias son espíritus libres
cuyos dones no pueden perecer.
Muchas voces las narran
su origen nadie declama
generaciones más tarde,
sus escritores se apropian de la fama.

http://dx.doi.org/10.3362/9781788530781.001

El relato deja de respirar
al estar en el papel plasmado.
Sus dones se convierten en negocios
y el autor se vuelve el renombrado.
Lo que eran imágenes vivas
en las hojas son solo impresiones,
las voces que con el alma cantaban
la tinta las calla en sus prisiones.

Recreen las historias,
den vida a las palabras en las páginas.
Vean no tan sólo a quien las escribió,
sino a quien durante eras las narró.
El mensaje oculto allí,
es mucho más de lo que parece.
Vean más allá de las palabras
A quienes por sus sueños fallecen.

Ingrid Burkett

Práctica del desarrollo participativo: el libro

Cada libro es un viaje en sí y éste no es una excepción. La manera en que comenzó, cambió y se desarrolló hasta llegar a su forma actual es la historia de un viaje largo, lleno de ensayos y errores, un viaje a menudo sorprendente dentro del contexto de la práctica del desarrollo. Ese viaje es en parte nuestro, de sus escritores, pero en parte, también, el viaje de muchos trabajadores del desarrollo, especialmente durante las últimas décadas. Este libro es también el resultado de las experiencias de nuestros colegas, que han contribuido con sus conocimientos de la práctica del desarrollo y que, esperamos, logren escuchar y reconocer sus mensajes de manera colectiva en estas páginas. Hemos usado la palabra "nosotros" para referirnos a nosotros, los escritores, pero también está destinada a incluir a nuestros colegas que han ayudado a crear estas palabras gracias a su audaz experimentación y generosidad al compartir sus trabajos.

En el libro, hemos usado el término "práctica del desarrollo" para dar una orientación metodológica y para describir la suma de todos los procesos y habilidades asociadas con el trabajo. Hemos utilizado el término "trabajo del desarrollo" para describir el ámbito del trabajo, y hemos utilizado deliberadamente la palabra "trabajador" en lugar de profesional para incluir a todas las personas, remuneradas o voluntarias, que han intentado construir comunidades. Ocasionalmente, hemos usado la palabra "profesional" cuando hemos querido enfatizar que una intervención particular es deliberada, experta y disciplinada. Pero nos referimos tanto a los trabajadores como a los profesionales para incluir a todos los de buena voluntad, quienes, a pesar de todas las dificultades, han dado los dones que tienen o simplemente todo lo que estaba a su alcance para construir un mundo mejor.

En los primeros días de la redacción, hubo muchas llamadas de los trabajadores del desarrollo solicitando "un libro sobre la práctica", un libro que reuniera el conocimiento de la práctica y la experiencia que pudiera satisfacer las necesidades cada vez más urgentes de una creciente gama de personas interesadas en capacitarse para emprender trabajos de desarrollo y construir comunidades.

Los maestros en las escuelas nos brindaron aliento, porque querían construir una comunidad en salas de clases, patios de recreo y reuniones con el personal. Las personas en barrios antiguos y nuevos nos alentaron, clamando por ayuda para construir y renovar sus comunidades. Nuestros colegas en centros comunitarios y en trabajos del desarrollo internacional querían que parte de su progreso se compartiera con otros, para facilitar un poco los caminos para aquellos que los seguían. Más recientemente, nuestros colegas en el mundo corporativo necesitaban acceder al material para sostener sus esfuerzos en la construcción de la responsabilidad social empresarial. Especialmente cerca de nuestros corazones estuvo el llamado de los pueblos indígenas, porque vieron que esta forma de trabajo del desarrollo se identifica con sus antiguas sabidurías. Este libro es una respuesta a esas peticiones y a la de nuestros corazones.

Hemos intentado escribir un libro que se ocupa de cuestiones fundamentales de la vida, no necesariamente relacionadas con las últimas políticas gubernamentales ni las últimas tendencias. Las palabras que nuestros colegas utilizaron para nombrar los asuntos básicos fueron más profundas, llegan al corazón y distinguieron la práctica del desarrollo de la política gubernamental instrumental. Usaron palabras como visión, verdad, dignidad, persistencia, honestidad, inclusión, excelencia, amor y relación. Los trabajadores del desarrollo querían que avanzáramos a un nivel más profundo y más personal para describir el trabajo y, al mismo tiempo, tener una perspectiva más amplia para enfrentar los problemas importantes en esta era de la globalización. Querían que reconociéramos los diversos problemas que deprimen el espíritu y que arrebatan la energía, y al mismo tiempo, querían que viéramos con nuevos ojos lo que creíamos que debíamos hacer, que revisáramos cómo queríamos que fuera la comunidad y cómo queríamos desarrollarla, siendo fiel a las mejores tradiciones de práctica del desarrollo que nos inspiraron en primer lugar. Querían compartir nuestros pensamientos colectivos sobre el progreso que hemos logrado juntos en torno a lo que podemos hacer. El objetivo era escribir un libro reflexivo y práctico que fuera congruente con las realidades modernas, pero respetuoso de estos preciados sueños. *La Práctica del Desarrollo Participativo* es la suma de nuestros mejores esfuerzos colectivos para satisfacer estas múltiples y sinceras solicitudes.

En el trabajo del desarrollo, es importante no solo darle nombre a lo que hacemos, sino también mencionar de dónde venimos. Tenemos a nuestras familias y colegas como puntos de referencia, pero puede ser de ayuda si contamos con un contexto más amplio al que podamos pertenecer, una "tradición de práctica" que nos una a los aprendizajes de las luchas de los demás y nos mueva más allá de lo inmediato de nuestras vidas cotidianas. Comprender la tradición a la que pertenecemos nos ayuda a reconocer cuál podría ser nuestra propia contribución en términos de acción, educación o investigación, dentro o fuera de las estructuras, como recién llegados o con manos viejas, hombres o mujeres, con creencias cristianas, marxistas, budistas o musulmanas. El poema de Ingrid Burkett, al comienzo de esta introducción, habla de este legado seductor de la tradición.

Este libro no es un texto histórico que proporciona una visión general de las numerosas tradiciones disponibles o una descripción detallada de la nuestra. Incluso dentro de cualquier tradición existen muchas interpretaciones que difieren en contexto y énfasis. *La Práctica del Desarrollo Participativo* ofrece una interpretación particular de la tradición gandhiana a la que con orgullo pertenecemos, pero hemos enfatizado la participación, el diálogo, la comunidad y la acción de una manera que la distingue de otras interpretaciones más ascéticas y contemplativas de esa tradición. Hay que tener en cuenta que la tradición se puede resumir en las palabras de Gandhi: "el amor es la fuerza más poderosa que posee el mundo y, sin embargo, es la más humilde que se pueda imaginar" (Gandhi, 1958: 93). Por consiguiente, es una tradición infundida de amor, diálogo y acción.

Tenemos la sensación de que, si no estamos abiertos a las tradiciones del trabajo de desarrollo, no podremos apreciar su naturaleza recurrente o las prácticas de sabiduría fundamentales asociadas con él. Saber cuál es nuestra tradición y conocer las historias de nuestros colegas pasados y presentes es una parte importante de conocernos a nosotros mismos. Con nuestra conexión con la tradición, mantenemos intacto el hilo de la vida comunitaria que se nos ha dado y que, a su vez, queremos compartir.

Las diversas tradiciones disponibles proporcionan un abundante patrimonio, pero también pueden ser una fuente de confusión. Para dar cabida a este aporte, hemos escrito un capítulo introductorio con el fin de establecer una base común de entendimiento para que haya un sentido mutuo de lo que entendemos por método, lo que entendemos por marcos y cómo éstos estructuran el trabajo y ayudan a los trabajadores de desarrollo a construir un enfoque ordenado y metodológico. Después de ese capítulo introductorio, el libro se estructura en torno a los diferentes niveles de la metodología del desarrollo y cada capítulo abarca un nivel diferente del trabajo. La estructura conceptual general del libro muestra cómo estos diferentes niveles se relacionan entre sí para formar un todo, pero también cómo los marcos en cada nivel configuran lo que deben hacer los trabajadores para avanzar en su trabajo. Esta representación de los contenidos de la *Práctica del Desarrollo Participativo* da una imagen lineal del proceso, pero eso tiene más que ver con expresar ideas en forma de libro. Nos esforzaremos por transmitir una comprensión multidimensional del método en el que cada parte está interrelacionada con la otra. Algunos lectores podrían preferir considerar cada capítulo no tanto como una capa del trabajo, sino como un elemento dentro de un paradigma más complejo, con el nivel implicado anidado dentro del micro, y el micro dentro del mezzo, y así sucesivamente.

El contexto del trabajo del desarrollo

El contexto del trabajo del desarrollo no corresponde a una página en blanco lista para ser escrita. Más bien posee una historia y esa historia no está muerta, sino que está viva y en buen estado a nivel consciente e inconsciente. Por un lado, existe una tradición de práctica extraordinariamente rica, tanto oral como escrita, y recurriremos a esa sabiduría en los próximos capítulos para ayudar a dar forma a la metodología del trabajo del desarrollo. Pero las últimas décadas han sido turbulentas y difíciles porque el contexto se ha visto profundamente afectado por las políticas públicas de las instituciones sociales y globales, como los gobiernos y las grandes empresas. En esa sección reflexionaremos sobre los 40 años o más de nuestra participación, que se remonta a nuestros primeros colegas que comenzaron su trabajo en tiempos de guerra, luchas de liberación y el Decenio de las Naciones Unidas para el Desarrollo. Describiremos el contexto del trabajo para ayudar a construir una base común entre la metodología descrita en este libro y el contexto en el que entendemos gran parte de la práctica del desarrollo. Este relato del contexto del trabajo del desarrollo no corresponde precisamente a una linda historia, pero tampoco podemos ignorarlo. La metodología y los marcos que exploraremos en este libro deben poder funcionar en estos contextos mucho menos benignos para que tengan pertinencia en estos tiempos modernos.

Tradicionalmente, los trabajadores del desarrollo se limitaban a un grupo reducido, que se conocían entre sí por contacto directo o por reputación, incluso en países con grandes poblaciones y enormes distancias geográficas. Convirtieron en una virtud sus precarias circunstancias al unirse y compartir lo que tenían y sabían. Sacaron fotocopias de los informes del proyecto y los folletos del último taller, exprimieron a los facilitadores capaces y disponibles que a menudo se conocían entre sí. En general, este enfoque les sirvió y pudieron lograr pequeños fondos de financiamiento de una sorprendente variedad de patrocinadores locales, nacionales e internacionales para muchos talleres que se dictaban una sola vez. Se contrataron a los trabajadores, tanto en base a su buena voluntad y compromiso, como por sus calificaciones. Ciertamente, nadie, ni ninguna gran teoría, dictó qué se necesitaba o qué entrenamiento era mejor; ese patrón provino de las diferentes exigencias del trabajo mismo, y el trabajo en sí fue el que estableció esos vínculos.

Sin romantizar lo que podría describirse como una era no profesionalizada, lo que se veía a diario era una generosidad maravillosa. Los trabajadores se entregaron plenamente y entregaron su tiempo libremente, compartiendo los altibajos de su práctica con una vulnerabilidad honesta, que ayudó mucho a lograr que la disciplina avanzara. Los organizadores alojaban a las personas en sus propias casas si era necesario y esta hospitalidad cruzó los límites personales y profesionales y profundizó las amistades y las redes de apoyo. Este enfoque de "arreglárselas a toda costa", le sirvió a los trabajadores a nivel personal, pero nunca fue posible solucionar el desajuste constante entre la escasez de recursos y la escala del trabajo.

Pero el mundo del trabajo del desarrollo fue y sigue siendo un caleidoscopio de cambios. Los gobiernos en muchas partes del mundo y de diferentes tendencias políticas, experimentaron con el trabajo del desarrollo y luego redujeron rápidamente la cantidad de personas asignadas a estas labores, externalizaron el trabajo y se abrieron a la economía global. Se transfirió dinero para establecer organizaciones de manera apresurada. Los principales aspectos del trabajo del desarrollo que los gobiernos habían asumido anteriormente ahora se encontraban dispersos y eran otros lo que debían hacerlo. Las responsabilidades de las que se libraban eran diversas, complejas y laboriosas. A menudo, el personal y los comités de administración de las organizaciones comunitarias más inexpertas se proponían abordar las tareas más difíciles, pues justamente su inexperiencia les impedía ver la enorme escala del trabajo. En otras ocasiones, tales organizaciones estuvieron involucradas en estas situaciones más difíciles porque, de hecho, eran las únicas disponibles. En este ambiente desregulado, había poco conocimiento práctico acumulado, pocas garantías y muy poca supervisión o capacitación. En este contexto, se puso en peligro la salud y el bienestar de los trabajadores comunitarios sobrecargados.

En esta etapa, los trabajadores del desarrollo tenían programas que supuestamente abordaban el desarrollo de las personas. Tenían más recursos que nunca, pero se veían atormentados por todo un conjunto de otros problemas. Casi de la noche a la mañana, surgió una "industria del desarrollo". En algunas partes, se registraron organizaciones "comunitarias" bastante dudosas, lo que les permitió recibir fondos públicos. Los empresarios, que hasta ese momento no habían mostrado ningún interés particular en el sector de las comunidades y que no tenían conexión previa con las organizaciones de las comunidades, establecieron servicios de consultoría. La capacitación, que había sido un mecanismo tan importante de redes y una garantía de calidad, también se vio arrastrada por la marea de estos eventos. Llegaron consultores con una solución para cada problema concebible "justo a tiempo" con "la solución exacta", que en ese preciso momento se encontraban convenientemente al alcance de sus bolsillos. En general, fue un buen negocio, pero no para las personas a quienes estaba destinado el servicio.

Con la llegada de los gerentes y tecnócratas, la práctica del desarrollo se vio inundada por una cantidad abrumadora de iniciativas políticas que, paradójicamente, trajeron claridad a algunos problemas y profundizaron la confusión en otros. Sin embargo, los trabajadores tuvieron que esforzarse más que nunca para seguir ayudando con una profunda interacción humana en lugar de aplicar un procedimiento mecánico, carente de espíritu y sentimiento. Llenar formularios y cumplir con los requisitos de financiamiento se convirtió en una nueva ciencia. Se exigían acuerdos de servicio, lo que no es una mala idea, pero en la ecuación, distanciaron a los miembros de la comunidad y la responsabilidad quedó en manos del reinado de los financistas. Con el fin de cumplir con la creciente intromisión de los regímenes de financiamiento, se pidió a los trabajadores que desarrollaran criterios cada vez más detallados e indicadores de necesidades para justificar los recursos entregados.

Alimentar a este monstruo del financiamiento requería cada vez más tiempo y energía de los trabajadores del desarrollo. Las comunidades se vieron atrapadas entre el aumento de la demanda y la reducción de los recursos para realizar el trabajo. Aunque las organizaciones comunitarias se acomodaron a este pesado entorno regulatorio, continuó la ola de dominación económica y control de políticas. Estas políticas económicas duras ignoraron las preciosas relaciones de confianza, impulsaron las cuñas entre el personal asalariado y el voluntariado, entre los trabajadores y sus comités de administración y entre las organizaciones comunitarias y sus comunidades. Las mismas políticas económicas y controles dificultaron el trabajo de desarrollo cuando hubo un énfasis tan fuerte en la prestación de "servicios para" los miembros de la comunidad en lugar de procesos de desarrollo que impliquen "trabajar con" las personas para que ellas exploren y encuentren sus propias soluciones.

Tomó un tiempo comprender estos confusos cambios de política, ya que su orden e intensidad variaban de un país a otro y de un lugar a otro. Fue una experiencia amarga darse cuenta de que el dinero adicional era un tanto ilusorio porque venía atado a muchos compromisos y mucho trabajo adicional, que solo distraía a las organizaciones del propósito para el que fueron creadas. Se necesitó claridad y sabiduría para entender que no había forma de reemplazar a los trabajadores con experiencia, al lugar de trabajo seguro y agradable, a la supervisión experta, la buena y sólida capacitación orientada a las habilidades, las estructuras de apoyo y al financiamiento básico, y no solo centrarse en los "resultados" del programa, sino en el propósito central de la organización. Los trabajadores del desarrollo en todas partes querían contratar y capacitar a los suyos e insistir en el tipo de respuesta que el oficio podía ofrecer en lugar de ceñirse a una receta uniforme.

Esta nueva independencia también correspondió a una época de grandes pérdidas, ya que los trabajadores del desarrollo se dieron cuenta de una manera muy profunda que ya no podían confiar en sus propios gobiernos e instituciones sociales. Habían presenciado cómo muchos servidores públicos, que anteriormente habían tenido relaciones de trabajo cercanas con las comunidades, se habían transformado en funcionarios de gobierno. Esta transformación no fue solo una pérdida de participación en la gobernanza social, para muchos trabajadores del desarrollo, también fue una pérdida profesional. Los analistas de políticas gubernamentales, los gerentes de programas y los encargados del financiamiento cambiaron gradualmente de colegas a representantes gubernamentales, ahora a disposición de jefes desconocidos y con lealtades no con la comunidad, sino que con las instituciones de por "allá arriba" y "lejos de aquí".

A medida que estos trabajos que habían conectado la vida comunitaria a instituciones sociales claves se volvieron más difíciles y fundamentalmente menos satisfactorios, la rotación en los cargos alcanzó proporciones descomunales. A los trabajadores del desarrollo en organizaciones comunitarias les tocó relacionarse con una cantidad desconcertante de funcionarios por períodos cada vez más breves, a medida que los funcionarios ocupaban puestos temporales o de transición. El nivel de desconfianza e incluso hostilidad que muchos de los trabajadores ahora tenían hacia ellos agravó aún más la alta rotación de los funcionarios del gobierno. Muy a menudo, las importantes labores que los funcionarios debían realizar se basaban en relaciones de confianza con las comunidades, sin embargo, la inestabilidad radical dentro de los mandos del gobierno redujo la interacción entre el gobierno y las comunidades a un ritual superficial y mecanicista. Es justo decir que en la turbulencia que caracterizó este período, se destruyó gran parte de la sabiduría y la estabilidad de las instituciones sociales y la forma en que éstas debían trabajar con las comunidades.

Lamentablemente, esta situación de cambios inútiles no ha disminuido. El enfoque de la política pública ha cambiado, pasando de una política que lo "arregle todo" a otra. Por ejemplo, existió un cambio de "proveedor" a un "enfoque de comprador". Responder mejor a la demanda de los consumidores es siempre una buena idea, pero ¿quién era el comprador? En general estos eran los gobiernos o las entidades internacionales como el Banco Mundial, pero ¿dónde deja eso a los miembros de las comunidades que debían beneficiarse de toda esta actividad? Luego se hizo hincapié en los resultados en lugar de en los insumos, hubo reducción de personal en lugar de despidos, hubo licitaciones competitivas en lugar de estabilidad y continuidad, solo por nombrar algunos cambios. Y el desfile de estas políticas aún sigue. En cada una de estas políticas hay algo de verdad que podría haberse aprovechado, pero ninguna de ellas abordó esencialmente la cuestión profundamente humana de lo que constituye un acto útil y humanitario que permita a los pobres y vulnerables dar un paso hacia adelante. Los trabajadores y los miembros de las comunidades se sentían como instrumentos objetivados de una prestación de servicios o números estadísticos en gráficos. Se produjeron negligencias gravísimas en las relaciones, que son tan necesarias para el trabajo del desarrollo, lo que dañó el alma e hirió a muchas de las personas más comprometidas y solidarias de la comunidad.

La lógica del libre mercado, donde todo se compra y se vende, también ha sido una influencia inexorable. Las pequeñas organizaciones comunitarias tradicionalmente consideradas un activo ahora se consideraban demasiado pequeñas y poco profesionales. Palabras preciosas como "asociación", término usado con moderación y forjado a partir de compromisos mutuos y profundos en los buenos y malos momentos, estaban siendo manipuladas, vaciadas de principios, valores y relaciones. Era "más fácil", "más barato" y "más eficiente" "hacer llamados a licitaciones" y "contratar a las partes" para la prestación de servicios. Se pidió a las organizaciones e instituciones sociales no gubernamentales más grandes que realizaran tareas comunitarias. Pero incluso este estado de las cosas, donde las grandes organizaciones sin fines de lucro eran los prestadores preferidos, no iba a durar mucho. ¿Porqué no invitar a las licitaciones a cualquiera? Las conocidas empresas bancarias, contables y de ingeniería se convirtieron repentinamente en "instituciones sociales" con un enfoque del "desarrollo" que podían realizar los planes de la comunidad a cambio de una tarifa. El capital de las comunidades basado en relaciones de confianza y buena voluntad primero se ignoró, luego se usó, después se abusó de él y finalmente se rechazó en una secuencia de políticas públicas en desarrollo.

En décadas más recientes, con la explosión de la globalización de todo, casi como una reacción a la cultura del gigantismo y la burocracia impersonal, se ha puesto de moda, una vez más, el trabajo del desarrollo. Es como si el personal de ventas de las agencias inmobiliarias internacionales se diera a sí mismo el título de "trabajador del desarrollo comunitario" para ayudarles a diseminar un mito comunitario y vender un desarrollo inmobiliario estéril sin árboles ni ninguna otra forma de vida. Los jóvenes e inexpertos trabajadores quieren trabajar en algunos de los lugares más difíciles, porque de repente es atractivo y mucho más exótico que lidiar con problemas locales. Existe casi tanta confusión acerca de porqué el trabajo del desarrollo se ha vuelto tan popular, como durante los largos y oscuros días en que era tan impopular.

En general, este panorama de políticas sociales y globales ha hecho que el trabajo del desarrollo sea más difícil de lo que debiera ser. El puente entre la lucha "en terreno", "entre la comunidad", de este trabajo y los escasos recursos disponibles de las instituciones sociales y globales no está en buen pie, y seríamos poco honestos si dijésemos lo contrario. Tenemos la esperanza de que el flujo de recursos de las instituciones sociales y globales más grandes hacia las organizaciones comunitarias mejore en todos los aspectos y que en el futuro se pueda generar una alianza nueva y mucho más respetuosa entre los pequeños grupos de personas y estas organizaciones nacionales, internacionales y globales. Independientemente de si ese flujo de recursos mejora y surge una asociación de respeto mutuo, la necesidad del trabajo de desarrollo sigue siendo tan urgente como siempre y la voz de los pobres, aunque sea fuertemente reprimida, no será silenciada.

Por increíble que parezca, como la hierba a través de las grietas en el hormigón, y dentro de este tumulto de cambios, comenzó a emerger una mayor claridad sobre nuestros propios intereses. Siempre hemos tenido un sano escepticismo sobre las llamadas verdades eternas de esta práctica, en un trabajo que por su misma naturaleza ha versado más sobre una realidad en permanente cambio y necesidades variables de los trabajadores, más que sobre rutinas fijas. Queríamos expresar y ser parte de una metodología para un trabajo cada vez más complejo y difícil en contextos locales, internacionales y globales. También queríamos visibilizar esta metodología dentro de esta tormenta de programas y políticas públicas sin vernos distraídos por ese ruido. Nos decidimos más que nunca a realizar un trabajo del desarrollo de manera respetuosa para con nuestras aspiraciones profundas de llevar una vida más favorable, más amable y justa entre nosotros y que de alguna manera fortaleciera a las comunidades y celebrara el espíritu humano. Pero ¿porqué trabajar con comunidades?

La vida comunitaria, el puente entre nosotros

La conexión entre el trabajo del desarrollo y la construcción de una comunidad es perfecta. La comunidad es parte de lo concreto del individuo y la familia, pero también llega a nuestras instituciones públicas y a la interrelación social y global. La comunidad corresponde a un nivel intermedio entre lo pequeño y lo grande.

Aunque la comunidad tiene un rostro humano y un toque personal lo suficientemente pequeño como para que podamos participar e influir, es también de cierta forma lo suficientemente grande como para emprender una acción pública concertada en el nivel que sea necesario.

Sin embargo, la idea de comunidad puede dar la impresión de que "comunidad" es una realidad independiente, un estado fijo y casi permanente, que goza de una cualidad objetiva y material. La verdad es que la comunidad es una idea que describe una realidad experiencial que crece y decae, y su existencia depende de la realidad y vitalidad de las conexiones entre las personas, depende del lugar y de lo que estas personas hagan o no hagan juntas. Por "comunidad" no solo nos referimos al vecindario o a la aldea. Puede haber más o menos comunidad dentro de una familia, un sala de clases o en el lugar de trabajo. Puede haber más comunidad esta tarde que la que hubo esta mañana debido a actos fraternos realizados, o menos debido al dolor o la crueldad. La realidad de la comunidad se materializa al vivirla, ni más ni menos.

Cuando buscamos el significado de comunidad fácilmente nos equivocamos. Con frecuencia, la gente pregunta "¿Qué es comunidad?" Y su ignorancia se ve confirmada cuando se enteran de que Hillery, en 1955, ofreció 94 definiciones (Hillery en Bell y Newby, 1971: 27). Incluso cuando este abanico de definiciones de hace casi un siglo es algo que aún compartimos, poco logra aclarar o resolver nuestra confusión, simplemente parece aumentar el desconcierto. Agobiada por esta variedad de definiciones académicas, la comunidad no es algo que parezca estar más cerca, sino más lejos, nublada de misterio y reforzada por una intangibilidad. Sin embargo, nuestras preguntas sobre la comunidad no corresponden solamente a una mera curiosidad intelectual, más bien tienen mucho que ver con una sensación de pérdida y un anhelo profundo. La comunidad es un asunto para los corazones y las manos, así como las cabezas. Constantemente sentimos y apreciamos en otros la ausencia de una experiencia explícita y aterrizada de comunidad, y las alegrías, dilemas y luchas que van de la mano con eso.

La palabra "nosotros" corresponde a la palabra más comúnmente utilizada para referirse a la "experiencia" de comunidad. Aunque la palabra "nosotros" puede parecernos tan simple, conlleva gran parte de lo mejor y lo peor del ser humano. Representa la gran y arrolladora pomposidad del "**nosotros**" de la realeza. Alude a una manera fraudulenta, cuando se usa para camuflar la ambición personal, suavizando los egoísmos detrás de una máscara de aceptación social. A veces, el término "nosotros" no transmite uno, sino varios mensajes: existe esperanza, fatiga y temor en el tan machacado, pero acordado texto de una declaración conjunta: un "nosotros" plagado de problemas que asegura un tipo de paz al final de una sangrienta guerra. Sin embargo, "nosotros" de la misma forma corresponde a un concepto hermoso, que incluye tanto el éxtasis de la pasión como la calma y seguridad de un abrazo. "Nosotros" también apunta a una palabra técnica, nunca utilizada a la ligera por un trabajador del desarrollo con experiencia, ya que puede expresar un propósito común y solidario del esfuerzo humano. "Nosotros" es una palabra que reconoce la relación y el diálogo y que nos abre las puertas a la inmensidad y complejidad de la experiencia humana.

Existe una amplia variedad de palabras y frases, cada una con un matiz particular, para describir este sentido del "nosotros". Los trabajadores del desarrollo, que provenimos de fuera de la comunidad, debemos utilizar la palabra "nosotros" en el sentido de "al lado de". El término "en medio de" para referirse a "nosotros" enfatiza lo colectivo y deja de lado el liderazgo formal. La palabra "entre" resalta la tensión que separa a las partes y la aceptación de la diferencia. "El acuerdo" enfatiza la naturaleza pragmática de un convenio; "la coalición", un compromiso público de las diferentes partes con un objetivo común. "La cooperativa" enfatiza la interdependencia entre medios y fines, en contraste con "el comercio", donde el beneficio mutuo surge del intercambio. En cualquiera de estas muchas frases, esta interdependencia se encuentra en la base misma del trabajo del desarrollo, cuando en realidad no es "su" agenda ni "la mía", sino "la nuestra". Es la relación en la que el trabajador debe insistir para que el "nosotros" se convierta en una segunda naturaleza, una respuesta instintiva y un movimiento valorado desde el corazón que nos une con otras personas para actuar. "Nosotros" significa todo esto y mucho más.

La mayoría de nosotros tenemos una profunda sed de llegar más allá de la soledad que eventos como una enfermedad y la muerte siempre refuerzan con una claridad candente. Pero la profundidad de nuestra sed es igualada y desafiada por la dificultad universal de llegar más allá del yo. En un nivel psíquico, incluso el falso e infundado miedo al rechazo puede ser una razón suficientemente poderosa para pasar toda una vida solo. Cuando observamos el mundo y las fuerzas que trabajan en nuestras vidas, que nos separan de nosotros mismos y entre nosotros, podemos comprender a cabalidad el sentido casi abrumador de la tarea de construir las estructuras y los procesos públicos que apoyan ese sentido de "nosotros". Conocemos bastante bien las mil y una caras de la guerra y el odio, de la codicia y la competencia y de la ignorancia y el miedo. Estas considerables fuerzas sociales, económicas y culturales atomizan cada vez más a todos los seres humanos e impiden que se unan entre sí.

Hay invitaciones para unirse, que solo sirven para reforzar la separación inherente. Al mismo tiempo, nuestra misma separación constantemente refuerza nuestra necesidad de unirnos y cooperar con nuestros semejantes. Sin utilizar los ejemplos más extremos de afiliación étnica o religiosa explotada para promover la división, el odio, el terror y la guerra, existen más ejemplos cotidianos. Comúnmente vemos un espíritu de equipo cuidadosamente afianzado en la vida de la comunidad y la empresa, con toda la cercanía de "nosotros" que alguien podría imaginar, pero diseñado para excluir, perjudicar o lastimar a otros fuera de su alcance. Aún más reveladores son los vínculos que se forjan para trazar líneas divisorias dentro de las familias. Estas fuerzas divisorias, suficientemente fuertes por sí mismas, crecen a medida que se asocian entre sí y hacen sinergias con sus impactos.

A pesar de la enormidad de las fuerzas contrarias divisorias que enfrentamos y la dificultad de la tarea, aquellos que quieren construir una comunidad tienen mucho a su favor. Sea intencional o no, la mayoría de las personas cooperan entre sí (Poteete, Janssen y Ostrom, 2010; Sennett, 2012). De hecho, si consideramos el asunto con cuidado y analizamos lo que hay detrás de las apariencias, vemos que el nivel y la escala de las fuerzas de la separación están más que igualadas por el nivel y la escala de nuestro deseo simultáneo de unirnos y de cooperar con los demás. De ninguna manera debemos subestimar los recursos globales, corporativos e individuales que apoyan los actos y eventos de separación, ni disminuir su importancia destructiva. A pesar de esto, tales actos destructivos no son más que interrupciones a un flujo más amplio y profundo del ser que, en última instancia, nos conecta de nuevo con una integridad ininterrumpida. La naturaleza sistémica, maravillosamente simple pero ordenada y compleja de las cosas, conecta las micropartículas de la materia y la vida con las galaxias del más allá. Los ciclos y las sinergias de la cooperación están escritos en la naturaleza misma de las cosas y estas fuerzas fundamentales de la vida y la naturaleza refuerzan esa cooperación. Celebramos la creciente valoración de esta interconexión de la materia y la diversidad de formas de vida.

Cuando se trata de nosotros, los humanos, a pesar de que hemos desarrollado tal capacidad para desgarrar el tejido de la naturaleza y desafiar sus normas, todavía demostramos múltiples tipos de conexiones, sin embargo, hemos disminuido nuestra capacidad para ver y disfrutar de esa conexión. El hecho de compartir el idioma, las costumbres y la cultura establece un punto de referencia del cual incluso, el acto más destructivo, no puede escapar. Esta naturaleza fundamentalmente cooperativa de las cosas se describe mediante muchas palabras diferentes que nos entregan una idea de la riqueza, con respecto a esta realidad. Tomemos estas breves páginas, por ejemplo. Ya hemos utilizado en forma de sustantivo y/o verbo los conceptos de nosotros, diálogo, cooperación, interdependencia, conexión, compartir, totalidad, orden, sinergia, apoyo y disfrutar. Cuando esas palabras se usan para comunicarse entre sí, revelan lo que pensamos y sentimos que es importante y, justamente por eso, desempeñan un papel clave al entregar imágenes y vías para comprender y construir la comunidad. Observar y explorar esas palabras claves e intentar comprender los planes y tomar los caminos demarcados en ellos, se ha convertido en una parte central de la metodología de trabajo del desarrollo, que se explorará en capítulos posteriores.

La contribución que la comunidad puede hacer es dividir grandes sistemas en partes, lo suficientemente grandes, pero a la vez lo suficientemente pequeñas como para permitir que las personas participen y manejen partes de sus vidas públicas, que de otra manera no podrían manejar. No se trata de restablecer los prados de la aldea con el fin de recordar tiempos del pasado; sino que es un proceso de creación de relaciones, recopilación de recursos, toma de decisiones y realización de tareas, a partir de las cuales los participantes crecerán y se sumarán a un bienestar colectivo.

Cuando se trata del trabajo del desarrollo, intentamos construir una comunidad que sea la expresión pública de la realidad del "nosotros". No tiene mucho sentido romantizar la tarea del trabajo del desarrollo. Ya tiene bastante emoción y drama sin necesidad de adornos. El trabajo del desarrollo es inmensamente gratificante, variado y desafiante, pero también es un trabajo difícil que exige tomar riesgos, una disciplina inmensa, una amplia gama de habilidades, grandes cantidades de energía y una persistencia basada en una reflexión profunda, que nunca se ve intimidada por las escasas probabilidades de éxito. Construir un sentido de comunidad corresponde a fomentar una conciencia y capacidad para fortalecer y celebrar la interdependencia, y esa conciencia debe incluir a los más pobres y vulnerables. Tener confianza en esta cosmovisión inclusiva corresponde a alimentar una rebeldía, que requiere un tipo especial de locura personal frente a los vientos huracanados que nos tienden a llevar a hacer lo contrario. Esta es una energía humana muy preciosa y generosa, con la que los trabajadores del desarrollo tienen el privilegio de trabajar y una fuente de orgullo y alegría constantes. Tenemos el privilegio de poder unirnos a nuestra pequeña contribución y formar parte de esa larga tradición de personas comunes y corrientes, pero a la vez extraordinarias, que han dado todo lo que tenían y lo que podían dar.

Referencias

Bell, C. and Newby, H. (1972) *Community studies: an introduction to the sociology of the local community*, Praeger, New York.

Gandhi, M. (1958) *All men are brothers: life and thoughts of Mahatma Gandhi as told in his own words*, UNESCO, Paris.

Poteete, A., Janssen, M., and Ostrom, E. (2010) *Working together: collective action, the commons, and multiple methods in practice*, Princeton University Press, Princeton.

Sennett, R. (2012) *Together: the rituals, pleasures and politics of cooperation*, Penguin Books, London.

CAPÍTULO 1

Construyendo un terreno común: marcos para estructurar el trabajo

Resumen

Este capítulo establece el terreno común para la comprensión de la naturaleza y el contexto especial del trabajo del desarrollo de las personas. Establecemos una diferencia entre lo que denominamos la prestación de servicios y el desarrollo participativo, y sin mirar en menos la prestación de servicios; defendemos el desarrollo participativo como el camino a seguir para combatir la pobreza, diseñado para hacer frente a temáticas asociadas a la marginalización y exclusión social. Compartimos nuestra comprensión de los contornos y la forma de la metodología participativa, que tiene como objetivo central la liberación de las personas del peso abrumador de la pobreza. Los niveles de esa metodología dan forma a los capítulos restantes del libro.

Palabras claves: desarrollo centrado en el crecimiento, prestación de servicios, desarrollo centrado en las personas, desarrollo participativo, marcos.

Pero, en primer lugar, hablemos sobre la naturaleza del trabajo del desarrollo con personas

La palabra "desarrollo" tiene muchos significados. El desarrollo puede enfatizar el crecimiento en términos económicos, o puede enfatizar otras cualidades tales como una mayor capacidad de las personas para tomar decisiones efectivas sobre sus vidas. Diferentes cualidades requieren indicadores distintos para medir el desarrollo, ya sea que el sujeto de esa medición sea una persona, una localidad, región o nación. La perspectiva del desarrollo centrada en el crecimiento pone énfasis en el progreso físico y económico de las localidades y países. Las perspectivas centradas en el crecimiento equiparan el desarrollo con un crecimiento acumulativo de la producción y los ingresos, la creación de una torta económica más grande, el aumento del consumo y la adopción de una base de valores culturales centrada en la racionalidad, la ambición empresarial y los logros. La premisa básica de esa perspectiva es que si se maximiza el crecimiento, los beneficios se trasladarán naturalmente a las personas más pobres, lo que dará como resultado una mejora en el nivel de vida de todos.

Si bien el desarrollo centrado en el crecimiento ha sido durante mucho tiempo la orientación política dominante de la mayoría de los gobiernos y la industria, los trabajadores del desarrollo tienen evidencias y la triste y amarga experiencia como para demostrar que incluso cuando hay crecimiento, y a veces un crecimiento enorme, muchos se quedan en la pobreza, y a menudo incluso peor que antes.

http://dx.doi.org/10.3362/9781788530781.002

Es por esta razón, que los trabajadores del desarrollo hacen una distinción entre los desarrollos centrados en el crecimiento y los centrados en las personas; ciertamente no son lo mismo, y están de acuerdo en que uno no necesariamente es un reemplazo para el otro.

El desarrollo centrado en las personas se basa en el desarrollo "por las personas y para las personas": interpreta el desarrollo desde una perspectiva contextual, cualitativa y transformadora. El foco de esta manera de abordar las situaciones se centra en la "calidad de vida" en lugar de en el "estándar de vida". Este enfoque enfatiza el poder cubrir las necesidades básicas, la autosuficiencia, la armonía con la naturaleza y el cambio estructural basado en los derechos. La premisa básica de esta perspectiva es que los conceptos como "pobreza" y "desarrollo de personas" deben recibir un enfoque especial y a estas personas no se les debe permitir vivir con el simple beneficio del "chorreo". Los planes de acción y la metodología del enfoque centrado en las personas deben ser definidos por las personas que viven en las realidades de un contexto particular; tienen el derecho y la responsabilidad de tomar decisiones y de tomar medidas para lograr esta transformación.

Aunque desarrollo es una palabra que tiene muchos significados, este libro trata sobre el desarrollo centrado en las personas; desarrollo que está centrado en las personas y es impulsado por las mismas personas. El trabajo del desarrollo de personas se refiere a la suma de las acciones que las personas toman para intentar hacer que sus vidas sean mejores, más justas y más sostenibles. El trabajo del desarrollo de personas es a la vez personal y diverso. Es personal porque la agenda del trabajo debe ser lo suficientemente significativa e importante como para garantizar la energía y la atención de las personas, y es diversa debido a la diferencia y complejidad de la condición humana. El trabajo no es imparcial, está orientado a la acción y está inmerso en las realidades concretas de las vidas de las personas y esto lo diferencia de un discurso objetivo, filosófico y crítico. Difiere especialmente de la ideología, porque recorre los caminos de la contradicción, la fragilidad y el fracaso siempre presentes.

El estudio del desarrollo centrado en las personas implica una exploración de los valores y creencias humanas y un análisis de la teoría y la sabiduría práctica que dan forma a la acción útil y resuelta. No es un estudio que involucre solo conocimiento objetivo, hechos concretos y fundamentos científicos. Es un estudio de la capacidad humana para el cambio y la transformación y, como tal, puede ser complejo, confuso, frustrante y/o gratificante; pero el reto del trabajo es siempre una constante. Eso exige que los trabajadores del desarrollo se embarquen tanto en la exploración personal como en el estudio de las circunstancias locales, siempre dentro del contexto global.

Desarrollo centrado en las personas: prestación de servicios y desarrollo participativo

En la práctica, el desarrollo centrado en las personas se conforma con dos tipos de programas diferentes: prestación de servicios y desarrollo participativo. Estas dos modalidades de programa, aunque diferentes, no son opuestas, en el sentido de que una sea mejor que la otra, sino que forman parte de un todo, con requerimientos de atención para cada una.

Existe una comprensión generalizada acerca de la necesidad de los servicios y el papel que desempeñan estos servicios tanto en brindar oportunidades para una vida digna, como en mantener la calidad en la vida de las mismas personas. Los servicios recalan en cada aspecto de la vida moderna, en la entrega de servicios esenciales como agua y electricidad, construcción, transporte y comunicaciones, seguridad pública y gubernamental, por mencionar solo algunos. Debido a esta exposición, existe una amplia aceptación y comprensión de la naturaleza de la prestación de servicios a pesar de los debates en curso sobre cómo se deben administrar y financiar dichos servicios, y cuál debe ser su nivel de idoneidad y cobertura. Los servicios de salud y educación en todas partes son un testimonio de este complejo debate de múltiples niveles.

Mucho se ha escrito sobre estos asuntos de política social orientados al servicio público y aún más se promete en la retórica política. Ha habido un entendimiento implícito en este discurso público que indica que, si se entregan servicios, los problemas asociados con la pobreza y la exclusión se abordarán y rectificarán. Sin embargo, durante las últimas décadas, muchos de los que están en la primera línea de esos servicios saben que este no es el caso. Podemos nombrar muchas escuelas, que tienen niños y no maestros, edificios escolares que tienen maestros, pero no niños, y niños sin edificios escolares y sin maestros. El mismo tipo de desconexión se puede ver una y otra vez. Recordamos imágenes vívidas de personas a lo largo de un embalse sin agua potable, viviendo bajo una línea eléctrica sin electricidad, mendigando en una carretera sin un lugar a donde ir. Estas contradicciones han sido universales y demasiado constantes como para ignorarlas. Más dinero para la prestación de servicios, una regulación cada vez más estricta y un financiamiento específico no parecen marcar una gran diferencia en la realidad de los más pobres. Los análisis emergentes sugieren que debe haber un tipo de enfoque diferente para la realización de programas, ya sea que se trate de medios de subsistencia, salud, educación o cualquier otro tema de importancia para las personas. El contenido de estos enfoques y programas y las diversas fuerzas poderosas relacionadas con la exclusión de las personas deben enfrentarse en el mismo proceso.

La prestación de servicios, por sí sola, no le sirve a los pobres, sin importar cuánto se insista, y existen muchas razones para dicho fracaso. Los servicios no abordan los problemas fundamentales del poder asociados con la pobreza. Los pobres tienen un poder de adquisición limitado, y adicionalmente, poco o ningún control del consumidor por sobre quien provee el servicio. Los beneficios potenciales siempre han estado un paso más allá de sus medios. Las familias más pobres se benefician poco del dinero y los recursos que se dan para administrar los servicios, y las razones son evidentes. El dinero asignado al servicio se gasta en el servicio, en su configuración, mantenimiento y, por supuesto, en el pago de personal calificado para ejecutar el servicio. Se han realizado experimentos que han intentado ampliar la base de la distribución, empleando personal local no calificado en roles de prestación de servicios; dichos experimentos han tenido un éxito limitado, ya que los servicios a menudo sufrieron serios problemas de gestión y control de calidad que dejaron a todas las partes insatisfechas y en los casos más extremos, dejaron a las personas heridas o dañadas. A veces, esta falta de beneficios directos fomenta la corrupción en la dirección del programa, por ejemplo, cuando un programa destinado a toda la comunidad se utiliza para beneficiar a una familia en particular, o se usa para beneficio privado. La putrefacción de esta y otras formas de corrupción tiene efectos generacionales que arruinan los esfuerzos mucho después de que el financiamiento haya cesado y el programa se haya cerrado.

La desventaja geográfica también ha jugado un papel en el fracaso de la prestación de servicios para ayudar a los más pobres. Estas personas viven en los márgenes de las ciudades y en áreas remotas donde es difícil atraer, y aún más difícil mantener, a un buen personal, lo que da como resultados obvios una calidad de servicios deficientes y una disponibilidad poco confiable. Y como si los factores anteriores no fueran lo suficientemente desafiantes, estos se ven agravados por el aislamiento cultural y la alienación que sienten muchos de los que viven en la pobreza. Las personas que se encuentran en los márgenes no entienden cómo funcionan las denominadas organizaciones útiles y, por lo general, no hablan el mismo idioma que el profesional que debe servirles. Y como suele ser el caso, el profesional que viene de otro mundo tampoco habla el idioma de estas personas.

Durante las últimas décadas, los trabajadores del desarrollo centrados en las personas que se han visto atrapados en organizaciones con un objetivo de prestación de servicios se han dado cuenta de que, aunque estos servicios funcionaban bien para personas más capaces y con recursos, logran poco, si acaso, por los más pobres; incluso los programas de prestación de servicios que se implementaron después de una consulta cuidadosa, aunque son mejores, todavía no logran lo que todas las partes, las autoridades de financiamiento, los trabajadores y las personas hubieran esperado. En pocas palabras, la consulta sobre cómo lograr una mejor prestación de servicios, aunque sea loable, no es lo mismo que la participación, lo que implica que las personas hagan las cosas por sí mismas (Botes y Rensburg, 2000). Muchos se dieron cuenta de la necesidad de un programa diferente, uno que colocara a las personas, no al personal, como actores centrales en el proceso. La pobreza, sin embargo, se ha definido como un encierro de cuerpo y alma, con una cantidad de fuerzas destructivas que mantienen firme su estatus. No es inusual que tantas cosas salgan mal al mismo tiempo, y desde el exterior, es muy difícil saber por dónde empezar y qué hacer. Los programas de desarrollo participativo están diseñados para hacer precisamente eso; para comenzar en el punto en el que las personas se encuentran, sea cual sea, trabajando con lo que tienen, sin importar cuán grande o pequeño eso sea, y respetando sus ideas que dan forma a las posibles vías de cambio (Craig y Mayo, 1995; Kumar, 2002; Chambers, 1997, 2005). La Tabla 1.1 resume algunas de las diferencias entre la prestación de servicios y el desarrollo participativo.

Tabla 1.1 Diferencias entre la prestación de servicios y el desarrollo participativo

Punto de distinción	Trabajo participativo	Prestación de servicio
Relaciones	Mutuas	Se centran en los roles
Autoridad	Vertical, de abajo hacia arriba	Vertical, de arriba hacia abajo
Tipo de democracia	Inclusivo	Representativo
Relacionamiento	Trabajar con	Trabajar para
Valores	Motivados por la equidad	Motivados por la elegibilidad
Foco de los resultados	Metas de procesos	Metas de programas
Universalidad	Exploratorio	Replicable

Lo que sugerimos es que el conjunto de estas diferencias hace que una orientación de servicio sea bastante distinta a una de desarrollo participativo. Como ya se ha indicado, esta tabla no sugiere que estos puntos de distinción se excluyan mutuamente o que la práctica de desarrollo sea mejor que la prestación de servicios o un sustituto de ella. Con el aumento de la especialización, todos necesitan una amplia gama de servicios para sobrevivir: servicios de salud y educación, por nombrar solo dos. Estos acuerdos necesitan nuestro apoyo, así como la autoridad y los recursos de las instituciones políticas y legales. Pero el desarrollo participativo también es esencial, ya que es una contribución humilde de gente común y corriente, responsabilizarse de su propio bienestar, aprendiendo y trabajando juntos. Es una actividad en la que intentamos hacer cosas por nosotros mismos y por los demás, con todos los altibajos que esto pueda acarrear. Dicho de nuevo y de manera clara, ambos tipos de programas, servicio y participación, son vías importantes para ayudar a mejorar la condición humana.

Aunque la prestación de servicios no logre abordar los problemas fundamentales de la pobreza, es algo que se entiende desde hace ya algún tiempo; los cambios en las políticas públicas para abordar esa falla han consistido en aumentar la competencia, reforzar los estándares regulatorios de la prestación de servicios y dirigirse al "grupo de clientes", cada vez de manera más taxativa. Ninguno de estos cambios de política refleja los principios del programa participativo que se requiere para abordar la inclusión de las personas más pobres. La política pública ha pasado por una gran cantidad de cambios, pero ninguno, en nuestra opinión, aborda la interacción humana fundamental que se requiere para cambiar una realidad tan arraigada. Solo podemos especular sobre algunas de las razones de esta continua falta para adoptar y financiar programas participativos, a pesar de esta aguda conciencia del fracaso en la prestación de servicios. Tal vez sea que en los programas participativos, las autoridades de financiamiento tienen menos control, y por lo tanto, por definición, las personas tienen más y los balances de poder se perturban. Tal vez se deba a que el personal de prestación de servicios es el beneficiario clave del sistema de financiamiento y del servicio, por lo que puede que no estén dispuestos a entregar los recursos de los que dependen para su sustento. Finalmente, puede ser que la metodología de cómo hacer el trabajo difícil y exigente del desarrollo participativo no se entienda bien, y si ese es el caso, este libro puede ayudar un poco.

Marcos, las bases del trabajo de desarrollo participativo

Muchos trabajos están estructurados y organizados de manera que los trabajadores reciban un conjunto fijo de prioridades, un orden de implementación establecido y control sobre los recursos para completarlo. Este nivel de control rara vez es posible en el trabajo del desarrollo participativo, ya que los miembros de la comunidad no son el personal sobre el cual el trabajador tiene autoridad, ni los problemas que enfrentan son lo suficientemente simples como para responder de forma mecánica y con respuestas al estilo de una línea de producción. Trabajar en y con las comunidades de forma participativa es una actividad compleja con muchas variables que están fuera del control del trabajador. Sin embargo, el trabajo también requiere prioridades y una ejecución ordenada de las tareas, sin las cuales podría caer rápidamente en el caos. Las descripciones de cargos ayudan a establecer prioridades y proporcionan un cierto enfoque, pero no son suficientes por sí mismas, ya que a veces rompen las relaciones más útiles disponibles. Si por ejemplo, el enfoque está en la familia, ¿eso incluye a un vecino? ¿O debiera el trabajador comenzar a trabajar con los niños que son la base del futuro, con los padres que son los apoderados actuales, con los adultos mayores que tienen la sabiduría y el dolor de la experiencia, o con los líderes que tienen la autoridad y los recursos para actuar?, ¿quizás con una combinación de todos los anteriores?

Lo que proponemos es que los marcos son los que nos ayudarán a aclarar esto, así como también un millar de preguntas prácticas que se parecen a los marcos.

Dicho de otra manera, el trabajo del desarrollo es una invitación para que todos y todas participen y desempeñen su papel en la creación de su comunidad. Debido a que las personas son tan diferentes, esas diferencias hacen que el trabajo sea complejo, interesante y variado y, por supuesto, a veces muy difícil. La realidad es que los trabajadores no pueden lidiar con todos los problemas que trae tal diversidad. En el trabajo de desarrollo participativo, crear orden a partir de esta complejidad no proviene de la autoridad de la organización, sino de una variedad de marcos.

Los marcos son un conjunto o un "mapa conceptual de buenas ideas", que indican una manera de avanzar sobre lo que podría y debería hacerse en el desarrollo participativo. Estos mapas conceptuales, entendidos por los trabajadores del desarrollo como marcos, hacen precisamente eso: ayudan al trabajador a enmarcar, a estructurar el trabajo. En nuestra experiencia, y en la evolución de nuestro pensamiento, los marcos ayudan a:

- manejar la complejidad;
- evitar el pánico;
- dar forma a las tareas del trabajo;
- planificar intervenciones;
- poner nombre a las diferentes dimensiones del trabajo;
- recordar los elementos y organizar una rutina útil;
- ofrecer tareas que se consideran seguras al momento de comenzar;
- entregar consuelo ante dilemas recurrentes;
- ser conscientes sobre la manera en que trabajamos.

Es importante comprender que los marcos tienen una realidad intencional, no existencial. Con esto queremos decir que existen solo en la medida en que los trabajadores del desarrollo los "piensan" y hacen uso de dicho pensamiento para moldear su visión del mundo y enfocar la acción potencial. Los marcos organizan el pensamiento para que los trabajadores del desarrollo puedan ordenar su acción, no ordenan la realidad ni hacen que lo que pensamos sea verdadero. La importante distinción entre realidad existencial o intencional es fundamental para el arte de hacer y usar marcos, ya que es esta distinción la que ayuda a los trabajadores a conocer y comprender con la claridad y precisión necesarias qué es lo que se está haciendo. Un nombre no es lo mismo que la realidad que se nombra. En su mayoría, los trabajadores lo entienden y, cuando, por ejemplo, escuchan una lengua extranjera que nombra una realidad familiar con palabras extrañas, tienen una experiencia vívida y aguda de esa diferencia: las palabras con sonidos extranjeros refuerzan la diferencia entre la realidad construida e intencional del mundo de las palabras y los símbolos y la realidad existencial de la que estamos hablando.

Sin embargo, la distinción no es, en la práctica, sencilla. La conexión entre realidades intencionales y existenciales es de hecho tan sutil y perfecta que es una fuente constante de asombro y sorpresa, incluso para los más cautelosos. Esto se debe a que gran parte de nuestro mundo y de nosotros mismos se construye socialmente. Cuando los trabajadores tienen cuidado de entender, de la mejor manera posible, lo que es intencional y lo que es existencial, son conscientes de que lo que se piensa y se dice no es sinónimo de la verdad del asunto, entonces se abre la posibilidad de escuchar y trabajar con la verdad de cada quien y no solo una versión de ella.

Cuando nombramos las realidades con las que debemos trabajar, las palabras que usamos moldean nuestra comprensión de esas realidades y le dan un significado y una forma que podemos compartir con los demás. Sin embargo, este "nombramiento" no se limita a las palabras, sino que incluye todo tipo de gestos y símbolos mediante los cuales los trabajadores comparten su comprensión de los hechos y las acciones y desarrollan un significado común sobre ellos.

En lugar de que los trabajadores confíen en la intuición o la suerte, cuando tienen marcos comunes, tienen un medio para ver qué es lo que deben hacer para hacerlo bien. Trabajar con las comunidades implica tratar públicamente con problemas e impactos complejos. Para mantenerse dentro de las complejidades, pero evitando el pánico del caos, los trabajadores necesitan formas de configurar sus tareas y planificar las intervenciones. Se necesita una estructura para mantener las buenas ideas que conforman el propósito y el proceso del trabajo. Los marcos permiten a los trabajadores decir qué es lo que se debe hacer, cómo se hará y en qué posición se encuentran las personas para hacer eso.

Hay muchos marcos que los trabajadores del desarrollo usan. Algunos son muy simples y otros son muy complejos. Lo que proponemos es que en la práctica del desarrollo hay cinco tipos de marcos de uso común. La Tabla 1.2 nombra y describe brevemente estos cinco tipos, que luego se abordarán en más detalle.

Tabla 1.2 Cinco tipos de marcos

Marco	Descripción
Principios	Ideas fundamentalmente importantes que dan forma a la práctica, ideas extraídas de la sabiduría de la experiencia práctica, e inspiradas en los valores humanos generosos.
Situacionales	Mapa de buenas ideas que sirven para organizar alguna situación en particular.
Técnicos	Mapa de conductas útiles, que si se ponen en práctica, aumentarán las posibilidades de lograr algún resultado deseado.
Práctica	Mapa que nombra asuntos importantes y recurrentes de especial importancia para el trabajador o para la trabajadora.
Métodos	Mapa complejo que resulta de la vinculación de principios y situaciones recurrentes, marcos técnicos y de práctica en un todo organizado, que proporciona al trabajador una rutina ordenada para abordar el trabajo.

Principios

Cuando una sapiencia proveniente de la práctica incorpora la sabiduría de la experiencia y valores humanos generosos, y además tiene una amplia aceptación, alcanza el estado de principio. En el desarrollo, los principios de trabajo a menudo no se reconocen como marcos porque tienen un estatus tan importante, que se hace referencia a ellos por derecho propio. Sin embargo, si se ponen en práctica, eso es precisamente lo que se logra: ayudan al trabajador a enmarcar y estructurar el trabajo. En esa afirmación está implícito que los principios establecen un estándar e imponen un código de conducta que el profesional puede ignorar, pero bajo su propio riesgo, porque dichos principios se encuentran en el corazón del trabajo. Tomemos, por ejemplo, el principio de participación de las personas, que es fundamental para toda la noción de desarrollo participativo. La sabiduría de la experiencia se ha acumulado hasta el punto que los trabajadores del desarrollo saben que la participación es uno de los elementos esenciales necesarios para romper el ciclo de la pobreza. Si el trabajador no tiene esta perspectiva y no logra que la participación sea un elemento central de su práctica, es muy probable que su trabajo no aborde los problemas centrales que ayudan a romper el ciclo de la pobreza. La participación es un principio clave del trabajo de desarrollo participativo que, a medida que explicamos el método, se destacará constantemente, junto con otros principios claves.

Marcos situacionales

Los marcos situacionales son un mapa conceptual para una circunstancia de trabajo específica. Los marcos situacionales o de situación a veces son tan evidentes que las personas a cargo del trabajo apenas piensan en darles el estatus de marco. Sin embargo, al nombrar las dimensiones importantes del trabajo, la conciencia permite que los trabajadores piensen en los elementos importantes que deben recordarse y relacionarse entre sí para realizar el trabajo en cuestión. Los trabajadores pueden pasar del recuerdo aleatorio o automático al comportamiento explícitamente organizado, consciente y deliberado.

A modo de ejemplo, un marco situacional simple, pero muy útil es el marco de tiempo, que es simplemente entender que normalmente hay un principio, un medio y un final. En entornos comunitarios, cuando las historias se desploman de todas las maneras posibles, las personas les dan a los trabajadores del desarrollo una gran cantidad de datos de manera rápida y sin conexión. A su vez, luchan por relacionarse adecuadamente y por dar un significado útil a la situación. En respuesta, el trabajador, por ejemplo, puede comenzar a agrupar la historia utilizando un sistema de tiempo; ¿qué pasó al principio?, ¿y luego qué pasó?; ¿cuál es la situación ahora?, ¿qué podría pasar después?

El uso de tales marcos situacionales es muy común y muy útil, siempre que el trabajador entienda que la estructuración proviene de ellos mismos; es decir, les pertenece a ellos, y se deben preocupar por no imponer su interpretación como "la realidad" al narrador. Exploraremos en detalle en el Capítulo Cuatro, que analiza el "método mezzo", porqué los marcos situacionales generan orden y significado, y los pasos prácticos necesarios para hacerlo. Los marcos situacionales se utilizan para dar sentido a situaciones de trabajo particulares, pero son especialmente importantes para dar sentido a los datos generados dentro del proceso grupal en el que la agenda de trabajo proviene de las historias de las personas, no de la política de la organización o de los conocimientos preconcebidos del trabajador. La construcción y el uso de marcos situacionales se encuentran en el centro mismo del trabajo de desarrollo participativo.

Marcos técnicos

Los marcos técnicos se encuentran en algún lugar entre la inmediatez de un marco situacional y la aplicabilidad general de un marco de práctica. Primero explicaremos qué es la "técnica" y luego exploraremos cómo un marco técnico ayuda al trabajador a recordar y usar todos los elementos de esa técnica.

Una técnica, en la práctica del desarrollo, es una secuencia de comportamientos con propósito que aumentará la probabilidad de un resultado deseado. El propósito de una técnica es especificar con mayor precisión el tipo general de comportamiento requerido para realizar un trabajo. Estos comportamientos generales son la columna vertebral de cualquier técnica, y debido a que estructuran el trabajo, pueden describirse como dimensiones de un marco técnico. Estos comportamientos generales se ven enriquecidos por comportamientos más específicos que son las "subdimensiones" del marco. Ya que la técnica es específica y general a la vez, le revela al trabajador comportamientos generales y específicos que podrían ser útiles.

Para consolidar la comprensión de un marco técnico, es útil considerar el ejemplo de "resolución de problemas convergentes", una técnica social que se usa y se comprende ampliamente. En la resolución de problemas convergentes, hay seis tipos centrales de comportamientos que son útiles para resolver los numerosos problemas que afectan al trabajo del desarrollo. Los seis tipos de comportamiento se describen en el Recuadro 1.1 a continuación:

Recuadro 1.1 Marco de resolución de problemas

- *Describir* el problema
- *Definir* el problema
- *Relacionarse* con personas claves sobre el problema
- *Enfocarse* en el plan de acción
- *Actuar* para mitigar el problema
- *Evaluar* la efectividad de las acciones

Cada uno de estos comportamientos centrales corresponde a una dimensión y los seis comportamientos en conjunto dan forma a la estructura de la técnica.

En realidad, cada uno de estos tipos de comportamientos claves cuenta con docenas de comportamientos más específicos contenidos en él. Por ejemplo, un trabajador puede describir el problema asignándole un nombre, calculando los números involucrados, mapeando la ubicación y la extensión del problema, fotografiando o pintando el problema para representarlo de manera más precisa o gráfica. Para ver más ejemplos, remitirse a la Tabla 1.3. De manera similar, existen otros comportamientos específicos asociados con los cinco pasos restantes para definir, relacionar, enfocar, actuar y evaluar. Podemos notar cómo las dimensiones del marco mantienen la forma y la dirección del marco.

Gran parte de la ejecución experta de una técnica proviene de la posibilidad de poder nombrar, al comienzo de un trabajo, todas las conductas centrales que un trabajador necesitará. El hecho de poder nombrar los comportamientos centrales

Tabla 1.3 Ejemplo de comportamientos en un marco de resolución de problemas

Dimensiones: comportamiento central	Sub dimensiones: comportamientos específicos
Describir	Investigar, mapear, graficar
Definir	Analizar, aclarar, priorizar
Relacionarse	Reunirse, conversar, hacer *lobby*
Enfocar	Elaborar estrategias, planificar, asignar tareas
Actuar	Implementar, renovar, eliminar
Evaluar	Monitorear, revisar

proporciona una advertencia sobre qué comportamientos útiles se requieren a medida que se avanza el trabajo, ayuda a modificar los comportamientos que se han sobreutilizado o propone la inclusión de comportamientos que pueden faltar. Por ejemplo, en el caso de la técnica de resolución de problemas, ¿hay demasiada descripción y no hay suficiente acción, o demasiado enfoque y no suficiente construcción de relaciones? Para complementar el uso de una buena técnica es necesario tener una rica diversidad de comportamientos específicos.

Marcos de práctica

El instrumento clave para el trabajo del desarrollo es el trabajador y no hay un estetoscopio que los ayude a escuchar, o una radiografía para ver adentro. La naturaleza misma del trabajo de desarrollo participativo implica que los trabajadores del desarrollo lleven enormes cantidades de detalles en sus mentes y en complejos patrones de interconexión. La función del marco de práctica es ayudar al trabajador a ordenar las acciones para que puedan recordar lo que necesitan, recordar con anticipación y en el momento adecuado. Los marcos de práctica funcionan a un nivel más alto de abstracción que los marcos situacionales y técnicos, ya que mapean dimensiones importantes y recurrentes de la práctica en diferentes contextos de trabajo y en el tiempo.

Desarrollar y utilizar un marco de práctica corresponde al corazón y alma de lo que llamamos el "método implicado". En el siguiente capítulo, se profundiza en detalle el método implicado junto con una explicación de los siete pasos metódicos necesarios para crear uno. Comprender y articular un marco de práctica, y compartirlo con otros, son pasos gigantescos hacia la confianza y la autoconciencia de un trabajador del desarrollo. No existe un marco de práctica único que funcione para todos (Westoby e Ingamells, 2011). Los trabajadores pueden construir su propio marco de práctica o pueden adoptar o adaptar el de otra persona de la amplia gama disponible en la actualidad. Inicialmente, los trabajadores a menudo comienzan su práctica con un marco ya establecido; tal vez de un libro, pero más comúnmente, proviene de alguien que les ha enseñado. A medida que el conocimiento y la experiencia crecen, y las realidades de la comunidad cambian, las dimensiones del marco de práctica que el trabajador utilizaba cuando empezó ya no sirven. Los trabajadores cambian o modifican el marco que se les dio en su aprendizaje inicial para hacerlo suyo.

Ya sea que los trabajadores adopten y adapten el marco de práctica de otra persona o elaboren un modelo propio, es la organización metódica de los elementos del trabajo en su mente lo que proporciona el beneficio. Sin un marco de práctica, siempre es tentador exaltar una parte del trabajo para que se convierta en el todo. Por ejemplo, esto ha ocurrido en los últimos tiempos con el marco que describe los pasos para la resolución de conflictos. La resolución de conflictos es una técnica social importante, pero es solo una de un repertorio de técnicas que los trabajadores pueden utilizar en la práctica. En el marco de práctica, la resolución de conflictos podría ser un factor, la resolución de problemas otro, junto con un repertorio de técnicas aplicables a la práctica del desarrollo. La dimensión de las técnicas podría ser una de varias dimensiones disponibles en un marco de práctica maduro.

La literatura sobre el trabajo del desarrollo ofrece muchos ejemplos de marcos de práctica y hemos proporcionado algunos de estos, uno a continuación y algunos en el siguiente capítulo. Algunos marcos de práctica se organizan por medio de una secuencia, enumerando los factores que deben considerarse al principio, en la mitad y al final del trabajo de desarrollo, y dichos marcos corresponden a una expresión mucho más sofisticada del marco situacional utilizado en el ejemplo anterior. De estos marcos secuenciales, el marco de habilidades de Henderson y Thomas (2005) es quizás uno de los más famosos y lo ponemos aquí en la Tabla 1.4

Tabla 1.4 Trabajo de habilidades en el vecindario

Llegar al vecindario	Pensar en el ingreso, dialogar sobre el acceso.
Conocer a los vecinos	¿Qué datos hay que recabar?, ¿porqué los necesito?, ¿cómo procedo a recolectarlos?, conclusiones.
¿Qué sigue? Necesidades, metas y roles	Evaluar la naturaleza de las temáticas y los problemas; establecer metas y prioridades; decidir sobre los roles, especificar cuáles son los próximos pasos; resumen.
Establecer contacto y reunir a las personas	Establecer contacto: ¿con qué fin? El proceso para establecer contactos; formas de establecer contacto; conclusiones.
Formar y establecer organizaciones	De grupos a organizaciones; formar una organización; establecer la organización; reuniones públicas.
Ayudar a aclarar metas y actividades	Aclarar las metas; identificar prioridades; temas para el trabajador.
Mantener a la organización funcionando	Entregar recursos e información; brindar apoyo; coordinar la ayuda; planificar; desarrollar niveles de confianza y competencia.
Tratar con amigos y enemigos	Identificar y conversar con quienes toman las decisiones; relacionarse con otros grupos y organizaciones en la comunidad; grupos de interés (votantes) y público en general; perspectiva de la política social; aprender a administrar y brindar servicios.
Finalización y retirada	Comentarios sobre la evaluación; tipos de finalizaciones del trabajo en el vecindario; experiencia sobre los finales; las tareas involucradas en los cierres; conclusiones.
Un poco más sobre el proceso	Práctica y teoría; conocimiento sobre las propuestas; modelos de procesos en áreas relacionadas; modelos de procesos en trabajos comunitarios; habilidades y arte.

como ejemplo de parte de un marco de práctica. Estos colegas experimentados presentan, en una secuencia ordenada, las tareas principales que los trabajadores deben poder emprender para comenzar, desarrollar, sostener y finalizar un trabajo de desarrollo.

Con tan solo leer los encabezados y subtítulos de este marco, nos hacemos una idea de cómo Henderson y Thomas (2005) ordenan conceptualmente su trabajo. Para los nuevos trabajadores del desarrollo comprometidos con el trabajo comunitario basado en el lugar, el marco es potencialmente muy útil. Se debe decir que la "práctica" también ha evolucionado, y así, por ejemplo, los marcos contemporáneos de Desarrollo Comunitario Basado en Recursos o Activos (ABCD, por sus siglas en inglés) orientarían conceptualmente a un trabajador hacia los recursos en lugar de los problemas y complicaciones (como lo han hecho Henderson y Thomas).

Marcos de métodos

La decisión de construir una comunidad metodológicamente otorga una calidad intencional al proceso que algunos, especialmente durante el aprendizaje de las primeras etapas del trabajo de desarrollo, encuentran bastante forzoso y desconocido. Hay pocas dudas en el sentido de que muchas de las habilidades cotidianamente usadas en épocas pasadas para fortalecer las comunidades se han perdido. Ahora, cuando los trabajadores llegan con habilidades recién adquiridas, se sienten un poco incómodos. Los sentimientos de inquietud se refuerzan aún más porque el ejercicio de trabajo con comunidades une a las personas de manera cooperativa. Exige un alto grado de riesgo y confianza en nosotros mismos como trabajadores para enfrentarnos al flujo de la vida moderna, lo que nos haría individualizar, competir y separarnos de los demás. El conocimiento acumulado nos ha ayudado a poner nombres a ideas y valores claves que se juntan en marcos que nos ayudan a dar sentido y forma al trabajo, y representan el contenido y la temática de la disciplina. Nos referimos a la recopilación organizada y al uso de estos marcos como el "método" de la práctica participativa. También debe decirse que el método de práctica participativa es:

- Metodológico, pero no mecanicista;
- sistemático, pero no dogmático;
- intencional, pero no inflexible;
- rítmico, pero no rutinario;
- procedimental, pero no predeterminado.

Por consiguiente, el método de la práctica del desarrollo no es una receta paso a paso para el cambio social. Es comprometido, encarnado, contextual y humano. Esta afirmación de que el trabajo del desarrollo no es una actividad fortuita, sino que se configura y dirige, es muy importante teniendo en cuenta la naturaleza del tema en cuestión. Cada individuo o grupo, no importa cuánto se parezca a otro, es único. En el trabajo del desarrollo, hay un gran énfasis en la importancia y la singularidad del momento, en enfrentar y tratar la realidad de lo que es, ya sea que se ajuste o no a los moldes de políticas, teorías, ideologías o tradiciones particulares. Esta singularidad tiene una capacidad de nivelación que confunde a los expertos que están apegados a las "verdades universales" y coloca a "la teoría" o "el conocimiento" del método del desarrollo en una base problemática. El lidiar con el desorden de lo que los trabajadores del desarrollo enfrentan en el mundo real, ciertamente disminuye el nivel de certeza para predecir lo que sucederá o incluso para afirmar lo que normalmente ocurre.

Sin embargo, la apreciación completa de la singularidad y la verdad contenidas en cada circunstancia particular y el compromiso para respetar esa verdad en la práctica, no corresponden a la historia en su totalidad. La historia de la vida comunitaria tiene mucho en común donde sea que se viva. Hay ciclos de nacimiento, vida y muerte; nos reímos y lloramos; celebramos y jugamos; amamos y engañamos. Estas características comunes dan lugar a ritmos bastante reconocibles que dan forma al método de trabajo de desarrollo y son el "ADN" de la construcción de la comunidad. De una forma u otra, los trabajadores necesitan conocer y valorar estos ritmos recurrentes que conforman una metodología universal, mientras que al mismo tiempo respetan la singularidad de cada circunstancia.

La estructura de este libro utiliza un marco de métodos. Los marcos describen cinco niveles de trabajo con sus propósitos y principios centrales. Estos cinco niveles se nombran, junto con su propósito central, en la Tabla 1.5 a continuación:

Tabla 1.5 Método del desarrollo participativo

Nivel de desarrollo participativo	Propósito central
Método implicado	Posicionamiento del yo
Método micro	Construir relaciones
Método mezzo	Fortalecer a los grupos
Método macro	Establecer organizaciones
Método meta	Lograr vínculos locales, sociales y globales

En cada nivel, las actividades tienen un propósito, son sistemáticas y están interconectadas. Si los trabajadores omiten muchos pasos, inevitablemente el trabajo pierde su carácter personal, participativo e inclusivo y su potencialidad como herramienta de desarrollo. Las tareas de cada nivel exigen un nivel de avance y finalización suficiente para que el proceso tenga éxito. Pero la metodología también se puede entender desde la perspectiva que conecta los niveles, lo que permite al profesional ver cada nivel como parte de un todo. Esta perspectiva interconectada se vuelve importante porque el trabajo no es mecanicista; no es posible hacer la primera tarea antes de la segunda, antes de la tercera, como una fila de soldados marchando. La vida comunitaria no es tan ordenada como eso, y muchas situaciones invariablemente requieren que el trabajador retroceda y avance, complementando un nivel del trabajo con otro. Finalmente, cuando el o la profesional se ha familiarizado tanto con las partes individuales como con su interconexión, la metodología se puede ver en múltiples dimensiones, a medida que los niveles y las partes se entrelazan. Entonces, un solo acto puede ser visto como la incorporación de diferentes partes y capas de la metodología. Esto ocurre cuando, por ejemplo, se utiliza deliberadamente algún conocimiento (implicado) de un marco de práctica vinculado a una tradición, para facilitar un programa para un grupo (mezzo) dentro de una organización (macro) para formar una asociación global con otra organización (meta).

En conclusión

Para aprender esta metodología de desarrollo se requiere práctica. En un gran ensayo, *Sobre la práctica: Sobre las relaciones entre el conocimiento y la práctica, entre el saber y hacer* (1951), Mao Tse-Tung compartió con nosotros sus reflexiones sobre la perdurable relación entre teoría y práctica:

> La solución de ... estos problemas no se puede separar en lo más mínimo de la práctica. Quien quiera saber una cosa, no tiene forma de hacerlo excepto al entrar en contacto con ella, es decir, vivir (practicar) en su entorno.(Tse-Tung, 1951: p299–300).

Hay algunas ideas conmovedoras en este dicho. Por ejemplo, sugiere que solo en la práctica descubrimos formas de avanzar (en "resolver estos problemas"). Esto es un alejamiento del adagio de "teoría primero, práctica segundo" o, peor aún, "compre y aplique" (compre las ideas, digamos en una universidad, y luego aplique, "en terreno"). No, el imperativo es bailar entre la teoría y la práctica, con el énfasis tal vez más en la última. Es el conocimiento tácito que se aprende haciendo con otros lo que permite la construcción de un marco real.

Más aún, Tse-Tung (1951) implica que los trabajadores del desarrollo deben estar "en contacto", y podríamos agregar con una "relación viva" con el fenómeno social de la pobreza. Nuestras experiencias nos han llevado a reconocer que estar en una relación viva con un fenómeno implica un crecimiento de la comprensión, una forma de conocimiento que es apta para la práctica del desarrollo. La historia de Manfred Max-Neef es ilustrativa aquí, ya que Max-Neef era economista de Berkeley, bien formado, que sabía todo sobre la pobreza, pero cuando se sentó con los pobres se dio cuenta de que no entendía la pobreza. A partir de ese descubrimiento, entró en un nuevo espacio para tratar de entenderla fenomenológicamente y construyó una teoría del desarrollo a escala humana a partir de esa comprensión (Max-Neef, 1991). Se dedicó a una investigación viva de la pobreza que le permitió ser tocado por ella, así como también tocarla. Nuestro trabajo invita a un movimiento más allá de la investigación viva, a la práctica viva.

Ciertamente, los diferentes tipos de pensamientos sobre los marcos articulados en este capítulo son indicativos de nuestra práctica de vida y la investigación viva que ayuda a liberar el uso organizado de nuestras mejores ideas y perspectivas creativas. Los marcos emergen de la práctica, el diálogo y la reflexión sobre la práctica. Aquí se encuentra su verdadero potencial.

Referencias

Botes, L. and Rensburg, D. (2000) 'Community participation in development: nine plagues and twelve commandments', *Community Development Journal*, vol. 35, no. 1, pp. 41–58.

Chambers, R. (1997) *Whose reality counts? Putting the first last*, ITDG Publishing, London.

Chambers, R. (2005) *Ideas for development*, Earthscan, London.

Craig, G. and Mayo, M. (1995) *Community empowerment: a reader in participation and development*, Zed Books, London.

Henderson, P. and Thomas, D. (2005) *Skills in neighbourhood work,* 3rd edn, Routledge Press, London.

Kumar, S. (2002) *Methods for community participation: a complete guide for practitioners,* ITDG Publishing, London.

Max-Neef, M. (1991) *Human scale development: conception, application and further reflections,* The Apex Press, California.

Tse-Tung, M. (1951) *On practice: on the relation between knowledge and practice – between knowing and doing,* s.n., Peking.

Westoby, P. and Ingamells, A. (2011) 'Teaching community development personal practice frameworks', *Social Work Education,* vol. 31, no. 3, pp. 383–396.

CAPÍTULO 2

Método implicado: posicionamiento del yo para el trabajo con un marco de Práctica

Resumen

Quienes somos, lo que queremos, lo que traemos y lo que damos, está en el corazón del trabajo. El método implicado es una preparación metódica de nosotros mismos para que podamos abrirnos, participar y comprometernos de manera esperanzadora, saludable y útil. Debido a que todos somos tan diferentes, hay muchas expresiones diferentes del método implicado y el viaje para encontrar esa expresión es necesariamente una historia personal e individual. El método implicado encuentra su máxima expresión en un marco de práctica que representa nuestros mejores esfuerzos para dar nombre a las conexiones importantes entre nuestro mundo interior y el mundo exterior en el que trabajamos. Este capítulo proporciona una guía sobre cómo crear un marco de práctica.

Palabras claves: método implicado, tradición, marcos establecidos, crear marcos de práctica.

Introducción al método implicado

Obviamente, el trabajo del desarrollo participativo es trabajo de personas. A su vez, lo que somos, lo que queremos, lo que traemos y lo que damos, está en el corazón del trabajo.

El método implicado corresponde a una preparación metódica de nosotros mismos para que los trabajadores del desarrollo puedan abrirse, participar y comprometerse de manera humana, saludable, útil y con esperanza. Debido a que todos los trabajadores del desarrollo son muy diferentes, también hay muchas expresiones diferentes del método implicado. El viaje para encontrar esa expresión es, por lo tanto, necesariamente una historia personal e individual. El método implicado encuentra su máxima expresión en un marco de práctica que representa los mejores esfuerzos de los trabajadores por nombrar las conexiones importantes entre su mundo interior y el mundo exterior en el que trabajan.

Pero hay pasos en este viaje para hacer un marco de práctica y tomar conciencia del método implicado, y afortunadamente es un viaje que no necesariamente hay que hacer solo. En primer lugar, está la sabiduría y conocimientos de muchas grandes figuras que han hecho el trabajo antes que nosotros, la sabiduría de la tradición. También tenemos los marcos de trabajo de nuestros colegas, que se pueden examinar y probar para ver qué se ajusta a nuestra realidad. Finalmente, cuando un trabajador está listo, hay algunos pasos estructurados que se pueden tomar para escribir su propio marco de práctica. Esto, a su vez, ayudará a organizar y unir el precioso mundo interior de esperanzas y sueños con la brusquedad del

http://dx.doi.org/10.3362/9781788530781.003

mundo cotidiano del trabajo de desarrollo de personas y, en particular, el enfoque de este libro, el desarrollo participativo. Este capítulo da inicio a ese viaje.

La práctica del desarrollo no es solo una aplicación simple de la técnica que se puede medir, enseñar, aprender y escribir objetivamente en revistas científicas. Cuando se representa de esta manera, la práctica del desarrollo se convierte en la suma de un mosaico de técnicas que pueden aplicar los trabajadores capacitados y existe, independientemente de la singularidad subjetiva del trabajador, una práctica en la que el trabajador se convierte en un aplicador neutral de fórmulas científicas. En nuestra experiencia, este formato deja fuera una dimensión más importante de la práctica del desarrollo: la del yo. El yo ocupa el ámbito personal de lo subjetivo: en el corazón, la mente y el cuerpo del trabajador. Se trata de la raíz de la pasión a partir de la cual el trabajador construye su deseo de trabajar en esta área, sienta el trabajo en su personalidad, con sus dones y limitaciones.

Si bien nuestros viajes para emprender este trabajo son diferentes, es útil escuchar cómo otros han recorrido este camino. En este sentido, compartimos a continuación la historia de uno de nuestros colegas.

> Soy la hija mayor de mis padres, ambos provenientes de familias muy desfavorecidas económicamente. Ninguno de mis padres tuvo muchas oportunidades educativas cuando eran jóvenes, ya que ambos lucharon para terminar su educación como adultos y, en consecuencia, siempre nos hacían hincapié en que los niños tenían una importancia crucial en la vida. Ambos provenían de familias numerosas y crecieron frente a las dificultades de la pobreza y la desventaja. La familia de mi madre fue desplazada por la guerra y pasó muchos años en un campamento temporal para refugiados después de la Segunda Guerra Mundial. Mi padre creció en pequeñas comunidades rurales en una familia donde él era el único hijo biológico, pero sus padres criaron y adoptaron a muchos otros niños que estaban más en desventaja que ellos. La lucha de mis padres por ir más allá de sus orígenes de clase significó que crecimos en medio de una tensión paradójica. Por un lado, nos hicieron muy conscientes de la pobreza y la injusticia a través de una multitud de historias contadas por miembros de las dos familias, y por otro lado, hubo un esfuerzo para apartarnos de estos orígenes y alejarnos de las dificultades, de la pobreza, para poder disfrutar de los frutos de todo por lo que habían luchado.
>
> Para mí, esto resultó en deseos paradójicos. Desarrollé un profundo sentido de la justicia (a temprana edad escribí poemas y canciones sobre la pobreza, la guerra y la injusticia; organicé campañas con carteles sobre temas ambientales y me uní al movimiento por la paz). Y, sin embargo, también había una sensación de miedo: que había algo aterrador en involucrarse en cosas por las que mis padres habían luchado tan claramente para distanciarse. Luego, tuve una serie de experiencias que significaron que tuve que enfrentar esta paradoja y que, en última instancia, me llevó a emprender estudios en trabajo social y luego a trabajar en el área del desarrollo comunitario. Recuerdo claramente una de estas experiencias en particular.
>
> Tenía unos trece años y me había unido a un grupo de teatro en la ciudad, lo que significaba que todos los domingos tenía que tomar un autobús para ir a la ciudad y cruzar la ciudad hacia un pequeño teatro para ensayar.

Recuerdo que me sentía grande cuando caminaba por la ciudad (que en esos días, un domingo por la tarde estaba muy tranquila). En este día en particular, caminaba de regreso a la ciudad para tomar el autobús que me llevaría a casa. Había un parque por el que tenía que caminar para llegar a la parada del autobús, un parque que estaba casi desierto. Ese día, crucé casi la mitad del parque, cuando un hombre salió de detrás de una de las estatuas del memorial de guerra. Era un hombre indígena. Caminó muy lentamente, y cuando me acerqué, noté con horror que estaba cubierto en sangre; tenía una herida en la frente y su ropa estaba desgarrada. Me parecía que lo habían golpeado. Miré a mi alrededor para ver si había alguien más cerca, pero el parque estaba vacío, salvo yo y el hombre herido. Recuerdo que sentí una mezcla de emociones: me sentí asustada, sola, insegura de qué hacer y sorprendida por lo que le había sucedido a este hombre. Estaba abrumada por la duda sobre lo que debía hacer. Cuando se acercó a mí, lo miré de manera compasiva y seguí de largo hacia mi parada de autobús.

Me sentí completamente adormecida por un tiempo, y luego, toda la fuerza de la emoción me venció, y mientras iba sentada en el autobús camino a casa, empecé a sollozar y luego a llorar a mares. Me sentí abrumada por la completa decepción y la desesperación ante mi propia inacción, y sentí un arrepentimiento tan profundo por haber ignorado a este hombre que claramente había sido víctima de alguna forma de injusticia. Me sentí indignada por mi propia inacción: ¿cómo podría decir que me preocupa la paz, la justicia y la igualdad si ni siquiera pude responder a esa situación que enfrenté en mi propia vida? Mientras caminaba a casa desde la parada del autobús me hice una promesa. Juré que nunca más, mientras viviera, me apartaría de la injusticia y el dolor, que pasaría mi vida enfrentándome a mis propios miedos de involucrarme y, a través de eso, haría cualquier aporte que pudiera a la lucha por la justicia, la igualdad y la paz. Sé que mis padres se decepcionaron cuando decidí estudiar trabajo social. También sé que me asustaron de muchas maneras, pero nunca me arrepentí de mi decisión. A ese hombre que pasé en el parque hace tantos años, ahora le digo: Lamento profunda y sinceramente que me haya alejado de tu dolor. Si alguna vez me reencuentro contigo, espero tener el coraje de detenerte, acompañarte y enfrentar tu dolor.

Esta historia, aunque representó un hito en términos de la decisión de nuestra colega para terminar trabajando en la práctica del desarrollo, no representa en sí misma su única motivación: es solo una parte del gran tapiz de historias que la han llevado por este camino. Sin embargo, sí resalta algunas de las tensiones dentro de la práctica, de las cuales todos debemos ser conscientes y respetar cuidadosamente: la necesidad de respetar nuestro profundo sentido de la justicia; el miedo paradójico de entrar en la vorágine que es la desventaja y la pobreza; la necesidad de moderar la pasión por marcar una diferencia, con un equilibrio de seguridad, reflexión y relajación. Podemos tan fácilmente encontrarnos abrumados por la enormidad de la tarea y sentirnos abrumados por nuestro sentido de responsabilidad. Y debemos recordar que no tenemos que emprender la tarea solos, ni enfrentar el dolor y la injusticia solos, porque entonces pronto nos ahogaremos en ellos. Tenemos que estar junto a los muchos otros que también han elegido este camino: "juntos seremos más fuertes". Es una lucha continua. Es como una parte integral de esta vida que hemos elegido. Y no es fácil, pero tampoco es tan aburrida, y a veces es impresionante y se encuentra plenamente satisfecha con las maravillas de la humanidad.

Al colocar el método implicado dentro de la metodología más amplia de la práctica del desarrollo participativo, estamos compartiendo un aprendizaje difícil y, sin embargo, fundamentalmente importante: esa práctica del desarrollo tiene mucho que ver con nuestros propios mundos internos y nuestras propias historias, como lo hace con la forma de relacionarse con el mundo externo. La calidad del trabajo, como lo expresa Otto Scharmer (2009), tiene que ver tanto con la calidad de la "fuente", es decir, el profesional, como con la práctica. La práctica del desarrollo no es algo que pueda ser aplicada por un programa de computadora. Requiere respuesta humana. Y la respuesta humana es, por su propia naturaleza, frágil, está llena de limitaciones y vulnerabilidades personales, se encuentra moldeada por normas, profundamente afectadas por los valores y la moralidad y, en última instancia, caracterizada por la imperfección. Desde esta perspectiva, la práctica del desarrollo pasa de ser una actividad técnica en la que un trabajador desempeña un papel relativamente neutral como "aplicador de la técnica", a ser un proceso personificado que se basa tanto en el desarrollo continuo del trabajador como en el trabajo de desarrollo mismo. La práctica del desarrollo participativo no puede entenderse como puramente científica desde esta perspectiva. De hecho, el "arte" de la práctica se vuelve central (Kaplan, 2002), y el trabajador se convierte en un participante incondicional (junto con todos los demás participantes) en el acto de la creación conjunta del trabajo. Paulo Freire (1998: 108) captura esto maravillosamente cuando sugiere que:

> Es fundamental para nosotros saber que sin ciertas cualidades o virtudes, como un corazón generoso y amoroso, respeto por los demás, tolerancia, humildad, una disposición gozosa, amor a la vida, apertura a lo nuevo, una disposición para dar la bienvenida al cambio, la perseverancia en la lucha, rechazo al determinismo, un espíritu de esperanza y apertura a la justicia, no es posible la práctica pedagógica progresiva. Es algo que la mente meramente científica y técnica no pueden lograr.

Por lo tanto, para participar en la práctica del desarrollo, los trabajadores deben poder ver y aferrarse a sus propias verdades (historias, pasiones, motivaciones, capacidades, fortalezas, limitaciones y debilidades) y conectarlas con las historias de aquellos con quienes nos relacionamos, trabajamos y vivimos, conectarlas con la naturaleza del trabajo y el mundo en el que trabajamos. Desde toda perspectiva, la visión del trabajo es personal e interconectada. Los puntos iniciales y finales del trabajo de desarrollo participativo son personales, al igual que su contexto y sus medios. En este sentido muy personal, todos y cada uno de los que estamos involucrados en el trabajo necesitamos crecer con él. Es un trabajo que no se hace por y para otros, es un trabajo mutuo, creado en conjunto, es nuestro trabajo, hecho por el bien de todos. Debido a que estamos "en eso", ahí, "junto a otros", debemos trabajar sobre nosotros mismos a medida que trabajamos con los demás.

Sin embargo, nuestras propias historias personales no son puramente personales, son culturales, históricas, comunitarias, políticas y espirituales. Los trabajadores deben reconocer y conectarse a todos estos elementos en la medida en que sean ciertos para cada uno de nosotros. Comprometernos con nuestras propias verdades en la práctica del desarrollo, por lo tanto, requiere una autorreflexión: una habilidad para cultivar una percepción equilibrada de quiénes somos, qué llevamos a la práctica, de dónde venimos, cuáles son nuestros sueños y qué significa todo esto para nuestra continuidad práctica. El cultivo de esta percepción reflexiva requiere cuidados y atención, ya que no es necesariamente una cualidad innata, o parte de un estado natural. El método implicado es un proceso deliberado en el que los trabajadores de desarrollo se comprometen a reconocer y a poner en orden los elementos que dan forma a lo que hacen. Construir un marco de práctica proporciona la forma en que se puede lograr ese orden, ya que reúne y ordena nuestras mejores ideas.

En la práctica del desarrollo participativo, los trabajadores son constante y públicamente responsables del trabajo que realizan. La práctica es una cuestión de dominio público. Construir y compartir un marco de práctica es, por lo tanto, un intento por dar un sentido explícito y público a las muchas dimensiones de la práctica. La riqueza de la experiencia práctica detallada que se aporta a la tarea, y la claridad que tienen los trabajadores sobre los objetivos, valores y limitaciones del trabajo del desarrollo, determinan tanto la comprensión de la naturaleza general del trabajo en sí, como la forma general de los marcos de práctica particulares. Pero, más que este bagaje mixto de experiencias pasadas, los trabajadores necesitan determinación para mirar de cerca y con honestidad las formas en que trabajan. Para construir un marco, cada uno de nosotros debe posicionarse fuera de la práctica, mirando hacia adentro, posicionarse también adentro, mirando hacia afuera y ponerse al lado de otros para mirar tanto hacia adentro como hacia afuera. Al mirar hacia adentro, afuera y alrededor, podemos dar rienda suelta a los patrones de pensamiento establecidos y a los juicios establecidos sobre nuestro trabajo y, al menos temporalmente, poner en juego lo que sabemos, lo que creemos que sabemos y cómo pensamos habitualmente sobre todo eso.

Esto no significa que la primera tarea como profesionales del desarrollo sea aislarnos en una cueva lejana para desarrollar nuestra autoconciencia y escribir un marco de práctica. Separar la reflexión de la práctica sería delirante. La autorreflexión no es significativa en sí misma porque no somos seres estáticos: cada uno de nosotros se involucra con el mundo a través de la acción (¡o la inacción!). Y es en este contexto que notamos cómo interactuamos con otros, con tareas, con conceptos, y somos capaces de reflexionar sobre el significado de esto para nosotros mismos. En el contexto de la práctica del desarrollo, la autorreflexión no se trata de una autoexploración individualista, sino que se trata de una conciencia comprometida, encarnada y participativa. Aprendemos cómo lo hacemos en relación con los demás.

La comprensión de los profesionales del trabajo del desarrollo tiene etapas que caracterizan tanto el "aprender mientras se va haciendo" como el uso del método implicado, cuya culminación es dar nombre y utilizar un marco de práctica personal. En este sentido, los trabajadores crecen y ellos mismos se convierten en su propio método implicado.

El uso y desarrollo de diferentes marcos y la evolución de la complejidad de esos marcos son indicadores de las diversas etapas del desarrollo profesional de un trabajador. Una descripción más detallada de estas etapas se describe en el Recuadro 2.1 a continuación.

No es necesario seguir todos estos pasos, y en orden, pero puede ser útil para indicar cuándo un trabajador podría estar listo para desarrollar su propio marco de práctica. Estas etapas reflejan un viaje común para muchos en el trabajo de desarrollo. El viaje en escena incluye nuestra propia experiencia, ya que primero modificamos y adaptamos un marco establecido antes de desarrollar nuestro propio marco.

Recuadro 2.1 Etapas del desarrollo profesional

1. El trabajador realiza algunos aspectos de la tarea de desarrollo, pero sin una perspectiva amplia.

2. El trabajador realiza parte de la tarea y, con el beneficio de un marco situacional, entiende el propósito y el contexto de esa tarea.

3. El trabajador es capaz de entender y realizar una tarea completa, y ve el conjunto a través del marco de práctica de otra persona.

4. El trabajador es capaz de entender y realizar, en parte y en su totalidad, el marco de otra persona, y ver esta tarea en relación con otras tareas y otros contextos (es en esta etapa que los trabajadores pueden realizar la supervisión profesional de otra persona).

5. El trabajador es capaz de desarrollar y realizar, en parte y en su totalidad, su propio marco de práctica (en esta etapa, a menudo se le considera colega senior o, más común, pero menos importante, les dicen "manos viejas" o "brigadas antiguas").

6. El trabajador está ya familiarizado con varios marcos de práctica y tiene la capacidad de apreciar las fortalezas y limitaciones de cada uno (en esta etapa, el trabajador podría abrirse camino, con confianza, con trabajo a nivel internacional).

7. El trabajador es capaz de usar y explicar su propio marco que tiene un gran atractivo para los demás (en esta etapa, escribir podría ser interesante).

Los marcos establecidos son un gran regalo porque significan que incluso el trabajador principiante no tiene porqué comenzar desde cero, inventando una rueda que ya existe. No es obligatorio que cada trabajador tenga un marco único, pero cualquiera que sea la elección, el marco debe adaptarse. Como trabajadores principiantes, la mayoría de nosotros estamos agradecidos por un marco de práctica relativamente sencillo que podamos probar en nosotros mismos, especialmente mientras encontramos el nuestro en el trabajo. Sin embargo, si solo se ofrece un marco, puede convertirse en una ortodoxia en lugar de una ayuda, y las personas pueden quedarse estancadas. Por otro lado, si se ofrecen demasiados, es como tratar de elegir un producto de limpieza de entre mil variedades disponibles en el supermercado, y al final no elegimos ninguno y, a su vez, no hacemos el aseo.

Como trabajadores capacitados, nuestra primera y mínima calificación para realizar este trabajo debe ser tener conciencia del marco de práctica que utilizamos y que podamos articular nuestro marco para compartirlo con otros. Si bien cada uno de nosotros cree que nuestro propio marco de práctica es evidente, de hecho, nuestro marco puede no serlo para los demás, tal como rápidamente descubrimos la primera vez que se nos pide que supervisemos a otro trabajador. Una de las tareas importantes asociadas con la supervisión de otro trabajador es compartir su marco con sensibilidad y generosidad y ayudar a ese trabajador a sentirse cómodo con un marco que conozca y posea en pensamiento y acción. Y así, la tradición se transmite.

Con el tiempo, también hemos podido desarrollar una guía de nueve pasos para ayudar a los trabajadores del desarrollo a construir y reflexionar de manera crítica sobre su propio marco de práctica, y esta guía se describe a continuación en el Recuadro 2.2. Debido a la naturaleza personalizada de la creación de un marco de práctica, los trabajadores varían mucho en cuanto a cuándo se sienten listos para asumir este importante componente de su desarrollo profesional. Este capítulo ofrece una guía para cuando esté listo. A lo largo del camino, también se representan otros marcos de práctica, que ilustran cómo diversos marcos se vinculan a historias personales de trabajadores del desarrollo inmersos en sus contextos particulares.

Recuadro 2.2 Nueve pasos para armar un marco de práctica

1. Apoyarse en la fuerza de la tradición

2. Explorar los marcos de práctica establecidos

3. Poner nombre a su marco

4. Recopilar el contenido del marco

5. Organizar el contenido

6. Dar forma al marco para recordarlo

7. Elegir símbolos para explicar e ilustrar el marco

8. Usar el marco en la práctica

9. Criticar el marco

Primer paso: apoyarse en la fuerza de la tradición

Incluso cuando tenemos un marco de práctica que da orden a nuestra visión del mundo (usted con el suyo y otras personas con el de ellos), queda claro que todas las posturas están incompletas. Cada compromiso con el trabajo, de alguna manera es menos de lo que se requiere. Pero los trabajadores del desarrollo que conocen el origen de las ideas que usan y conocen los altibajos de la historia de su uso, al menos tienen una aproximación a la tradición de su práctica. Los trabajadores se ven enriquecidos por la sabiduría que estas tradiciones contienen. Ignoramos las historias de fracaso a nuestro propio riesgo. El conocimiento de la tradición conlleva sabiduría y también advertencias. Con ambos, es más fácil enfrentar las diferencias que inevitablemente surgen entre las personas, escuchar con mayor atención y apreciar cómo la comunidad se une y conoce a los demás en medio de estas realidades tan diferentes. Hemos experimentado la riqueza del trabajo del desarrollo debido a la presencia de los diversos esfuerzos de quienes han realizado el trabajo antes.

Una de las influencias más formativas en el trabajo del desarrollo participativo fue el trabajo pionero de Gandhi, porque fue capaz de articular una metodología de acción, una visión política y económica, y una base de valores personales y públicos. Muchas personas han tomado sus ideas más influyentes y han formado su propio marco directamente de éstas. El gran Jayaprakash Narayan y Vinobe Bhave serían ejemplos de esta influencia inmediata y directa. Otros han tomado algunas de sus ideas y las han unido con otras fuentes de inspiración. Por ejemplo, Fritz Schumacher, el autor de *Small is Beautiful* (1973), se transformó en una influencia clave en la promoción de la economía comunitaria. Martin Luther King, ese carismático líder de los derechos civiles de los Estados Unidos, es otro que fue influenciado por esta tradición.

Aquí se reconoce abiertamente que Gandhi ha ejercido una influencia profunda sobre los escritores de este libro. La influencia de Gandhi ha sido tan generalizada que los marcos que se toman prestados de su trabajo se pueden identificar como parte de una tradición particular de la práctica del desarrollo, una tradición a la que orgullosamente, si bien de forma inadecuada, pertenecemos. Tenemos un problema para nombrar y reconocer a las muchas personas que han formado esta tradición. Algunos son bien conocidos y están a la vista del público porque han publicado y/o tienen acceso a medios de comunicación masivos. Pero muchos otros son conocidos solo por las personas con quienes han trabajado. Sea cual sea el origen de tales aportes, estos miles de hilos se han tejido para formar el rico entramado de la tradición gandhiana.

Lo que los trabajadores pueden ofrecer, de un momento a otro dentro del trabajo del desarrollo, se fortalece enormemente con la sabiduría de una tradición del desarrollo. Sí, los trabajadores se arriesgan, pero con ayuda. Aunque ninguna frase de una sola persona dura para siempre, hay "reglas" que encierran puntos de sabiduría depurados a los que cada uno puede recurrir. Estos puntos de sabiduría son reglas, no leyes que hay que obedecer. Básicamente se prueban buenas ideas, a las que nos referimos como reglas, para que las registremos y tomemos nota. Son como consejos para dificultades recurrentes, y es precisamente esta interfaz de dificultad y sabiduría lo que las hace tan útiles. Por ejemplo, la muy famosa "regla" de Gandhi, para celebrar la derrota ofrece una maravillosa sugerencia precisamente en el momento "equivocado". En este caso, la naturaleza muy contraria a la "regla", es lo que le da efectividad. Parte del aprendizaje de una tradición de desarrollo es aprender "las reglas" para que los trabajadores puedan tener acceso a ellas cuando sea necesario, asociándolas con las situaciones problemáticas que inevitablemente enfrentan. Los trabajadores pueden desconectar estas "reglas" en su mente a través de una respuesta aprendida en estas situaciones. A esas alturas, los trabajadores pueden decidir si desean o no seguir el consejo de la tradición. Enumeramos algunas de las reglas claves de Gandhi en la siguiente sección, donde describimos una versión de su marco de práctica.

Cuando los trabajadores del desarrollo enfrentan dilemas recurrentes y aparentemente insolubles, la importancia de la sabiduría obtenida de la tradición es incalculable. Tomemos, por ejemplo, el tema del poder y el control. El trabajo del desarrollo participativo lucha por ser una fuerza de liberación. El comportamiento de control basado en el poder a menudo está en desacuerdo con esa aspiración y, sin embargo, la autoridad y el control pueden ser útiles cuando la situación es un desorden total y es necesario restablecer el orden. ¿Pero cuándo es el momento adecuado para intervenir y tomar el control? ¿Cuándo es el momento de devolver el control? ¿Quién controla al controlador? Estas preguntas tienen una calidad política y recurrente con todo tipo de suposiciones y con respuestas potencialmente diferentes.

Se debe entender que las reglas contenidas en las tradiciones de desarrollo no son absolutas ni son mandamientos que exijan conformidad. Las reglas siempre deben interpretarse dentro del contexto real y la cultura de un trabajo en particular, no hay una interpretación "monolítica". Las diferencias individuales de interpretación son importantes. Algunos trabajadores, por ejemplo, son muy colegiados y están basados en pares, mientras que otros avanzan compartiendo más conocimientos técnicos e información. Otros aún, confían en las cualidades carismáticas del sacrificio y la valentía. Las personas tienen diferentes dones que aportan a la tarea del desarrollo: calma, un delicioso sentido del humor, una memoria fotográfica, la lista es tan larga y diversa como la naturaleza humana. Si bien conocer las reglas de la tradición que utiliza un trabajador puede ser un nivel de comprensión, saber qué sustenta la interpretación de esas reglas es otro, y ambas son necesarias.

Aunque todas las tradiciones del desarrollo tienen algunos valores comunes, como el compromiso con la justicia y el mejoramiento de la situación de los más pobres, también existen diferencias fundamentales entre ellas. En las tradiciones participativas y dialógicas (para obtener información más reciente de la tradición dialógica, ver Westoby y Dowling, 2013), el proceso de desarrollo se basa en la relación, no en el rol y el poder ejecutivo. Lo que los trabajadores aportan al trabajo desde la tradición participativa no es la historia completa, ni el único camino, pero sabemos, que sin un nivel mínimo de confianza relacional y cooperación con la comunidad es imposible, y este es el elemento que buscamos proteger y nutrir. Las personas piden a gritos esa confianza y cooperación, y aquellos de nosotros que pertenecemos a esta tradición en particular, la buscamos donde sea que se encuentre. Incluso con pueblos dispersos, fragmentados y oprimidos, siempre hay pequeños signos de esperanza, rebeldes y a veces inesperados, y es con esas personas y esa energía que los trabajadores del desarrollo de la tradición participativa pueden trazar un camino para avanzar.

Otra diferencia es la importancia relativa que la tradición participativa le da a lo implicado (entenderse a sí mismo) y al método micro (construir relaciones). La tradición participativa otorga a estos elementos de la práctica una importancia igual a los otros niveles en los que el trabajo es más visible, como mezzo (desarrollo de grupos de trabajo), macro y meta (desarrollo de organizaciones funcionales). Las tradiciones más funcionales, aunque no ignoran los niveles implicados y micro de la metodología, dan mayor énfasis a los niveles macro y meta de la metodología. Trabajar en la tradición participativa de la práctica del desarrollo es comenzar un viaje que es personalmente transformador, porque es trabajo "con" y no "para" otros. Nos transformamos a medida que nos involucramos en el proceso. Participar en la práctica con este entendimiento requiere más que curiosidad, la búsqueda de una experiencia exótica o un experimento objetivo. Requiere que abramos nuestros ojos, abramos nuestros oídos, abramos nuestras mentes, abramos nuestros corazones y abramos nuestros brazos.

Trabajar en primera línea ante la pobreza, con cualquier interpretación de cualquier tradición, es abrirse a algunos de los abismos más oscuros de la humanidad: ver los males de la codicia y sentir la intensidad de sus tentáculos, oler el hedor putrefacto de la corrupción. Es probar la inutilidad de las promesas políticas vacías, escuchar la retórica del interés propio y la ignorancia de las élites más educadas. Y, paradójicamente, al trabajar en un espacio así con los ojos abiertos, uno puede encontrar la luz en el detalle más simple, más pequeño y más delicado de la humanidad; uno puede ver el potencial y la esperanza en la más mínima posibilidad. No podemos y no debemos romantizar el trabajo: es difícil, a menudo ingrato, real y lento. Además, elevar cualquier trabajo del desarrollo al estado de esfuerzo santo es una tontería y se engaña a sí mismo, especialmente cuando nos exime a nosotros, "mortales comunes y corrientes", de entrar en contacto con el desastre de la pobreza y las estupideces diarias que destruyen el alma. Invertir con santidad, en aquellas personas que eligen trabajar y vivir al margen, es un romanticismo equivocado. Permite a los que no están involucrados desentenderse, porque esos héroes y heroínas de los barrios marginales lo han hecho todo, han hecho lo más difícil. Puede parecer mucho menos exótico trabajar con familias empobrecidas y de padres solteros en un barrio australiano que con mendigos moribundos en los barrios pobres de Calcuta, pero las diferencias son mucho más aparentes que reales. Cuando las personas realizan un trabajo práctico con la comunidad (en lugar de solo hablar de ello), no encuentran ni mendigos muertos, ni familias con problemas exóticos. En los barrios marginales de Calcuta, los bloques pobres de Brisbane o las viviendas sociales de Chicago, hay un trabajo muy similar, urgente y necesario por hacer, ya sea que ayudemos a resolver el sustento de vida de alguien, enfrentemos a algún propietario abusivo, cumplamos con la tediosa tarea de completar una solicitud de financiamiento, supliquemos a los miembros de alguna organización comunitaria para que resuelvan sus diferencias, y lidiemos con el vacío del corazón cuando uno sabe que nada de lo que hagamos reducirá el sufrimiento.

Desde la perspectiva de la tradición gandhiana del desarrollo participativo, detrás del deslumbramiento de lo exótico y el cansancio de las constantes exigencias de este tipo de trabajo, se encuentra la fuerza del alma, no solo la que nos impulsa a enfrentar la injusticia y la pobreza, sino que nos impulsa a seguir adelante frente a la angustia, nos permite aferrarnos a los sueños de que las cosas podrían ser mejores o diferentes en medio de temáticas y problemas repetidamente similares. La fuerza del alma se manifiesta en la tradición a través de nuestras historias, el compartir nuestros miedos, esperanzas, sueños, fortalezas, limitaciones, límites y creencias, y estas facetas de nosotros mismos configuran mucho el trabajo. Desde nuestra perspectiva, abrirnos ante la fuerza de nuestras almas está en el corazón del método implicado.

Reconocemos que esta ha sido una larga explicación del primer paso en la guía. Si bien sabemos que se puede decir mucho más la sobre la tradición, esperamos que esto brinde una idea de lo que es estar dentro de la vitalidad dinámica del trabajo, y que la comprensión de la rica tradición ayude a cada lector a responder preguntas y vivir y seguir trabajando con esperanza, a pesar de las muchas preguntas que quedan sin respuestas.

Segundo paso: explorar los marcos de práctica establecidos

Debido a que en el método implicado se trata de poner orden en nuestro mundo interno, y todos los trabajadores del desarrollo son tan diferentes, otro paso importante es examinar una serie de marcos de práctica que otros han desarrollado. En esta sección, pensamos que podría ser útil explorar una combinación de marcos a modo de ejemplo, tanto de grandes figuras del pasado, como de algunos de nuestros colegas menos conocidos. Hemos proporcionado solo cuatro pequeñas muestras de las diferentes formas en que los trabajadores de desarrollo moldean su mundo y el trabajo que realizan. Estos ejemplos incluyen:

- marco de práctica orientado a los valores, por Mohandas Gandhi;
- marco de práctica orientado al proceso, por Doug McCauley;
- marco de práctica simbólico, por trabajadores de una aldea en India; y,
- marco de práctica descolonizador, por Franz Fanon.

Ejemplo uno: marco de práctica orientado a los valores, por Mohandas K Gandhi

Gandhi articuló su marco a través de sus numerosos discursos públicos, sus boletines informativos, de los que era un gran defensor, su autobiografía *Mis Experimentos con la Verdad*, escrita unos 20 años antes de su muerte, y una colección de dichos o reglas que popularizó en cada oportunidad. La visión de Gandhi de aprender sobre la vida y la lucha por la justicia no fue estática, sino que fue una pregunta abierta y constantemente negociable. Por ejemplo, aquí explica:

> Si puedo narrar [mis experimentos] con un espíritu desapasionado y humilde, muchos otros experimentos encontrarán en ellos provisiones para su marcha hacia adelante. Estoy lejos de poder reclamar cualquier grado de perfección para estos experimentos. Solo reclamo por ellos lo que hace un científico que aunque [él/ella] realiza ... experimentos con la mayor precisión, previsión y minuciosidad, nunca pide ninguna finalidad acerca de ... las conclusiones, sino que mantiene una actitud abierta al respecto. He pasado por una introspección profunda, he buscado dentro mí una y otra vez, he investigado, examinado y analizado cada situación psicológica. Y sin embargo, estoy lejos de afirmar cualquier finalidad o infalibilidad sobre mis conclusiones. Una afirmación que de hecho hago acá. Para mí, parecen ser absolutamente correctas, y por el momento, parecieran ser definitivas, porque si no lo fueran, no debería basar ninguna acción en ellas. Pero con cada paso, he realizado el proceso de aceptación o rechazo y he actuado en consecuencia. Y mientras mis actos satisfagan mi razón y mi corazón, debo adherirme firmemente a mis conclusiones originales (Gandhi, 1927: 15).

Al considerar el marco de Gandhi, tres elementos son de particular importancia: su nombre, sus dimensiones y las reglas de acción. La designación de un marco corresponde a la declaración resumida del análisis principal que subyace al marco, que es, en este caso, *Mis Experimentos con la Verdad* (Gandhi, 1927). Con este nombre, él claramente quería eliminar el dogmatismo irreflexivo de sabelotodo y el cumplimiento servil, y en su lugar, abre la fuerza de la verdad a proyectos reflexivos que podrían aceptarse o rechazarse de acuerdo a su éxito. Este fue un análisis particularmente molesto para aquellos que querían deificarlo.

Las dimensiones de un marco son las ideas operativas, las ideas que dan perspectiva y dirección al análisis. El marco de Gandhi tenía muchas dimensiones, pero cuatro eran de particular importancia para la tradición del desarrollo. De estas cuatro dimensiones principales fluyen sus reglas de acción, las reglas de comportamiento y el código de disciplina.

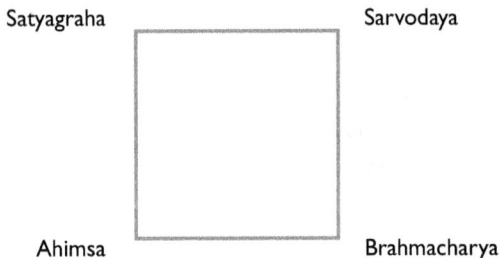

Figura 2.1 Las cuatro dimensiones del marco de Gandhi

Veamos cada una a la vez.

El concepto central del marco y su dimensión más fundamental es *Satyagraha*, que se entiende mejor cuando se divide en sus partes componentes: *sat* significa "verdad" y *graha* significa "fuerza". Gandhi pasó su vida obsesionado con la idea de que si la verdad se "comparte con los demás", "si al poder se le habla con la verdad", "si la verdad se enfrenta a la injusticia" se vuelve una fuerza verdaderamente revolucionaria. *Satyagraha* no es una idea pasiva, sino activa, contundente y peligrosa para aquellos que se atreven a practicarla.

El segundo concepto y una dimensión clave es *Sarvodaya,* que a menudo se traduce como "servicio". No significa servicio en el sentido pragmático moderno del servicio social, sino servicio en el sentido de estar totalmente disponible para las personas y para la causa de la justicia y la paz, un compromiso personal increíble para cualquier persona.

El tercer concepto fundamental de su marco es *Ahimsa. Ahimsa* es otra palabra traducida de diferentes maneras. Aquí se entiende en referencia a toda el área de restricción personal y disciplina profesional dentro de la cual un trabajador realiza su trabajo.

El cuarto concepto *brahmacharya* es quizás el más difícil de entender para nosotros. Se refiere al voto de castidad de Gandhi. En primer lugar, tuvo grandes dificultades para cumplir su promesa, que no mejoró de ninguna forma por la manera bastante horrible en que se implementó por primera vez, sin el consentimiento de su esposa. Era una novia infantil, se casó tres veces antes de los siete años y su primera experiencia conyugal se intentó, sin duda, antes de que él y su esposa fueran lo suficientemente maduros. Ahora sabemos lo desastroso que es el matrimonio infantil para el desarrollo sexual equilibrado, y aunque todavía se practica, ha sido prohibido legalmente en India por más de 60 años. Su desarrollo sexual fue un problema con el que luchó toda su vida. Quizás en esta lucha se encuentra la clave del significado de *brahmacharya*. Es la dimensión de su estructura en la que enfrentó deliberadamente a sus demonios más personales y confrontados. Posiblemente, cada uno de nosotros tenemos que enfrentar nuestro propios equivalentes para madurar como trabajadores del desarrollo y ser conscientes de nuestra disciplina y templanza.

Una de las principales contribuciones que Gandhi hizo al trabajo de desarrollo fue desarrollar reglas prácticas de acción, transformando una filosofía en un marco de acción. Esto se ha descrito como "Reglas fundamentales del comportamiento" en el Recuadro 2.3 y "El código de disciplina" en el Recuadro 2.4.

Recuadro 2.3 Reglas fundamentales del comportamiento

- La autosuficiencia en todo momento.
- La iniciativa se encuentra al alcance de nuestras manos.
- Infundir a todos los objetivos, la estrategia y las tácticas de la campaña.
- Reducir las demandas a un mínimo consistente en la verdad.
- Hacer progresar al movimiento paso a paso.
- Examinar y declarar honestamente las debilidades.
- Buscar de manera persistente vías de cooperación con el adversario.
- Negarse a entregar lo esencial en la negociación.
- Insistir en un acuerdo completo sobre los fundamentos antes de aceptar el acuerdo.

Recuadro 2.4 El código de disciplina

- No albergar la ira, sino sufrir la ira del oponente.
- No someterse a ninguna orden dada con ira.
- Abstenerse de insultar y maldecir.
- Proteger a los oponentes de insultos o ataques, incluso a riesgo de la propia vida.
- No resistirse al arresto.
- Negarse a entregar cualquier propiedad mantenida en fideicomiso para otros.
- En caso de caer prisionero, comportarse de manera ejemplar.
- No aceptar garantías para el mantenimiento de dependientes.

Inspiradas por el deseo de Gandhi de experimentar, algunas reglas han crecido en importancia y otras han disminuido. Las siguientes reglas son comunes en nuestra propia tradición participativa y deben su origen y espíritu a Gandhi.

- Nunca le pida a nadie que haga lo que Ud. mismo no está dispuesto a hacer.
- Los medios son los fines y los fines son los medios.
- Anime a participar a todos.
- Comparta el sueño, comparta el análisis, comparta el proceso, luego todos tienen la oportunidad de ayudar.
- Siempre ceder, pero nunca cuando se trata del ideal.
- Defender la fe; las personas que golpean a veces no tienen idea de cuánto lastiman.
- Proteger a los indefensos - siempre.
- Conocer e ir al ritmo de los más lentos.
- Lo pequeño es hermoso.
- Desarrollar relaciones personales: es el propósito y la recompensa del trabajo.
- Camine, no conduzca.
- Recorra las calles: eso da la perspectiva de las personas sin hogar.
- No confunda popularidad con efectividad, la base de este trabajo es moral.
- Pida ayuda, es nuestra, no mía ni tuya.
- Discúlpese si está equivocado: no bloquee, no demore, no defienda, hágalo ahora.

Por último, el talismán de Gandhi parece crecer en importancia cuando se nos pide que hagamos más y más de todo, con excepción de lo que es importante. Consideremos esta sabiduría, posiblemente la que se encuentra en el corazón del marco de Gandhi: imaginemos la cara de la persona más pobre que hayamos visto, preguntémonos, ¿lo que estoy haciendo es pertinente para su bienestar?

Ejemplo dos: marco de práctica orientado al proceso, por Doug McCauley

El marco de McCauley nombra y conecta las principales tareas interrelacionadas y asociadas con el trabajo del desarrollo participativo. Este marco comparte la ventaja del marco secuencial de Henderson y Thomas (2005) que compartimos en el capítulo anterior. En esto, es como un ejemplo de un marco de práctica que proporciona una secuencia clara al trabajo, pero es multidimensional, ya que resalta la interrelación de los procesos comunitarios que deben formar parte de cada fase del trabajo.

McCauley insiste en que la realidad en constante cambio de la vida comunitaria significa que debemos reenfocarnos y reagruparnos en cada punto, porque la imagen que tenemos de la realidad con la que estamos tratando no es una fotografía estática. En cambio, la imagen de la realidad es un caleidoscopio en constante cambio de personas y eventos que uno nunca termina por comprender a cabalidad. La comunicación inclusiva es una constante, requerida en cada etapa para hacer y rehacer la imagen, y desde esa imagen siempre emergente, los trabajadores y las personas pueden determinar qué pasos deben tomarse a continuación.

Un análisis central de este marco nos enfatiza que es el proceso, no el producto, lo que está en el corazón del trabajo. En otras palabras, el núcleo del desarrollo de personas proviene de lo que aprendemos y obtenemos al "hacer". El contenido y los resultados valiosos de los proyectos en sí son una ventaja importante, pero no son el punto central. Este análisis creció a partir del trabajo de Doug en entornos remotos y difíciles donde las poblaciones eran inestables y con poco apoyo externo.

El marco es significativo, no solo porque da un paso al trabajo metódico cuidadoso, sino también porque es un ejemplo de un marco genérico, con el tema de la comunicación como parte de cada dimensión. En la sección siguiente se explora cómo se estructura conceptualmente un marco.

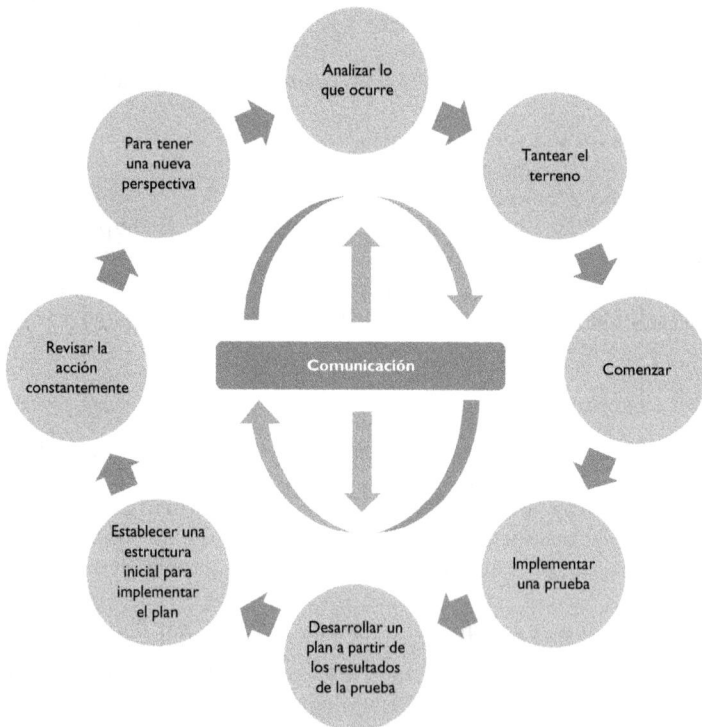

Figura 2.2 El marco de práctica orientado al proceso

Ejemplo tres: marco de práctica simbólico, por trabajadores de una aldea en India

El marco de práctica simbólico se origina a partir de trabajadores de las aldeas en la India, cuyas manos están constantemente ante sus ojos: es lo central de sus vidas mientras trabajan en los campos sembrando sus cultivos, mientras cocinan y limpian para sus familias, y por supuesto son sus instrumentos de curación, confort y cariño. Es natural que elijan un símbolo de tal importancia personal para mantener unidos los elementos importantes que unen sus mundos internos y externos. Su símbolo se representa en la Figura 2.3.

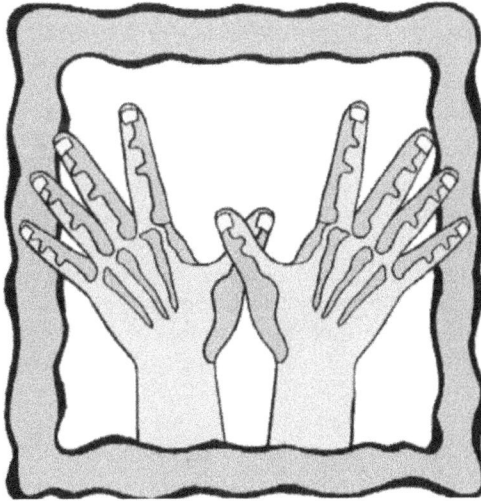

Figura 2.3 Marco de práctica simbólico

Los dedos y los nudillos de la mano representan las dimensiones y sub-dimensiones del marco. El dedo meñique es un recordatorio de lo que trata esencialmente el trabajo: los pequeños, los pobres, los desposeídos; el dedo anular significa el compromiso de la obra; el dedo medio es un recordatorio de los recursos necesarios para hacer el trabajo; y el dedo índice es el análisis que señala la dirección que debe tomarse. Por último, el pulgar nos recuerda el método: que nadie puede hacerlo solo, que cada uno necesita reunir y agrupar a las personas para que lo hagan juntos. La Tabla 2.1 describe con mayor detalle el significado simbólico de los diversos aspectos de la mano.

Por supuesto, los símbolos se utilizan en muchos niveles de la metodología del desarrollo. Cualquiera que sea el símbolo, los más útiles provienen de la cultura y los entornos sociales y ecológicos de su trabajo.

Ejemplo cuatro: marco de práctica descolonizador, por Franz Fanon

Franz Fanon fue una de las personas más influyentes en ayudarnos a comprender las prácticas de desarrollo y la gestión de conflictos en el contexto colonial. Fanon desarrolló su comprensión en las últimas etapas del dominio colonial europeo

Tabla 2.1 Marco de práctica simbólico

Dedo	Primer nudillo	Segundo nudillo	Tercer nudillo
Meñique	los pobres del mundo	los pobres de mi comunidad	mi propia pobreza
Anular	el compromiso con la comunidad	el compromiso con la familia	el compromiso conmigo mismo
Medio	los recursos de la comunidad	los recursos de la familia	los recursos que cada persona aporta
Índice	la dirección de la comunidad	la dirección de mi familia	la dirección para mí
Pulgar	la base del pulgar recuerda a cada uno estar conectado con la tierra y conectado a los ritmos de mi cultura	el nudillo medio es la conexión con la organización de los pueblos a la que pertenece cada uno	la punta del pulgar es para recordarle a cada uno que en todo contacto con los demás y todo lo que se toca, se ha de ser sincero con uno mismo

en Argelia en la década de 1950. Tanto su historia personal como profesional le dieron una visión profunda de los eventos turbulentos que lo rodeaban. Experimentó una gran cantidad de eventos históricos que forjaron el legado colonial, junto con la lucha para rectificar esos eventos en la lucha descolonizadora.

Una de las ideas claves de Fanon, que contribuyó significativamente a la práctica del desarrollo, como muchas otras ideas profundas, fue esencialmente simple. Apreció que la vida tradicional no terminó con la invasión de los colonizadores, que la guerra no terminó cuando cesaron los disparos, ni la pobreza cuando llegó el bienestar. Los acontecimientos de la historia y las políticas públicas continuaron su impacto mucho después de haber terminado oficialmente. Tomemos, por ejemplo, la política más cruel de los niños robados, una política que autorizaba a que los niños indígenas australianos fueran retirados de sus familias para ser criados por otros que supuestamente sabían hacerlo mejor. Dicha política no murió cuando la política fue revocada hace décadas, sino que sigue viva y goza de bienestar en ese camino de impacto que creó. Fanon entendió que los eventos de la historia y las políticas que dieron forma a los tiempos, ya fueran útiles o perjudiciales, se unieron a la historia en desarrollo. Incluso cuando la dura y ascendente lucha de descolonización comenzó en serio, toda esa historia de dolor se traspasó al nacimiento de la nueva nación y la nueva organización, a pesar de que se fundaron en los sueños de la liberación.

Lo más práctico de este marco es que ayudó a los trabajadores del desarrollo a comprender la profundidad y el control de la pobreza en las personas con quienes trabajaban. A pesar de que el opresor ya no estaba allí, el nivel de ira se expresaba a diario, incluso hacia las personas que amaban y hacia las personas que estaban más preocupadas y hacían todo lo posible por ayudar, o la lucha interna sin sentido, y entre colegas, familiares y comunidades, luchas destructivas y contraproducentes, que revelan fuerzas residuales del opresor. Estas y otras conductas comenzaron a tener sentido y cuando el marco se compartió y discutió, permitió un viaje profundo de autoconciencia y crecimiento personal. Fanon mostró a los trabajadores cómo identificar estas fases de la historia y las diferentes políticas públicas en las conversaciones diarias. Podríamos entender mucho si nos diéramos cuenta de los significados ocultos en las mismas palabras que se usan para contar la historia. Esta idea fue desarrollada mucho más por Paulo Freire en la siguiente década, hasta el punto en que este uso del texto se ha convertido en un principio central del método micro, que exploraremos en el próximo capítulo.

Hemos ilustrado el marco y el análisis de Fanon en la Figura 2.4.

Figura 2.4 El ciclo de colonización-descolonización

Cada una de las ideas en el diagrama es indicativa de una fase histórica y de una experiencia que, por supuesto, se contextualizaría con las historias particulares de la lucha. Pero en general, comenzando con el lado derecho en la parte superior, muchas comunidades que han experimentado la colonización (y continúan, incluso mientras luchan por la descolonización) tenían, o aún tienen, un rico conjunto de tradiciones, costumbres o leyes. Estas tradiciones dieron forma a las relaciones y responsabilidades dentro de la vida familiar y comunitaria, las relaciones con la naturaleza, la gobernanza, la resolución de conflictos, etc. La invasión inevitable-mente interrumpió o destruyó muchas de esas tradiciones, incluso mientras algunas continuaban secreta o marginalmente. La guerra correspondía a una parte casi inevi-table del conflicto, no solo entre los colonizadores y los colonizados, sino también entre las comunidades colonizadas, generalmente creadas a través de la esclavitud, la venta de armas, la cooptación, etc. La pobreza se convirtió en parte de la historia de los colonizados, donde las familias y las comunidades perdieron recursos como la tierra, la cultura y los lazos sociales. Tales comunidades se convirtieron, y continúan siendo, material de cultivo para pedir ayuda social, experimentada por algunos como "sentarse y pedir dinero", destruyendo aún más la dignidad y la trama misma de las comunidades.

En el marco de Fanon, el proceso de descolonización, que se muestra en la parte izquierda del diagrama en la parte inferior, revierte algunas de esas experiencias, combinando la creación de nuevas organizaciones, una nueva cultura, una nueva política y, en última instancia, una nueva sociedad. Las nuevas organizaciones florecen a medida que los colonizados construyen infraestructura comunitaria y social: sus redes, sus comunidades y sus federaciones. Dentro de estos espacios dinámicos suele haber un alcance para una nueva cultura, una combinación híbrida de lo antiguo y lo nuevo, algún tipo de resurgimiento del conocimiento y las prácticas indígenas o endógenas. Con el tiempo, el resurgimiento de la cultura y la reorganización proporcionan la cuna para una nueva política en la que el proceso de descolonización fomenta una nueva voz, un nuevo poder social, un movimiento de diálogo a las demandas, un tratado, un reconocimiento, etc. Y por último, una nueva sociedad puede surgir, sacudida y plagada de las nuevas fuerzas sociales de "abajo".

La importancia de este marco es que, si escuchamos, podemos identificar todas estas fases de la historia de la colonización como una experiencia diaria y vivida. Las personas hablan con orgullo de la gloria del pasado, inevitablemente mezclada con la violencia de entonces y ahora, impregnada por la humillación y la impotencia de su realidad actual. Esta realidad que viven, es lo que las personas colonizadas traen a la mesa, incluso mientras trabajan para construir su nuevo futuro organizativo y político. Fanon acercó la historia al presente y la voz de las personas, permitiendo que el blanco y el negro, colonizadores y colonizados, vieran que cada uno estaba conectado e inevitablemente era parte de la historia del otro, y fue solo al reconocer esa conexión que el control de las fuerzas coloniales pudo reducirse y así avanzar.

Este marco histórico puede ayudar tanto a los trabajadores como a las personas a apreciar, comprender y trabajar con este complejo vórtice profundo de esperanza y desesperación. En la experiencia de los autores, el uso de este marco ha brindado momentos de transformación no solo para el trabajador, sino también para las personas inmersas en su lucha descolonizadora, y les brinda una herramienta para comprender y ordenar su orgullo, su ira y su dolor como su esperanza para el futuro.

Hemos presentado cuatro breves marcos, simplemente como ejemplos de lo que es un marco de práctica. El espacio no nos da la oportunidad de explorar su rica textura. De acuerdo con nuestra discusión anterior, los nuevos trabajadores del desarrollo generalmente adoptarán uno, o componentes de dichos marcos, para guiar su práctica. Sin embargo, en un cierto punto de aprendizaje, reflexión y experiencia, los trabajadores de desarrollo podrían querer crear el suyo propio. Es este esfuerzo al que ahora nos avocamos.

Tercer paso: poner nombre a su marco

Al elegir desarrollar su propio marco de práctica, los trabajadores entran a un espacio y proceso personal, público e intensamente creativo y reflexivo. Al hacer esto, los trabajadores están tratando de transmitir su personalidad y los dones que traen al trabajo. Los trabajadores hacen esto no solo a través de la forma en que describen las diversas partes del marco, sino especialmente en cómo nombran al conjunto. El nombre de un marco de práctica debe reflejar la orientación fundamental que el trabajador adoptará en su enfoque del desarrollo participativo. El nombre debe ser congruente con los principios fundamentales, e indicar la intención de promover la justicia, la paz y la sostenibilidad, de una forma u otra, ya que lo mejor de ellos es tanto aspiracional como inspirador. Es un recordatorio para el individuo de sus motivaciones más fundamentales para querer trabajar con personas.

El nombre que se le da al marco debe ayudar al trabajador a recordar sus actividades de ayuda más importantes, junto con los atributos personales que aportan a ese proceso. Debido a la naturaleza altruista esencial del marco de práctica en el trabajo del desarrollo, no hay marcos de práctica del desarrollo llamados "Mi sueño de hacer dinero fácil", "Promoviéndome en cada situación" o "Haciendo que el egoísmo rinda frutos", aunque hay marcos de otras disciplinas y diferentes orientaciones de valor que ofrecen eso.

El nombre de un marco de práctica del desarrollo es una declaración pública, que es tanto un símbolo como un resumen de lo que el trabajador piensa y cómo esos pensamientos, a su vez, guiarán las acciones. El nombre es más personal que los eslóganes de los movimientos populares, como "no hay crecimiento", "derechos sobre la tierra ahora", aunque tienen una sensación similar a la de ellos. Dicha declaración personal en el dominio público es una característica importante del método implicado, ya que, aunque el marco pertenece al trabajador, es una herramienta importante para los miembros de la comunidad y nuestros colegas para mantenernos honestos y fieles a nuestra palabra.

Ningún nombre es del todo completo, no importa cuán verdadero o sabio sea. Les Halliwell, quien fue la primera persona designada para enseñar el trabajo del desarrollo en una universidad australiana, es bien recordado por su marco de "¡Escuchar a las personas!" (Halliwell, 1969). Al elegir este nombre y este tema, Halliwell quería recordarles a todos los que usaban ese marco que olvidamos escuchar con mucha facilidad, especialmente a los pobres del mundo y podemos fácilmente preocuparnos y seducirnos con nuestros propios pensamientos y planes. Pero sabía que, frecuentemente, los trabajadores se enfrentan a situaciones llenas de mentiras, intereses personales y corrupción, situaciones que no deben ser escuchadas y, en cambio, requieren nuestra oposición más activa. "Escuchar a las personas" es una maravillosa y destilada gota de sabiduría en una línea, pero por sí sola no es suficiente. Halliwell completó y equilibró el tema con las dimensiones y subdimensiones de su marco, que denotan la importancia de escuchar.

Con frecuencia el nombre de un marco tiene un subtítulo que puede complementar el título, ya sea dándole más detalles o proporcionando contexto. Un ejemplo es: *Desarrollo de la Comunidad Dialógica: con Profundidad, Solidaridad y Hospitalidad,* del segundo autor de este libro, escrito con su colega Gerard Dowling. Si bien el título principal ubica al libro dentro de la tradición dialógica de la práctica del desarrollo, el subtítulo "con profundidad, solidaridad y hospitalidad" nombra temas de práctica clave.

Estos ejemplos son marcos publicados, puestos en el dominio público para lectores más amplios, ya que necesitaban colocar su contribución en un contexto profesional. Para un profesional individual, esto no es necesario, y un subtítulo más personalizado puede ser más adecuado.

Es preciso recordar que no se llega a nombrar el marco sin ayuda. Es conveniente, en este momento, revisar lo discutido hasta ahora:

- la importancia de los pasos estructurados y ordenados que ponen orden en el trabajo, que fue la contribución de Henderson y Thomas (2005);
- liberar las fuerzas de la verdad era la revolución que Gandhi quería;
- la sanación le devuelve el poder a las personas que han resultado heridas, para que vivan la vida en plenitud, que fue el trabajo y el sueño de Martin Luther King;
- valorar la importancia del poder colectivo en manos de las mujeres que realizan su trabajo cotidiano, por parte de los aldeanos de la India;
- el recordatorio de Fanon para entender la historia y su presencia en las historias de las personas;
- el proceso fundamentado y enfocado, que nace de la escucha profunda, que fue el punto central de Halliwell.

Todos estos ejemplos tienen algo de verdad, que nace del calor de la práctica, pero pueden o no resonar como algo fundamental para un profesional individual dado. En ese caso, la búsqueda de un análisis, un tema y un nombre debe continuar. Por otro lado, las lecciones contenidas en una o más de estas sugerencias pueden considerarse lo suficientemente importantes como para incluirlas en un marco de práctica, pero a un nivel menor. En ese caso, a la idea se le da un estado dimensional o incluso subdimensional. La recopilación de estas buenas ideas es otro paso en el desarrollo de un marco de práctica.

Cabe señalar que muchos de nuestros colegas han generado el nombre y el análisis fundamental de sus marcos de práctica, no a partir de lo publicado y famoso, sino a partir de héroes anónimos en sus propias vidas. Esto puede ser de una madre, abuela, hermanos, pareja, amiga o colega, cualquiera que sea importante. A partir de ahí, el trabajador puede recoger el análisis, el nombre y la perspectiva integradora que mejor se une a su mundo interno y externo y sienta las bases de un marco de práctica. Finalmente, si bien nombrar un marco puede ocurrir bastante temprano al hacer el marco de práctica, puede también ser una de las últimas tareas en completarse, la búsqueda de este paso fundamental comienza desde el principio.

Cuarto paso: recopilar del contenido del marco

Si bien el nombre de un marco de práctica proporciona el análisis principal y el tema de integración del marco, el nombre necesariamente debe ser breve y más bien abstracto en su forma. Un nombre largo y detallado anularía las importantes funciones simbólicas y de resumen del proceso de asignación de nombres. Las partes operativas y detalladas de los marcos de práctica provienen de la dimensión y los elementos subdimensionales, y el propósito de este paso es centrarse en el contenido de esas dimensiones y subdimensiones.

Con el enfoque del contenido en mente, exploremos brevemente otro marco históricamente famoso, el de Madge y Terence Batten (1967). El marco de Batten tiene más de cinco décadas, y si bien el trabajo ha cambiado en lenguaje y actitud, su sabiduría esencial sigue siendo un regalo maravilloso para aquellos que trabajan en contextos poscoloniales o neocoloniales, donde los fantasmas de la misión, el gobierno o la autoridad corporativa aún dominan e intimidan a las personas de la comunidad y perpetúan la dependencia. Situados en el contexto de la Oficina Colonial en el Reino Unido, desarrollaron un marco de práctica "no directivo" para enfatizar la importancia central de que las personas de la comunidad sean "dueñas" de lo que hacen, y hacen lo que ellos, y no los demás, creen que es apropiado, adecuado y posible. En el contexto colonial, con una historia tan problemática entre las partes, casi todo lo que decía la autoridad, sin importar si era útil o bien intencionado, era casi siempre incomprendido. En la era posterior o neocolonial, donde las enormes diferencias en riqueza y autoridad distinguen al trabajador del desarrollo de los miembros de la comunidad, este marco todavía tiene mucho que ofrecer. La labor de los trabajadores del desarrollo empleados por las empresas mineras ricas y poderosas para mejorar la suerte de las comunidades pobres y remotas, corresponde a uno de esos ejemplos pos o neocoloniales.

Bajo el tema del trabajo no directivo, Batten (1967) nombró cuatro dimensiones principales de su marco en torno a una agenda de trabajo:

* cómo satisfacer las peticiones de ayuda;
* cómo sugerir proyectos comunitarios e introducir mejoras;
* cómo establecer grupos y trabajar con personas;
* cómo trabajar con líderes y tratar con facciones.

Dentro de cada dimensión, nombraron los patrones y ritmos del trabajo no directivo en el nivel subdimensional y cómo estos elementos abrieron oportunidades, pero también usaron el contenido en el nivel subdimensional para advertir sobre las dificultades de tal enfoque. Por nivel subdimensional simplemente nos referimos al nivel de práctica más detallado (ver el ejemplo de marcos técnicos en el capítulo anterior). Aunque el nivel subdimensional del marco de Batten (1967) es discursivo y no está tan organizado como un marco moderno, la intención fundamental del marco se ha mantenido bastante bien en el tiempo.

Desarrollar un marco de práctica es un período emocionante del desarrollo profesional, que se enriquece aún más cuando se intenta con otros. Cuando los trabajadores recopilan información para sus marcos, escuchan las historias de profesionales conocidos y publicados, y escuchan diferentes puntos de vista y valores, a veces con un sentido solidario, a veces desafiantes e incluso divisivos. Si el intento de construir un marco de práctica se hace entre colegas, debe haber un espíritu robusto de dar y recibir (Westoby e Ingamells, 2011). Los trabajadores deben desempeñar su papel y ofrecer un entorno seguro, desafiante, respetuoso y, por supuesto, participativo; no es diferente de cualquier buen trabajo de desarrollo. Los trabajadores deben tener en cuenta que cualquier dimensión puede cambiarse o cambiar de nombre, y debería ser así, especialmente si la sugerencia se relaciona más estrechamente con la realidad con la que están tratando y/o representa con mayor precisión sus propios puntos de vista sobre el asunto. Se requiere de muchas habilidades para manejar la tensión entre mantener las puertas abiertas a nuevas sugerencias y mantenernos firmes con el progreso que hemos logrado.

Cuando recopilamos información para las dimensiones de un marco mediante el diálogo con otros en grupos, grandes y pequeños, escuchamos y contamos historias que amplían nuestra visión y afirman nuestras determinaciones; recibimos la información por el medio más común del trabajo, la palabra hablada. El proceso mismo de recopilar información se basa en compartir. La pizarra y el papelógrafo son símbolos de cómo compartimos y registramos nuestro marco emergente en esta etapa del proceso. Cuando se hace eso, la capacidad colectiva ayuda a filtrar para que la esencia sea el material que le pertenece al trabajador, pero también es entendida por otros como una representación auténtica de quiénes son. Este proceso de ayuda entre colegas y autenticación es mejor cuando se repite varias veces, y se termina, por supuesto, en una presentación final.

Otras formas que hemos aprendido que son útiles para recopilar contenido incluyen:

- dibujar un "río" o "árbol" de la vida, como una forma de reflexionar sobre las influencias claves que han dado forma a la práctica;
- reflexionar sobre una historia de práctica, o idealmente, pedirle a un colega que formule preguntas, para que el trabajador del desarrollo realmente pueda "ver" lo que hace (no necesariamente lo mismo que dice que hace);
- leer una biografía de una persona que nos ha inspirado.

Sin este oído y voz externos que nos guían, la preocupación de nuestras vidas cotidianas y la presión de nuestras luchas personales y políticas a menudo son tan dominantes que podemos descuidar otra información crítica. El presente se convierte en la única verdad y la manera en que vemos las cosas ahora pasa a ser la única realidad imaginable. Un simple comentario de un colega desde una perspectiva "externa", pero a la vez "interna", puede marcar toda la diferencia en claridad y ajuste adecuado. Pocas veces en la construcción de un marco de práctica hay escasez de contenido. Principalmente luchamos con demasiados datos, en los que estamos tan enredados que difícilmente podemos percibir su calidad y pertinencia, y nos resulta difícil ver la esencia y utilidad si lo hacemos sin ayuda.

Darle nombre al contenido que derivará en las dimensiones y subdimensiones del marco resalta la importancia de comprender la realidad en la que trabajamos. Es posible que no podamos experimentar esa realidad de primera mano, ya que la experiencia de primera mano puede poner en peligro nuestra salud o vida, o nuestra edad o género pueden hacer que la participación sea problemática, o incluso imposible. Por ejemplo, los trabajadores del desarrollo a menudo son llamados para lidiar con las consecuencias de la violencia. Sin embargo, esto no significa que debamos someternos a la violencia para obtener experiencia de primera mano. Si no podemos experimentar lo que estamos tratando de primera mano, por la razón que sea, debemos asegurarnos de que la información que recopilamos, y la interpretación del significado que finalmente construiremos, se basen en los principios básicos del método: "al lado de", "junto con", "compañero" y "conexión". Cuando entramos en este tipo de proceso respetuoso de recolección de datos, vemos los datos desde la perspectiva correcta, y esto nos ayuda a ver lo que realmente vale la pena ver y a valorar lo que realmente vale la pena valorar.

El trabajo previo de recopilar y confirmar el contenido del marco proporciona una base esencial sobre la cual construimos un marco de práctica. Si omitimos u optamos por ignorar aspectos importantes de nuestra realidad, o tergiversamos y cambiamos información, la acción consecuente será defectuosa, de hecho, incluso puede ser dañina.

Quinto paso: organizar el contenido

El siguiente paso para hacer un marco de práctica es filtrar y organizar el contenido. Los seres humanos están bendecidos con la invaluable capacidad mental para clasificar la información en una forma utilizable. Después de una larga conversación con alguien, es posible que no recordemos todos los detalles (información), pero generalmente podemos proporcionar un resumen de los temas principales y recordar el tono general de la conversación (información clasificada). La clasificación de la información es una actividad humana estimulante y alentadora porque, a través de esta actividad, desarrollamos un sentido de propósito, y este propósito nos da una manera de enfrentar y luego abordar los problemas que nos aquejan.

Ordenamos la información buscando y estableciendo patrones. Un patrón surge cuando nuestra mente se mueve desde la comprensión de las cualidades particulares y únicas de los conceptos y los actos con los que estamos tratando, para incluir en nuestro entendimiento aquellas cualidades que hacen que esos mismos conceptos y los actos/hechos sean similares. Establecemos un patrón cuando le damos nombres a esas similitudes y diferencias, y podemos compartir con otras personas el significado que esa clasificación aporta. Este proceso a menudo se denomina codificación abierta y es especialmente útil para la información cualitativa. Cuando tenemos un patrón para esas ideas, podemos buscar en nuestra mente un nombre para ese patrón. En el contexto de la construcción de marcos, cuando hemos nombrado un patrón, tenemos una dimensión, que es un patrón con una dirección teórica, con dirección y contenido. La dimensión es una construcción intencional importante en un marco de práctica, ya que ésta forma la estructura de referencia del marco. La progresión es entonces de actos/hechos, a ideas, a patrones, a dimensiones, a un marco. El patrón es una agrupación, con nombre, de actos/hechos e ideas, la dimensión es una agrupación, con nombre, de patrones, y el marco es una agrupación, con nombre, de dimensiones.

Generar dimensiones corresponde a una actividad clave para hacer un marco. Cada dimensión debe ser lo suficientemente grande como para contener la información necesaria en una agrupación identificable, ser lo suficientemente acotada para distinguir esta información de la contenida en otra dimensión, estar lo suficientemente organizada para que podamos acceder a ella fácilmente, y tener un nombre lo suficientemente gráfico para que podamos recordar todo lo que necesitamos recordar de esa dimensión, a tiempo y en el momento oportuno, para así enfocar y guiar nuestras acciones.

El primer autor de este libro publicó previamente su marco de práctica, titulado *With Head, Heart and Hand* (Con la cabeza, el corazón y las manos) (Kelly y Sewell, 1988). Técnicamente, es un marco con tres temas claves, siete dimensiones y 31 subdimensiones. Al construir un marco de práctica, cada persona debe pensar en cuántas dimensiones y subdimensiones puede usar, ya que tenemos distintas capacidades para recordar. Muchos profesionales en Australia han podido recordar el marco de trabajo *With Head, Heart and Hand* (Kelly y Sewell, 1988). No sirve de nada tener un marco tan complicado, que cubra toda la complejidad del trabajo, pero que es tan complicado que no se puede recordar cuando se lo necesita. Por otra parte, tampoco debería ser un marco tan simple que no sea más que un marco situacional o técnico. El rango normal para la mayoría de los profesionales es entre cuatro y nueve dimensiones y cada dimensión se divide en elementos subdimensionales. El nombre y las dimensiones y subdimensiones del marco de *With Head Heart and Hand* (Kelly y Sewell, 1988) son suficientemente claros. El nombre que se le pone a las dimensiones del marco debe indicar el conjunto de ideas claves que indica qué acciones podrían ser útiles, y las subdimensiones son una especificación adicional de esas acciones. Un marco que usa verbos y adverbios para nombrar dimensiones puede, en la mayoría de los casos, hacer que el cruce del concepto a la acción, del pensamiento al comportamiento, sea un poco más fácil. Aunque no es necesario, Gandhi, por ejemplo, tenía nombres para las dimensiones de su marco e incluyó el elemento de comportamiento específico con sus reglas para cada subdimensión. Sin exagerar el punto, vale la pena considerar poner nombres a las dimensiones con verbos y adverbios.

El uso personal que le damos a los marcos, especialmente a nuestro propio marco de práctica, significa que los marcos deben incluir diferencias personales que reflejen quiénes somos y que lleven claramente nuestra insignia, sello y estilo individual. Si estamos interesados en la música y la música es parte de nuestra práctica, la música debería estar presente. Si estamos interesados en el arte y el arte es parte de nuestra práctica, el arte debería estar presente. Si nuestro estilo es suave, la dulzura debería estar presente. No debiera haber sorpresas. Aunque los marcos de práctica son nuestros en un sentido especial y personal, los marcos de práctica necesitan más que una pertinencia personal. Así como podemos vernos a nosotros mismos en y a través de nuestros marcos de práctica, otros también debieran poder vernos y reconocernos en ellos. Los marcos de práctica que no tienen sentido para las personas con las que trabajamos ni presentan una perspectiva de la metodología de la práctica del desarrollo no tendrán mucho potencial para estructurar el trabajo.

Los marcos de práctica, aunque estables, nunca se finalizan. Continuamos ajustándolos hasta que todas las dimensiones se adapten y contengan la información importante. Ocurren cambios en la vida que son importantes y hay situaciones difíciles que nos obligan a revisar nuestro marco o incluso a desarrollar uno nuevo.

Sexto paso: dar forma al marco para recordarlo

Después de haber recopilado y organizado el contenido del marco, el trabajador debe darle forma. Este paso da vida a las dimensiones al otorgarle una forma y una integridad reconocibles. El trabajador da forma a la integridad del marco configurando las dimensiones del marco y cómo se relacionan entre sí.

Cuatro formas prototípicas sostienen la mayoría de los marcos conceptuales. La comprensión de estas formas ayuda a distinguir los diferentes fundamentos conceptuales de diferentes marcos y ayuda a los trabajadores a configurar sus marcos. Estas formas prototípicas son particularmente útiles como subtexto teórico cuando los trabajadores del desarrollo necesitan producir un marco situacional rápidamente, algo bastante común en la práctica cotidiana, tal como lo exploraremos en el capítulo del método mezzo. Las palabras y frases utilizadas en el diálogo a menudo dan pistas sobre qué tipo de marco se requiere. Sin embargo, estas formas prototípicas también pueden ayudar en la organización y configuración de un marco de práctica de los trabajadores. Ahora nos corresponde presentar cada uno de los cuatro.

En un marco paralelo, las dimensiones se consideran por separado y por derecho propio, según se ve en las Figuras 2.5 y 2.6.

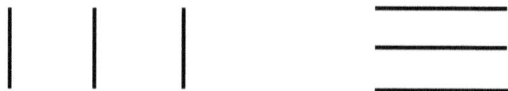

Figuras 2.5 y 2.6 Prototipo uno: paralelo

Este tipo de marco se manifiesta en afirmaciones como las siguientes:

- "Todo es confuso en este momento. ¿Podemos considerar A, B y C por separado?"
- "Hagamos las cosas bien, paso a paso y completemos cada parte antes de considerar la siguiente."

Los marcos paralelos rara vez se utilizan en el trabajo del desarrollo participativo como el marco conceptual subyacente de un marco de práctica. La pronunciada cualidad de separación que es inherente a los marcos paralelos va en contra de gran parte de lo que se trata el trabajo del desarrollo, que es unir ideas, personas y recursos. Incluso cuando se utilizan, la mayoría de las veces se complementan con marcos integrados en el nivel subdimensional (como se muestra a continuación).

Sin embargo, los marcos paralelos a menudo se utilizan en entornos organizativos donde las secciones o divisiones separadas de la organización actúan como unidades independientes, una elección principalmente basada en el tamaño y la escala donde la integración entre las partes se vuelve demasiado lenta, compleja y costosa. Y es importante reconocer los marcos paralelos porque a menudo se utilizan y están sujetos a ellos en otras disciplinas, como la ingeniería. Las unidades independientes de los marcos paralelos a menudo se las critica porque se comportan como silos, ya que la mano izquierda no sabe lo que hace la mano derecha. Sin embargo, los marcos paralelos, desde una perspectiva del desarrollo participativo, a menudo carecen de una relación entre las buenas ideas y se representan según las Figuras 2.7 y 2.8.

Figuras 2.7 y 2.8 Prototipo dos: paralelo vinculado

En un marco paralelo vinculado, las dimensiones se relacionan entre sí en puntos particulares de importancia. Se articulan más regularmente de la siguiente manera:

- "Creo que estos temas están vinculados en este punto; no podemos considerar el uno sin el otro".
- "Si conectamos esta parte con esto, surge un patrón que puede darnos una pista de qué hacer ..."

En un marco genérico, el núcleo se relaciona con, e impregna todas las dimensiones del marco. En el marco de McCauley, el tema genérico que permea todos los pasos del marco corresponde a la comunicación. En los marcos genéricos, a una dimensión particular se le otorga un estado especial, que es el centro en la Figura 2.9.

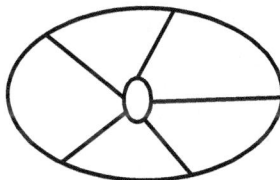

Figura 2.9 Prototipo tres: genérico

Se puede identificar el marco genérico en frases como estas:

- "Seguimos regresando a "A"... simplemente no desaparece. Es como esas canciones recurrentes que no nos podemos sacar de la cabeza. Creo que podría ser importante".
- "Si nos olvidamos de nuestra premisa básica, no podremos unir estos aportes individuales".

En un núcleo integrado, todas las dimensiones se relacionan con todas las demás, cada una por derecho propio, como se muestra en la Figura 2.10:

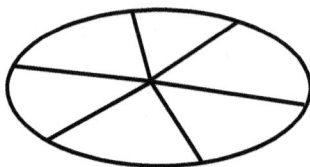

Figura 2.10 Prototipo cuatro: núcleo integrado

Nuevamente, este tipo de marco se expresa principalmente de las siguientes formas:

- "Una cosa no es más importante que la otra. Todas están conectadas y todas son importantes"
- "Está bien. Cada una es parte del todo, pero ¿cuáles son exactamente las partes?"

Hasta este punto nos hemos preparado y hemos organizado los actos y hechos importantes en dimensiones.

Séptimo paso: elegir símbolos para explicar e ilustrar el marco

En el proceso de creación de marcos, junto con la asignación de nombres y el darle forma al marco, los trabajadores del desarrollo pueden hacer un uso muy eficaz de los símbolos, un terreno altamente subjetivo en cierto sentido y, sin embargo, de uso universal. Los profesionales los usan debido a su significado personal, y facilita la forma en la que explican de qué se trata su práctica.

Los símbolos también pueden ser muy útiles para integrar y mantener un marco, y así ayudar a los trabajadores a recordarlo y usarlo. Los trabajadores del desarrollo han utilizado muchos símbolos diferentes para recordarse, a ellos mismos y a otros, los elementos importantes del trabajo. Los símbolos pueden ser complejos o simples. La cantidad y los tipos de símbolos utilizados para ilustrar los marcos de práctica son infinitos, por ejemplo, árboles, agua, una comida, una casa, un sonido, un movimiento, una montaña y una serpiente, solo por mencionar algunos. La asombrosa serpiente arcoíris de los aborígenes australianos tiene color, patrón y es concreto, y posee un elemento muy poderoso de misterio trascendental, que contendría hermosamente el marco más complejo. Los distintos colores de la serpiente del arco iris sagrado contienen preciosas historias de sabiduría. El tronco entrelazado en forma de vida del árbol de Banyan se extiende como un recordatorio de que nuestra fuerza proviene del trabajo conjunto, y juntos entregamos la fuerza para sostener la copa del árbol, que nos protege a todos del fuerte sol. Hay símbolos icónicos como la rueda giratoria de Gandhi o el *ying* y el *yang* que simbolizan el equilibrio y la armonía. Estas y otras imágenes y símbolos arquetípicos son construcciones importantes en la creación de un marco porque dan identidad y accesibilidad al material.

No hay duda de que cada quien responde de mejor manera a una forma, símbolo o lo que sea, ya que cada uno entrega una sensación y un tono que resuena de manera distinta. Cualquiera que sea el símbolo utilizado, su propósito es identificar y evocar un encuentro más profundo y amplio entre el mundo externo del trabajo y las realidades importantes del mundo interior, y esa elección corresponde a un paso importante para hacer un marco de práctica.

Octavo paso: usar el marco en la práctica

El uso y desarrollo de marcos y la complejidad en la evolución de esos marcos son indicadores de las diversas etapas del desarrollo profesional de un trabajador. En el Recuadro 2.1 presentamos las "etapas del desarrollo profesional", y vale la pena reiterar aquí que no es necesario pasar por todos estos pasos.

Sin embargo, si un trabajador desarrolla su propio marco, y debido a que los marcos son en esencia conceptuales, es crucial que se use o se ponga a prueba en la práctica, ya que solamente haciendo el trabajo y utilizando conscientemente el marco, es que los trabajadores pueden decidir si éste sirve o no. En el curso de tales ejecuciones de prueba, vale la pena hacer el siguiente tipo de preguntas:

- ¿Representa el marco los actos y hechos en cuestión sin distorsión?
- ¿Contiene el marco toda la información que necesito tener?
- ¿Ordena el marco la información de una manera que pueda recordar?
- ¿Me ayuda el marco a recordar lo que regularmente se me olvida?
- ¿Me ayuda el marco a conectarme con otros y a desarrollar un entendimiento común?
- ¿Puedo explicar lo que estoy haciendo y porqué lo hago?
- ¿Puedo ubicarme con precisión en una secuencia particular de trabajo y nombrar dónde estoy, de dónde vengo y adónde quiero ir?
- ¿Me ayuda a nombrar lo que se debe hacer a continuación?
- ¿Se genera una sensación correcta?

Sabemos que los marcos funcionan cuando los trabajadores experimentan claridad y un arrebato de energía resuelta. Estos momentos de lucidez son más elaborados, metódicos e instrumentales que los estallidos de energía asociados con la comprensión y el análisis, pero son comparables.

Noveno paso: criticar el marco

Si bien los marcos son herramientas conceptuales valiosas, debemos ser conscientes de sus límites – el último paso para hacer un marco de práctica. Es una ironía que cuanto más podamos ver, nombrar y experimentar los límites críticos de un marco, más poderoso se vuelve. Una crítica integrada de nuestro marco de práctica significa que somos más abiertos, humildes y vulnerables y mantenemos el marco más ligero, al mismo tiempo que lo usamos con más confianza y seguridad. Sin una crítica, el marco puede convertirse en "el" camino en lugar del "un" camino, demasiado pomposo y decorativo para el bienestar de cualquier persona.

Entendiendo esto como la base, los elementos claves que contribuyen al desarrollo adecuado de un marco de práctica y, por lo tanto, a una consideración profunda en cualquier crítica de los trabajadores, son:

- que el trabajo del desarrollo es una actividad muy compleja y que el propósito de los marcos es simplificar y ordenar ese trabajo;
- que los marcos son información pública en la medida en que ayudan al trabajador a compartir y moldear con otros los muchos elementos que conforman una comunidad;
- que los marcos funcionan solo en la medida en que podamos nombrarlos, ordenarlos, entenderlos y hacerlos nuestros y que son un reflejo honesto de quiénes somos;
- que cada una de las dimensiones de un marco son solo partes de un todo;
- que los marcos solo pueden demostrar su integridad y utilidad en la práctica;
- que los marcos tienen sus fortalezas, y las fortalezas tienen una contraparte, y que entendemos tanto el uno como el otro.

Ciertamente, parte del atractivo intelectual del trabajo de desarrollo proviene de la exploración de la sorprendente variedad de marcos que utilizan los profesionales del desarrollo.

En conclusión

Los marcos de práctica no son descripciones de cargos que pertenecen a una organización. Son propiedad de y están anclados en el trabajador. Los marcos que conocemos y utilizamos pueden proporcionar una claridad práctica y ayudarnos a apreciar los límites de nuestro conocimiento. Los marcos nos elevan invitándonos a integrarnos a nuestro trabajo, nuestro yo más profundo y temeroso con nuestras más altas aspiraciones y nuestras creencias más fundamentales. Dan un acceso especial a nuestros colegas, porque a través de sus marcos, comparten sus sueños, vulnerabilidades y valores, todo de una manera que rápidamente los convierte en nuestros compañeros y camaradas. Los marcos nos dan la oportunidad de entrar en el trabajo y la sabiduría de los profesionales del desarrollo en tierras lejanas o de años pasados. Con la ayuda de los marcos, de alguna manera nos convertimos en algo más que nuestra parte, pasamos a ser parte de un todo mayor.

Habiendo compartido el significado de los marcos de práctica, que respaldan al método implicado conscientemente, y los nueve pasos posteriores para desarrollarlos, evaluarlos y criticarlos, ahora pasaremos al método micro en el siguiente capítulo. Reconociendo, y nuevamente afirmando, la naturaleza integrada de nuestra metodología, el método micro está constantemente infundido con lo implicado, uniéndose al mundo personal y al mundo interpersonal relacional.

Referencias

Batten, T.R and Batten, M. (1967) *The non-directive approach to group and community work*, Oxford University Press, London.

Freire, P. (1998) *Pedagogy of freedom: ethics, democracy and civic courage*, Rowman and Littlefield Pub., Maryland.

Gandhi, M.K. (1927) *An autobiography, or, the story of my experiments with truth,* trans. M Desai, Penguin, Harmondsworth.

Halliwell, L. (1969) *People working together,* University of Queensland Press, Brisbane.

Henderson, P. and Thomas, D. (2005) *Skills in neighbourhood work,* 3rd edn, Routledge Press, London.

Kaplan, A. (2002) *Development practitioners and social process: artists of the invisible,* Pluto Press, London.

Kelly, A. and Sewell, S. (1988) *With head, heart and hand: dimensions of community building,* Boolarong, Brisbane.

Scharmer, C.O. (2009) *Theory U: leading from the future as it emerges,* Berrett-Koehler, San Francisco.

Schumacher, E.F. (1973) *Small is beautiful,* Harper and Row Publishers Inc., New York.

Westoby, P. and Dowling, G. (2013) *Theory and practice of dialogical community development: international perspectives,* Routledge, Abingdon.

Westoby, P., and Ingamells, A. (2011) 'Teaching community development personal practice frameworks', *Social Work Education,* vol. 31, no. 3, pp. 383–396.

CAPÍTULO 3

El uno con el otro: el arte del método micro

Resumen

Este capítulo explica cómo, a través del diálogo, los trabajadores del desarrollo construyen relaciones útiles e intencionadas. Este mundo más íntimo que hemos llamado método micro es crucial porque son estas relaciones las que se unen en las siguientes capas del trabajo. Es el trabajo fundamental de estar "al lado de" aquellos con quienes nos sentamos. Centrándonos en algunos elementos claves del trabajo de R. Tagore, M. Buber y P. Freire, exploraremos la sabiduría sincera y disciplinada para un método micro, dialógico y participativo.

Palabras claves: método micro, texto, comentario, subtexto, estrechar lazos, palabras claves, variación gramática.

Introducción al método micro

El trabajo de desarrollo participativo no solo está organizado por capas, que se presentan en forma de teorías en este libro como implicado, micro, mezzo, macro y meta, sino que también incluye un conjunto rítmico de actividades dentro de cada capa. Estas actividades, emprendidas por el trabajador, tienen un propósito, se configuran, están interrelacionadas, son sistemáticas y se reconocen como rítmicas. Debido a que estas capas, y las actividades dentro de cada una de ellas, exigen un nivel de finalización suficiente, podemos afirmar legítimamente que todo el proceso es de naturaleza metodológica. En este sentido, si el trabajador del desarrollo omite demasiados pasos, inevitablemente el trabajo pierde su carácter participativo e inclusivo.

En el corazón del trabajo del desarrollo participativo se encuentra la tarea esencial y difícil de ayudar a las personas a conectarse y formar relaciones entre sí, individualmente y en grupos, con el propósito de trabajar juntos para lograr algo en beneficio de las personas y el grupo a la vez. Con un enfoque a nivel micro en la conexión y la práctica relacional, caracterizamos el principio central del trabajo micro como estar "al lado de". La práctica requiere, e invita, a todas las partes, trabajadores y no trabajadores, a encontrar la manera de estar uno junto al otro. Desde la perspectiva del trabajador, es un trabajo sincero y disciplinado. Desde la perspectiva de los miembros de la comunidad, idealmente, lo experimentan como que al menos alguien se muestra dispuesto a escucharlos y, en última instancia, sienten que se les muestra un grado de "solidaridad". De todas maneras, es eso lo que esperamos.

http://dx.doi.org/10.3362/9781788530781.004

Junto con este principio básico de "al lado de" está el trabajo micro de comunicación, particularmente el diálogo. Este capítulo explora los cuatro principios del método micro que dan expresión a la práctica del método micro, pero primero algunas ideas introductorias.

Existen tres patrones de comunicación reconocibles que conectan y construyen relaciones útiles en el trabajo participativo a nivel micro: charla, conversación y diálogo.

La charla informal y amistosa corresponde al intercambio más informal, y ocurre cuando las personas comparten sus pensamientos y sentimientos sobre un sinfín de problemas, sin un plan general o tema guía para el intercambio. Es una actividad maravillosa y que puede crear vínculos muy fuertes entre las personas. Los trabajadores del desarrollo participan a menudo en este tipo de charlas triviales para compartir y transmitir información de manera relajada e informal.

El siguiente patrón de comunicación es la conversación. La conversación puede ser más o menos formal en el entorno, pero está más estructurada que la charla, ya que las personas se ayudan mutuamente a explorar un tópico o tema. Al igual que con la charla, los trabajadores de desarrollo participan en el proceso de conversación para construir relaciones y fortalecer el trabajo. Cuando la construcción de relaciones es relativamente fácil y existe buena voluntad, las relaciones pueden construirse y el trabajo puede hacerse a través de charlas o conversaciones. Pero cuando hay dificultades, como suele ser el caso, el diálogo se convierte en una herramienta importante.

Muchas de nuestras relaciones significativas se producen debido a las circunstancias de nuestro nacimiento, que se expresa con el dicho "no elegimos a nuestra familia"; o debido a una casualidad, con el siguiente tipo de mensaje: "enganchamos desde el primer momento en que nos conocimos". En contraste, si salimos y construimos relaciones a propósito, a menudo sentimos que la situación es forzada, lo que conlleva una incómoda conciencia de sí mismo. Y, sin embargo, el diálogo es una actividad tan intencional para construir relaciones un tanto artificiales y constructivas en las que también existen diferencias y dificultades. El diálogo se refiere precisamente a la suma de aquellas actividades que respaldan la forma en que los trabajadores del desarrollo se conectan y construyen relaciones con intención, que cuentan con ciertas cualidades que permitirán que ocurra un proceso de cambio mutuo y respetuoso. El diálogo no es solo hablar. Considere esta cita de Martin Buber (1947: 22):

> Conozco tres tipos [de comunicación]. Existe un diálogo genuino, ya sea hablado o silencioso, donde cada uno de los participantes realmente tiene en mente al otro u otros en su ser presente y particular y se dirige a ellos con la intención de establecer una relación mutua de vida. Existe un diálogo técnico, que se debe únicamente a la necesidad de una comprensión objetiva. Y hay un monólogo disfrazado de diálogo, en el que dos o más [personas], reunidas en un espacio, hablan [consigo], de manera extraña y tortuosa e indirecta y, sin embargo, imaginan que han escapado al tormento de continuar por sus propios medios.

Por lo tanto, hablar, como el "monólogo" de Buber, es unidireccional, mientras que la esencia misma del diálogo es su reciprocidad: su flujo de conexión, avanzando y retrocediendo, con las personas involucradas. Las personas son capaces de ver la diferencia entre hablar y dialogar: se nota en nuestro lenguaje corporal y se siente en la conexión con nosotros, especialmente cuando nos hablan. Esta conexión y participación del uno con el otro, que está justo en el centro del diálogo, agrega un elemento esencial y bastante reconocible al proceso de desarrollo participativo. El diálogo genuino requiere una conexión entre las personas que sea respetuosa con uno mismo y con el otro. Esta conexión crea relaciones en las que las personas pueden compartir y aclarar información, crear recursos mutuos, que permitan y apoyen la acción. Con estas cualidades presentes, el cambio se hace posible. El diálogo no corresponde a una mera receta paso a paso para el cambio social: es más bien una acción comprometida, encarnada, contextual y, sobre todo, ¡humana!

De la misma manera en que podemos distinguir entre monólogo, diálogo técnico y diálogo (según Buber, 1947), los trabajadores del desarrollo pueden marcar una distinción útil entre tres elementos muy importantes que conforman el diálogo: el texto, el comentario y el subtexto. Una comprensión profunda del propósito y la función de estos tres elementos es fundamental para una buena práctica:

- por "texto", nos referimos a todas aquellas palabras enunciadas, acciones visibles y gestos que podemos ver y escuchar de "las personas";
- por "comentario", nos referimos a lo que nosotros, como trabajadores del desarrollo, hemos entendido y cómo hemos interpretado lo que las personas han dicho y hecho;
- por "subtexto" nos referimos a todos aquellos pensamientos y sentimientos que sustentan lo que nosotros como trabajadores del desarrollo decimos y hacemos. Sin embargo, en el dominio profesional, utilizamos el subtexto para referirnos más particularmente a la teoría del trabajo del desarrollo, los marcos de buenas ideas que dan forma y sustentan la metodología.

Es el texto el que nos entrega los datos con los que debemos trabajar, es decir, lo que dicen las personas. Si los trabajadores del desarrollo ponen en primer plano los comentarios, colocan su interpretación en el centro del diálogo. Esto incluye la interpretación de lo que la gente quiere decir, y tales interpretaciones son notoriamente poco confiables porque estamos viendo a través de nuestros propios ojos. Cuando estas opiniones son ordenadas y priorizadas establecen nuestro comentario. Si bien existen diferencias entre los juicios sobre "hechos" y "opinión" y cómo validamos y cuestionamos dichos juicios, el trabajo del desarrollo profesional, en su mayor parte, evita dichos juicios y el comentario que fluye de ellos. Los trabajadores del desarrollo generalmente trabajan con el texto o, en otras palabras, con lo que la otra parte realmente dice y hace.

Cuando intentamos trabajar con texto, todos nos sorprendemos al momento de ponernos a prueba, por lo poco que recordamos las palabras reales que la gente dice. Principalmente recordamos nuestros comentarios, es decir, lo que pensamos que significa lo que se dijo o lo poco que hemos escuchado y recordado. Con poca memoria del texto, los trabajadores a menudo saltan rápidamente a los comentarios: su propia interpretación de lo que se ha dicho. El problema con los comentarios es que son notoriamente inexactos. La sordera inducida internamente parece universal. Y así, incluso los comentarios entre los miembros de la familia, que se conocen bien, no parecieran ser proporcionalmente exactos. En este sentido, la precisión no necesariamente aumenta con la familiaridad.

Cuando los trabajadores del desarrollo entendieron y se dieron cuenta de la inexactitud de los comentarios, el texto se convirtió en el foco y el medio del trabajo micro. ¿Qué dijo realmente la gente? ¿Qué hizo realmente la gente? Informes como: "la gente no quiere hacer nada" o "es difícil trabajar con esa comunidad" podrían (o no) ser ciertos, pero como están en forma de comentarios, no se puede hacer nada más. Estas declaraciones son opiniones y, aunque estas opiniones son cuestionables, no logran nada para cambiar la realidad, independientemente de lo que sean. Pero, si, por ejemplo, las palabras reales que la gente dijo fueron: "estamos cansados y no confiamos en ustedes ni en su proyecto", entonces hay un texto que está vivo, es de autor y tiene propiedad, y así abre una posibilidad para que los trabajadores respondan. Tales respuestas podrían incluir: "¿Puedo hacer algo para ganarme su confianza?" o "¿Hay alguna manera en que podamos trabajar juntos para hacer frente a su cansancio?" La declaración final y precisa podría ser que la gente realmente dijo: "No queremos hacer este proyecto". Y si ese es el caso, entonces son sus palabras, y no la opinión del trabajador, las que dan forma al término de ese proyecto, a las nuevas ideas potenciales y a las próximas acciones. Reconocer la diferencia entre el texto y el comentario corresponde a una habilidad de subtexto básica y esencial.

Pero si el texto es la línea de datos primaria del trabajo participativo, y no el comentario, y no somos ni capaces de recordar las últimas cinco oraciones que hemos escuchado, el volumen de texto con el que deben lidiar los trabajadores haría, sin ayuda, el trabajo imposible. Incluso una simple reunión de una hora con seis o siete personas, que discuten un proyecto, produciría un gran volumen de texto, y más aún, un día o una semana o un mes de trabajo. Por lo tanto, es el subtexto, los principios y los marcos del método micro, lo que nos ayuda a manejar este volumen y a hacerlo con precisión. Comprender qué es el texto, qué es el comentario y el uso del subtexto es fundamental para la ejecución del principio uno y los tres principios posteriores del método micro que veremos ahora.

El primer principio del método micro: "ver lo que las personas ven"

Quizás la primera persona en formular el principio fundacional del método micro fue el gran bengalí, Rabindrinath Tagore (1861-1941). Tagore era un genio multifacético, fascinado por muchos aspectos de la vida, el amor y la literatura, el arte y la arquitectura, la política y la pobreza. Provenía de una familia muy adinerada, ya que su padre y su abuelo se habían beneficiado de las poderosas fuerzas industriales y coloniales que habían causado tanta destrucción a la sociedad india. Hicieron prosperar y luego vendieron la planta de índigo, que era importante para hacer tinta y teñir telas. Pero la pobreza estaba justo en las puertas de las mansiones de Tagore, tanto en su ciudad como en las fincas de Calcuta y en la región oriental de Bengala Occidental. A pesar de la protección que le brindaba la riqueza y el privilegio, Tagore vio, y no pudo ignorar, la terrible realidad de esa pobreza. Era un hombre justo y sensible y, naturalmente, quería ayudar a su gente. Tagore quería entender porqué la situación era como era y se sentó con las personas de las aldeas vecinas y les preguntó cómo podía ayudarlos. Dieron una respuesta que encontró profundamente perturbadora. La gente le explicó cuidadosamente que preguntarle cómo podía ayudar era la pregunta equivocada, porque él provenía de un mundo muy diferente. Si él no podía ver a través de sus ojos y experimentar su realidad, ¿cómo podría ayudarlos?

En un instante, Tagore se dio cuenta del problema: que cualquier suposición que pudiera hacer sobre "el otro" solo podría ser correcta por casualidad, no por diseño, por lo que cualquier acción diseñada para ayudar al otro, también sería por mero accidente. También se dio cuenta de que cualquier acto útil necesitaba del diagnóstico de las personas, así como su participación y apropiación de la acción. La pobreza es una red compleja que mantiene cautivas a las personas, ya que está formada por una serie de problemas entrelazados: ingresos que afectan la salud, educación que afecta los ingresos, educación que afecta al empleo, etc. Desde fuera de esa realidad es difícil, si no imposible, sin la percepción de las personas afectadas, discernir la manera de salir y la forma de avanzar. Debido a que Tagore aceptó lo que la gente le había dicho, que él "no veía", y que preguntar "cómo ayudar" no era el tema central, identificó una premisa fundamental del proceso de desarrollo de no saber qué es lo correcto o qué es mejor. El no saber es una premisa muy inusual para cualquier disciplina profesional. Lo que sí sabía era que la única forma de salir de ese dilema era lograr un diálogo profundo y verdadero con el otro, incluyendo un intercambio de perspectivas para "ver lo que las personas ven".

Muchos años después, solo podemos imaginar la respuesta exacta de la gente de esa aldea en Bengala Occidental a la oferta de ayuda de Tagore, pero en nuestra opinión, fue algo como esto:

> Usted nunca entenderá,
> nunca estará con nosotros,
> a menos que vea el mundo a través de nuestros ojos
> y vea lo que vemos.
> Verá algo pequeño donde vemos algo grande,
> Verá el éxito donde vemos el fracaso,
> Verá esperanza donde vemos amargura.
> Usted querrá cambiar lo que es lógico y lo más importante.
> Nosotros querremos comenzar con lo que podamos.
> Caminaremos y usted querrá correr.
> Hablará con buenas palabras,
> pero conocemos la profundidad y la fuerza del entendimiento de lo que verdaderamente es.

Tagore expresa de una manera muy hermosa el desafío y los límites de este difícil puente que el trabajador debe cruzar en su famoso poema *Gitanjali*, publicado en 1910. Consideremos este breve extracto:

> Cuando trato de hacerte pequeño
> y abarcar tu totalidad
> con mis brazos y pensamientos,
> sólo me hago pequeño a mí mismo, y me ato
> con mis propias insensatas nociones,
> lazos y límites.

Las personas en diferentes culturas expresan este mismo principio de "ver lo que las personas ven" de muchas maneras diferentes, pero todas son variaciones del mismo tema:

- "Ponte en mis zapatos por un tiempo";
- "Escucha, escucha y luego, vuelve a escuchar";
- "Trabajar con las personas, no para ellos";
- "Toma tus propios intereses a la ligera";
- "Baja, entra, ponte a mi lado";
- "Bebe de mi taza, come de mi plato".

Aunque la sabiduría esencial que Tagore obtuvo de estas importantes conversaciones con las personas que vivían en sus propiedades no era única, sentó las bases del método participativo. Equipado con esta idea, pasó a experimentar con programas contra la pobreza para beneficiar a la gente. En este trabajo de búsqueda de caminos, muchos de nosotros lo consideramos el padre fundador de lo que se entiende como un enfoque participativo y dialógico del trabajo de desarrollo.

Ver a través de los ojos del otro parece engañosamente fácil y obvio. Los dichos tienen claridad, un sentido común y una humildad respetuosa que es persuasiva. Pero no sugieren nada de la disciplina personal y profesional requerida para ir más allá de una declaración de intención a poner este principio en la realidad del trabajo del desarrollo diario. Dependemos tanto de confiar en nuestro propio juicio, a veces incluso para nuestra propia supervivencia, que damos por sentado que tenemos razón. Pasamos por puertas y no por las paredes porque sabemos qué es una puerta. Cruzamos una calle concurrida con cuidado de automóviles y camiones, sabiendo que debemos salir de su camino si queremos salir ilesos. Tales juicios se convierten en simples axiomas en nuestras vidas.

Pero no son solo estos juicios subliminales los que dificultan el paso a través del mundo del otro. También asumimos que los demás comparten nuestra opinión cuando se toman decisiones más conscientes, pero la letanía de problemas y dificultades que nos separan es larga:

> Soy mujer, tú eres hombre,
> Soy negra, tú eres blanco,
> Soy vieja, tú eres joven,
> Soy lenta, tú eres inteligente,
> Soy pobre, tú eres rico,
> Hablo este idioma, tú este otro...

Ante estas diferencias y dificultades, los trabajadores del desarrollo se llenan, y se encuentran desbordados con sus propios pensamientos y sentimientos. Cuanto peor parecen ser la pobreza y el dolor, y cuanto más llegan a nuestros corazones, mayor es el diluvio de nuestros propios pensamientos y emociones, prioridades y soluciones. Nos esforzamos por rescatar y salvar, o cuando es demasiado, en huir de la escena hacia refugios más seguros. Profundamente dentro de nosotros están las soluciones que hemos encontrado útiles, los valores que establecen nuestras prioridades, las experiencias que dan forma a nuestras respuestas y la sabiduría que calma nuestros puntos problemáticos.

Lo que vemos y lo que no alcanzamos a ver, las cosas ante las cuales reaccionamos y lo que podemos ignorar son algunos de los muchos factores que son importantes en el trabajo del desarrollo. Estas acciones y reacciones personales y profesionales nos colman con cosas que nosotros vemos y no con lo que ven las otras personas. Esto significa que siempre existe la posibilidad de que los trabajadores cambien su agenda de trabajo, a menudo de manera inconsciente, para hacer lo que ellos creen que es importante. Las quejas comunes que se escuchan sobre la vida comunitaria son: "¿Cómo puedo hacer que las personas asistan a una reunión?", "¿Cómo puedo hacer que la gente entienda?" o "¿Cómo puedo hacer que las personas se involucren?" El decir "hacer que" revela el mismo error fatal: una ruptura con el primer principio. En estas frases "estoy promoviendo" lo que "veo que es importante", pero lo que "veo" podría (o no) ser correcto en el esquema más amplio de las cosas. Lo que la gente ve es mucho más fundamental. Llegará el momento en que el trabajador comparta lo que piensa, pero este no es el punto de inicio del proceso del desarrollo. Aunque como trabajadores podemos aproximarnos a lo que ven los demás, nuestras suposiciones a menudo son bastante castigadoras, porque nos sentimos heridos cuando las personas no se involucran en asuntos que realmente creemos que son importantes y "para el bien de ellos".

Los trabajadores del desarrollo han reconocido la importancia de ver a través de los ojos del otro, pero también han lidiado con la dificultad de ejecutarlo. Tagore intentó varios proyectos de desarrollo rural, ninguno de los cuales tuvo un gran éxito. Aunque la idea de "qué" había que hacer estaba clara, el "cómo" hacerlo no estaba tan claro. Con el tiempo, se han logrado avances teóricos y prácticos para ayudar a los trabajadores a manejar mejor las exigencias de este primer principio básico.

Si los trabajadores deben construir relaciones y un sentido de comunidad, deben conectarse de alguna manera, entrar al mundo del otro y ver lo que ellos ven. No sirve de nada decir que es demasiado difícil e imposible; las interacciones entre personas muy distintas es algo que de todas maneras ocurre. Los trabajadores han ayudado a hacer frente a la difícil práctica asociada con este primer principio del método micro, con conocimientos adicionales y el conjunto de habilidades de los principios dos, tres y cuatro, que se consideran en las siguientes secciones de este capítulo.

La gran dificultad de "ver a través de los ojos del otro" ha sido una fuerza impulsora en la profundización de la práctica reflexiva. Esto ha reforzado el papel y la importancia del método implicado y la necesidad del trabajador de desarrollar y trabajar desde un marco de práctica. De hecho, dentro del marco de la *Práctica del Desarrollo Participativo*, los trabajadores deben darse cuenta de que este primer principio de "ver lo que las personas ven" es el puente que conecta el nivel del método implicado con el nivel del método micro. El método implicado permite, e incluso mejora, la práctica reflexiva, que es crucial para pasar de una orientación del "ego", de ver desde nuestra propia perspectiva, a ser conscientes de cómo nuestra propia historia puede "interferir" al ver al "otro". Los intereses personales, las motivaciones y las limitaciones del trabajador son el punto de cruce entre el método implicado y el método micro. Cuanto mayor es la conciencia que un trabajador tiene acerca de su propio marco (qué es suyo y qué pertenece a los demás), más probabilidades tendrá de poder ver a través de los ojos del otro. Existe una disciplina para llevar nuestros propios intereses de manera más ligera, moderar el deseo de "arreglar" las cosas a nuestra manera y no imponer las verdades aprendidas de nuestra propia familia y otras experiencias sociales. La creciente importancia del método implicado, según el capítulo anterior, ha ayudado en este sentido.

Lo que también ha sido útil es nombrar y considerar explícitamente los puntos de presión que podrían desconcertar al trabajador. Hay tres influencias importantes que hacen que el trabajador dé privilegio a su juicio y sus percepciones por sobre los de las personas con las que trabajaba.

1. *El uso de conocimiento profesional especializado.* El conocimiento profesional es un activo muy importante, pero en el trabajo del desarrollo debe manejarse con mucho cuidado. Cuando nos definen y/o nos definimos como "expertos", es fácil pasar de los requisitos participativos del trabajo a la prestación de servicios, es decir, hacer las cosas "por" en lugar de "con" la gente. Implícito en esto está el supuesto de que, debido a nuestra competencia, podemos hacer las cosas mejor y de manera más eficiente.

   Junto con esto hay otra trampa más latente y menos explícita: el conocimiento profesional necesariamente trae un enfoque particular al trabajo y el conocimiento conlleva un sesgo particular. Los dentistas ven los dientes de una manera particular, los ingenieros estructurales, la infraestructura y los silvicultores, los árboles. Mientras que una lente profesional aporta claridad, más allá de ese enfoque está la sombra, y con la sombra vienen los puntos ciegos. ¿El dentista ve la relación que la persona tiene con su hijo? ¿El ingeniero estructural ve a quienes no pueden permitirse participar en la riqueza que traerá la nueva mina? ¿Puede el guardabosques ver la urgente necesidad de que los pobladores pobres talen árboles para tener madera para la calefacción? En el trabajo del desarrollo, la aplicación del conocimiento profesional requiere mucha humildad, pero sobre todo requiere el consejo y la orientación de las personas.

2. *Los imperativos del trabajo.* Los intereses de la organización para la que trabajamos son una fuerza poderosa que nos aleja de ver a través de los ojos de las personas. Las exigencias de la administración, las pautas de financiamiento, los apretados plazos, los estrictos criterios de elegibilidad y los objetivos limitados del programa, a menudo contradicen lo que las personas dicen. Los trabajadores del desarrollo en todas partes se refieren a estas exigencias como el "ruido del sistema". Este es un espacio difícil para los trabajadores, ya que un solo lado no tiene siempre la razón ni el otro está siempre equivocado, pero el trabajador seguramente debe estar atento al escuchar y responder con la "voz" de la organización y no con la "voz" de las personas.

3. *Quién, cuándo y dónde.* Con quién hablamos en una comunidad, cuándo visitamos la comunidad y dónde nos reunimos con las personas puede tener un gran impacto en la forma en que nos unimos a los demás y "vemos lo que las personas ven". Los intereses presentados por los líderes en el centro de reuniones de la aldea pueden no ser los intereses de las familias más pobres. Debemos considerar a través de qué ojos estamos viendo, y de qué ojos deberíamos estar viendo. La pregunta de Robert Chambers (1997) "¿a qué distancia estás del camino?" Podría ser una buena guía aquí.

Estas influencias, y las presiones y dilemas que las acompañan, hacen difícil la aplicación del primer principio del método micro. A pesar del volumen de estas urgencias externas e internas, los trabajadores del desarrollo están llamados a disciplinarse. Con esto, queremos reconocer el valor y la legitimidad de nuestros pensamientos y sentimientos y adoptarlos como propios. Al mismo tiempo, apreciamos los límites de estos pensamientos y sentimientos, y exhortamos a los trabajadores a abrirse para que sean lo suficientemente amplios, lo suficientemente vulnerables, lo suficientemente seguros como para "entrar en el mundo del otro", "ponerse al lado de", "estar con", "escuchar las historias", y "ver y entender". Los trabajadores deben poder llegar, hacer conexiones y formar un vínculo con el mundo del otro y, a su vez, mantener el mantra, que puede repetirse una y otra vez: "ver lo que las personas ven".

Sin embargo, se debe decir que a los trabajadores también les ha resultado útil desarrollar una lista personalizada de reglas que ayudan a contrarrestar las influencias mencionadas anteriormente, que los desvían de su curso. Cuando se juntan, estas reglas se convierten en una rutina de cuatro o cinco pasos que ayudan a ir más allá de lo que se dice y se hace. El Recuadro 3.1 a continuación proporciona algunos ejemplos de reglas que diferentes trabajadores comprometidos con el trabajo participativo han encontrado útiles para "ver a través de los ojos del otro". Este es el primer y crucial paso en el método micro.

Recuadro 3.1 Práctica para "ver a través de los ojos del otro"

Es preciso encontrar un punto fijo en lo profundo, para que uno tenga espacio para escuchar la voz del otro;

Es importante llegar con anticipación, para que uno no esté contaminado con la actividad anterior;

Es importante deshacerse de los símbolos de poder que refuerzan el cargo y la autoridad;

Si es posible, es preferible sentarse al lado de las personas;

Es necesario reunirse en el momento que ellos quieran, donde ellos se sientan cómodos, no donde uno esté cómodo;

Debemos recordar sus nombres e historias;

Con dos ojos, dos oídos, una nariz y una sola boca, debemos medir nuestra contribución en consecuencia.

Los trabajadores usan reglas que tienen un toque personal, usan constante y coherentemente su marco de práctica y lo pueden integrar en una rutina simple que entrega una guía de comportamientos invaluables para cruzar el puente hacia el mundo del otro.

Si "ver lo que las personas ven" es un desafío central y recurrente para los trabajadores, es igualmente una de las mayores alegrías del trabajo. Una vez que las personas comparten lo que ven y sienten, nuestro mundo se enriquece, de alguna manera es más rico y completo. Muchas más cosas tienen sentido. Podemos ver detalles, colores, patrones y características que nos abren a otros mundos de sabiduría y locura, que solo con nuestros ojos no podríamos haber conocido. Este es el privilegio y el dolor del trabajo participativo.

El segundo principio del método micro: la estructura del diálogo

Tagore mencionó, con gran belleza poética, la necesidad de "ver lo que las personas ven", pero el proceso real de construir relaciones seguía siendo un misterio fundamental para él. Había nombrado una perspectiva y le había dado voz a un principio, pero no había podido nombrar los pasos de una metodología. Como ya se dijo, Tagore intentó varios proyectos de desarrollo rural, ninguno de los cuales tuvo gran éxito. Aunque el núcleo de lo que debía hacer ahora estaba claro, lo que no estaba claro era cómo hacerlo. Otra persona de un contexto muy diferente, dio forma al siguiente paso del método micro, logrando una contribución singularmente importante al elemento dialógico de la tradición participativa del trabajo de desarrollo.

Martin Buber fue un judío alemán nacido en Viena en 1878. Cuando tenía tres años, sus padres se separaron y fue enviado a vivir con sus abuelos en una región que se encuentra entre Polonia y Ucrania. Desde sus primeros años, estaba fascinado por las relaciones, en particular la naturaleza del diálogo y la lucha que los humanos tienen para establecer una conexión respetuosa entre sí. En este famoso pasaje de sus escritos, describe una experiencia clave de vinculación con un caballo, a partir de la cual extrajo su visión fundamental de cómo nuestras acciones y reacciones tejen los lazos de nuestra conexión:

> Cuando acaricié la poderosa melena, a veces maravillosamente peinada, otras veces tan asombrosamente salvaje, sentí la vida bajo mi mano, era como si el elemento de vitalidad en sí confinara en mi piel, algo que no era parte de mí, algo desconocido por mí, sentí palpable al otro, pero no solo parte del otro, era realmente el otro en plenitud; y, sin embargo, me permitió acercarme, confió en mí, se colocó de manera elemental en una relación de tú a tú conmigo. El caballo, incluso cuando todavía no había empezado a ponerle avena para que comiera, levantó muy suavemente su enorme cabeza y orejas agitadas, luego resopló silenciosamente, como lo haría un conspirador dando una señal para ser reconocido solo por su compañero-conspirador; y aprobó mi presencia (Buber, 1947: 41).

En este extracto, Buber (1947) comparte la cuna de su visión, donde entendió los movimientos a cabalidad, a partir de nuestra separación para unirnos al otro. Es interesante que Buber haya obtenido una visión tan fundamental en su interacción con un caballo, una experiencia de vinculación del mundo humano y el animal. Pero él, como tantas otras personas antes y después, apreciaba la interconexión de todas las formas de vida, tanto la materia como el espíritu, y veía el diálogo entre estos reinos como parte integral de una vida plena. Aunque la principal preocupación en el trabajo de desarrollo es sobre nuestras relaciones en el ámbito interhumano, cada vez más, nuestra relación y nuestros vínculos con la naturaleza y el medio ambiente se han convertido en parte integral del trabajo.

En aras de la claridad, en lugar de la exclusividad, comenzaremos una explicación más profunda de este principio del método micro, explorando los tres movimientos de relación asociados con la vinculación humana. Nos referimos a ellos como primer, segundo y tercer movimiento. El primer movimiento es "hacernos presentes al otro"; el segundo movimiento es la "respuesta a esa presencia"; el tercer movimiento es la "respuesta a esa respuesta". Cada uno se explica a continuación, y luego incluiremos un par de ejemplos de textos de diálogo con nuestras propias reflexiones sobre el primer, segundo y tercer movimiento.

El primer movimiento en la construcción de una relación ocurre cuando nos hacemos "presentes" a la otra persona. Decimos hola, decimos quiénes somos y porqué estamos ahí. En esta etapa, vemos el mundo a través de nuestros propios ojos. La información que vemos y la perspectiva desde la que la vemos es nuestra, aunque podemos conocer la historia y, a veces, la historia dentro de la historia que nos lleva ahí. Podemos conocer un millón de hechos sobre el otro, pero solo cuando estamos al lado de esa persona en una relación podemos ver y generar los datos pertinentes para el proceso participativo, y solo entonces conoceremos la pertinencia de todos o parte de los muchos hechos y actos que conocemos. Este primer movimiento se puede representar gráficamente de la siguiente manera:

Figura 3.1 Primer movimiento: hacernos presentes al otro

Dicho de otra manera, el primer movimiento es el saludo amistoso, la sonrisa y el movimiento de la mano que dice "Estoy aquí". Es el "buenos días" y la antigua costumbre de quejarnos o celebrar el clima, un tema fácil que comúnmente compartimos. Algunos de nosotros hemos sido bendecidos con hermosas costumbres comunitarias que facilitan el camino. Los pueblos indígenas primero ubican su tierra de origen y su conexión familiar para guiar al otro por un camino fácil. Otros han sido bendecidos con el atractivo de una sola línea que desarma y abre el diálogo en un flujo fácil. Algunos de nosotros no tenemos tales dones; nos hacemos presentes, abrimos la oportunidad con nuestra persistencia y fidelidad.

En algunas circunstancias el primer movimiento puede ser lo más difícil. Es difícil, atemorizante, desafiante y, a veces, mucho más, por ejemplo, tan solo entrar en un asentamiento informal por primera vez, y sin embargo, tal acto es un primer movimiento. Pero cuando el asentamiento informal es el hogar en el que ha vivido toda su vida, tal acto está lejos de ser un gran problema. Es mucho más fácil hablar sobre las personas sin hogar que hablar con ellos, y sin embargo, tal es un primer movimiento. Es difícil estar presente ante el otro cuando están enojados o sufren un dolor que es cruel e inútil. Estos son ejemplos de situaciones difíciles del primer movimiento, que a menudo hacen que nuestras palabras y acciones sean bastante inadecuadas e indican bien las dificultades que tenemos para estar presentes ante el otro. Los trabajadores calificados desarrollan repertorios muy amplios de introducción: aquellos que nombran los puntos de conexión e intersección que unen los tres movimientos, y cuanto más se entrelazan, más fácil y más rico es el vínculo.

El primer movimiento no solo se asocia con las presentaciones, sino que es su configuración más habitual. El primer movimiento también puede ser más poderoso cuando un trabajador del desarrollo lo usa para oponerse al flujo de la marea. El matrimonio infantil puede ser una antigua costumbre cultural, pero cuando pone en peligro a niños inocentes y los convierte en objetos de un acuerdo de tierras, es inexcusable. El grito de "no" que hace que otra voz esté presente, especialmente cuando un trabajador conoce a las partes, puede ser tan valiente como cualquier otra presentación. La primera voz contra la violencia, la corrupción, la miopía y el interés propio proporcionan momentos para el primer movimiento.

Lo que hemos asumido aquí en esta explicación del primer movimiento es que el trabajador del desarrollo que interviene es quien inicia el primer movimiento, que también es lo más problemático. En este tipo de situaciones, el trabajador introduce la agenda y debe interpretar la influencia de esa agenda por la respuesta del segundo movimiento de las personas. Esta no es una tarea fácil. En algunas situaciones, los procesos históricos y culturales están tan claramente definidos que cualquier intento de primer movimiento por parte del trabajador sería casi incomprendido. Los miembros de la comunidad pueden responder con una respuesta afirmativa, dando la bienvenida al trabajador y su sugerencia, pero la respuesta probablemente tenga más que ver con los modales corteses que con la verdad del asunto. Las personas dañadas, violadas y colonizadas que han tenido que cumplir con las autoridades brutales para sobrevivir tienen respuestas complejas de segundo movimiento. Sin fundamentos de confianza, las personas en esas situaciones juegan a lo seguro y lo asocian automáticamente con esas fuerzas brutales de su pasado.

Una escuela de pensamiento que consideramos en el Capítulo Dos, con una breve explicación del marco de Batten, sugiere que estas situaciones son tan frecuentes cuando las personas están en la pobreza, que un enfoque "no directivo" es el más deseable. Un enfoque no directivo tiene, como premisa central, que el único primer movimiento confiable es el que proviene de las personas. Hay una gran verdad en esto. La dificultad con la premisa no directiva como principio que abarca todo es que no permite que el trabajador compense la naturaleza estructural del cautiverio de la pobreza. Es mucho esperar que la gente sepa lo que quiere, cuáles son las alternativas, y que tenga la fuerza y los recursos para expresarlo y tomar la iniciativa. Es el viejo problema de levantarse con tus propios esfuerzos. Tener un entendimiento del método micro y la estructura del diálogo, y cómo se construye el proceso del desarrollo, le da al trabajador la oportunidad de ofrecer formas directivas y no directivas de trabajar con las personas.

Hay mucho que celebrar cuando las personas sugieren lo que se puede hacer, comparten y ofrecen su tiempo y energía, se apropian del proceso y la agenda y se benefician de su contribución y esfuerzo. Estas son las características de un buen trabajo del desarrollo. Las personas lo han hecho por sí solos y para ellos mismos. Tal escenario es un trabajo comparativamente fácil. Podría ser simplemente cuestión de apartarse del camino mientras las personas continúan con el trabajo, o desempeñar un papel secundario de apoyo, ayudando de cualquier manera que aporte al proceso que las personas ya han establecido. Sin embargo, la mayoría de las veces, el trabajo participativo es más complicado que eso. Para el trabajador del desarrollo puede implicar tomar el primer riesgo y abrir un diálogo sobre las posibilidades. Pero, como veremos más adelante, ese primer movimiento en el diálogo será fatalmente defectuoso sin que el trabajador dé respuestas constantes de tercer movimiento a cualquier respuesta de segundo movimiento que surja. Estas respuestas del tercer movimiento profundamente integradas entregan el mecanismo para mantener el trabajo centrado en las personas y no centrado en el trabajador.

El segundo movimiento de relación ocurre cuando una persona responde a la presencia de otra. Nos estamos entretejiendo porque ellos nos están respondiendo.

En respuesta a la presencia de alguien, en el segundo movimiento de unión humana, las personas pueden responder cualquier cosa, lo que sea. Como ya se indicó, en esa respuesta la gente puede dar la bienvenida o amenazar al trabajador, o puede encogerse de miedo por razones que uno solo puede especular. El texto contenido en este segundo movimiento es de ellos, pero también está conectado al primer movimiento. ¿Qué significa realmente la respuesta de las personas, sea la que sea? ¿Qué ven ellos? ¿Porqué hacen lo que hacen? De nuevo, de manera gráfica, el movimiento se puede representar de la siguiente manera:

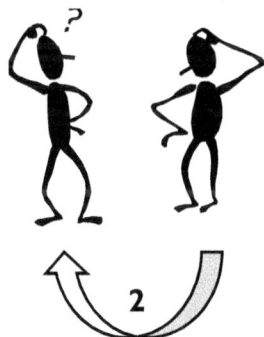

Figura 3.2 Segundo movimiento: la respuesta

A primera vista, las tareas del diálogo más fáciles se asocian con el segundo movimiento. El segundo movimiento parece tener menos riesgo que el primero y ninguna de las dificultades interpretativas del tercero. Pero en el momento en que el trabajo del desarrollo se encuentre en la situación, podrá ver que esto no es cierto, ya que hay muchos temas de confianza, respeto y dinámica vinculados al poder, la explotación y el trauma. Tomemos, por ejemplo, un trabajador del desarrollo que esté capacitado, sea profesional, tenga experiencia, recursos y esté autorizado por su organización para extender a otro barrio vecino un proyecto altamente exitoso con padres solteros aislados. Digamos que el trabajador cuenta con el apoyo del comité y con la ayuda de los padres con quienes ha estado trabajando, abre conversaciones con miembros de la comunidad en el barrio vecino. Para los nuevos miembros de la comunidad responder a una invitación de este tipo por parte del trabajador podría significar la pérdida de un apoyo frágil, por ejemplo, desafiando a un socio. Aceptar la invitación puede incluso requerir una profunda realineación en el pensamiento, admitir y reconocer que podría haber asuntos que necesitan cambios y que esos asuntos no son el "destino" o "inevitables", sino que en realidad son asuntos susceptibles de cambiar.

Este ejemplo refuerza la necesidad de comprender que para establecer lazos se requiere de los tres movimientos de diálogo y que cualquiera de ellos puede ser fácil o difícil y la dificultad de cada uno puede cambiar a medida que el tiempo pasa. El primer movimiento del trabajador tiene tantos recursos que cualquier respuesta de segundo movimiento a esa llamada, por parte de cualquier padre o madre soltera, aislada y sin recursos, probablemente sea mucho más difícil. Tendría que haber una confianza significativa. Incluso el tercer movimiento del trabajador, que suele ser el más difícil de los tres, al recibir y respetar cualquier respuesta que pueda surgir, probablemente sea comparativamente más fácil que la respuesta del segundo movimiento sin recursos de esa madre soltera.

No hay duda de que las respuestas de segundo movimiento claras, honestas e inequívocas hacen una contribución significativa al proceso del desarrollo. Tales respuestas claras indican buenas respuestas de tercer movimiento para completar el ciclo para estrechar lazos. La industria informática ha sabido esto por algún tiempo. Acudimos a un cajero automático e insertamos nuestra tarjeta para retirar dinero, una actividad de primer movimiento, las luces parpadeantes y el zumbido de la máquina nos brinda una comodidad de segundo movimiento, asegurándonos que estamos siendo atendidos. Respondemos en tercer movimiento y nos unimos con la máquina. Sin esas señales claras de segundo movimiento (el ruido del cajero) habría niveles significativamente más altos de irritación, ira e incluso vandalismo. Si los bancos pueden hacerlo, nosotros también. Asentir con la cabeza en una reunión anima a la persona que ha asumido un riesgo a salir adelante. La sonrisa y el movimiento suave de la cabeza pueden evitar vergüenzas futuras. El oportuno agradecimiento proporciona una afirmación que hace que el lazo sea placentero y fácil. Un buen diálogo de segundo movimiento con sus movimientos de ir y venir desde el primer y el tercer movimiento, es el eje clave de los micropasos que construyen inclusión, confianza y participación.

Por último, en el flujo de los movimientos primero-segundo-tercero, ya aludidos en el texto anterior, el tercer movimiento se puede caracterizar como una "respuesta a la respuesta", y esto gráficamente luce así:

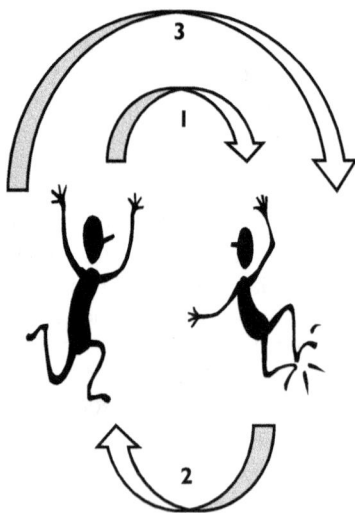

Figura 3.3 Tercer movimiento: respuesta a la respuesta

Las frases en primera persona, "yo", pertenecen al primer movimiento, en segunda persona, "usted", al segundo y en tercera persona, "nosotros", al tercer movimiento. Cuando hay una respuesta a la respuesta, hay un cierto nivel de calidad comunitaria en el diálogo, una indicación de la atención presente y una conexión del uno con el otro. El diálogo del tercer movimiento es un acto creativo que no se puede envasar ni replicar, sino que está enmarcado por contextos particulares de cultura y lugar. A menudo se nos pide que demos ejemplos de estos movimientos para mostrar cómo son. Dar ejemplos podría ayudar a los trabajadores a ver más claramente lo que se les pide, pero los ejemplos no son la vida misma, y en realidad el proceso de vinculación no es mecanicista. Cualquier patrón ritualista se ve por lo que es, superficial y carente de espontaneidad, abierto a acusaciones de falsedad. La respuesta de una persona es dialógica porque es una suma de quiénes son, mientras que las mismas palabras en boca de otra pueden sonar poco profundas, forzadas y difíciles. En el trabajo participativo, tenemos acceso a las palabras de todos, pero en última instancia, las palabras que usemos deben ser verdaderamente nuestras.

La precisión, el arte, la sensibilidad, el desafío y el arte del diálogo del tercer movimiento jugarán un papel importante en la configuración de la naturaleza y el éxito del trabajo. La clave para el diálogo del desarrollo es responder con precisión a cualquier respuesta que se dé en el segundo movimiento. Si la respuesta del segundo movimiento está, por ejemplo, centrada en el miedo, podemos responder a ese miedo reconociendo el miedo e intentando disminuirlo. Del mismo modo, podemos responder a un segundo movimiento con una sonrisa de aprecio. En el diálogo no evolutivo o, más precisamente, en el monólogo, a menudo volvemos a una explicación más completa de porqué no debemos ser temidos. En otras palabras, volvemos al primer movimiento en lugar de incluir al otro en el tercero. Respondemos a preguntas sobre nuestro propósito, con respuestas que entregan información a los desconcertados o tranquilidad a los perturbados.

Sin embargo, en el tercer movimiento entramos a mundos diferentes, de acogida, advertencia o miedos, y cuando estamos ahí y al lado de ellos durante suficiente tiempo, resulta una unión, una comunión y el viaje participativo comienza.

No podemos sostener el tercer movimiento para siempre, ni deberíamos hacerlo, porque perderíamos nuestra individualidad y los límites que dan forma al sentido del yo. Cada respuesta en el segundo movimiento y cada respuesta a esa respuesta en el tercer movimiento que sea precisa, auténtica y oportuna agregará otra línea de conexión con la siguiente.

El acto de hacernos presentes rompe la separación y nos pone al alcance del otro. La respuesta del segundo movimiento puede vincularnos hacia atrás, al primero, o hacia adelante, al tercero, y cada uno indica si habrá separación, reunión o unión. La separación, la reunión y la unión caen en todos y cada uno de los órdenes, y dentro del diálogo puede haber diferentes niveles de expresión de ellos. Buber (1947: 242–243) dijo esto sobre la unión:

> En los momentos más poderosos de lo dialógico, donde en la verdad "un abismo llama a otro", queda inequívocamente claro que no es la varita de lo individual o lo social, sino de un tercero la que marca un círculo alrededor del acontecimiento. En el lado más alejado de lo subjetivo, en este lado de lo objetivo, en la cresta estrecha, donde nos encontramos con *Tú* y yo, está el reino de lo compartido, el espacio del "entre". Esta realidad, cuya divulgación ha comenzado en nuestro tiempo, muestra el camino, que va más allá del individualismo y el colectivismo, para la decisión de vida de las generaciones futuras. Aquí se indica la tercera alternativa genuina, cuyo conocimiento traerá de nuevo a la persona genuina y ayudará a establecer una comunidad genuina.

Buber expresa este espacio de conexión "entre", que también denomina "comunidad genuina", entre el individualismo y el colectivismo. Es su tercer espacio, el "yo – Tú". Dentro de este espacio, la invitación es mía, la respuesta es tuya y el estado de respuesta es nuestro. De cualquier manera que se exprese esta capa, la unión fluye de la atención constante a los ritmos y el equilibrio de los tres movimientos.

A pesar de la complejidad del diálogo, los trabajadores aún pueden identificar el ritmo de estrechar lazos intencionalmente y pueden complementar metódicamente esa parte, con el componente que pueda faltar, retrocediendo o avanzando según sea el caso. Diferentes culturas encuentran distintos grados de dificultad con cada uno de los tres movimientos. En sociedades donde el individualismo es tan apreciado, el primer movimiento puede ser fácil, pero casi en proporción el segundo y el tercer movimiento se vuelven más difíciles. En otras culturas, generalmente más tradicionales, el primer movimiento puede ser extraordinariamente difícil y arriesgado. Por ejemplo, para una mujer tradicional hablar en una audiencia pública mixta puede ser muy desafiante, mientras que el tercer movimiento en este contexto puede ser sencillo porque la atención detallada a las acciones y reacciones de otra persona ha sido una forma de vida aprendida desde la primera infancia. Aprender el oficio de este segundo principio del método micro en su infinita variedad de entornos y circunstancias es un desafío de por vida.

Con estas palabras de explicación y precaución, hemos optado por incluir un ejemplo de los diferentes movimientos y ejemplos de diálogo cuando intentamos integrar los principios básicos del método micro en una secuencia de práctica. Consideremos el siguiente diálogo entre un trabajador y un miembro de la comunidad, incluida nuestra reflexión ocasional sobre ese diálogo:

> **Trabajadora (T)**: Hola, yo soy Patricia (primer movimiento).
>
> **Miembro de la comunidad(MC)**: Hola (segundo movimiento).
>
> **T**: Como le decía, me llamo Patricia y trabajo en el Centro Comunitario Hill End (primer movimiento).
>
> **MC**: ¿El que está en la avenida principal? (segundo movimiento).
>
> **T**: ¡Sí, ese mismo! (tercer movimiento) Estoy en el barrio para hacer algunas preguntas a las personas sobre el arroyo que se llama Deep Water (primer movimiento).

Hagamos una pausa para reflexionar: podemos notar que la trabajadora regresó al primer movimiento, en lugar de permanecer en el tercer movimiento. La trabajadora no exploró el hecho de que el miembro de la comunidad sabía dónde estaba el centro, cómo lo sabía o incluso qué pensaba al respecto. A la trabajadora le faltó explorar el conocimiento del miembro de la comunidad para reintroducir su tema.

> **MC**: ¡Ah, sí! Es un basural y la maleza está en todas partes. Es una pena, yo iba a nadar en ese arroyo cuando era niño (segundo movimiento).
>
> **T**: Estoy de acuerdo (tercer movimiento). Es por eso que estoy aquí. El Centro Comunitario ha recibido un subsidio especial del gobierno local para limpiarlo y conectarlo con los otros arroyos locales para hacer una reserva natural

y estamos buscando las opiniones de los residentes sobre lo que les gustaría que sucediera (primer movimiento).

T: El gobierno realmente quiere que participemos, por lo que nos han dado mapas del arroyo con todo tipo de sugerencias sobre lo que se podría hacer; los árboles, los senderos, los sitios de recreación son algunas de las sugerencias que podríamos aceptar o rechazar. Se puede llevar este mapa y mostrárselo a los otros miembros de su hogar. Podemos poner nuestro propio sello en la zona. Tiene detalles de los horarios y lugares de las reuniones públicas, y se prepara una reunión con un diputado local. El presentará un plan modelo para nuestra aprobación que se mostrará en el centro comercial de esta zona. Estamos muy entusiasmados con todo esto y espero que puedan venir (primer movimiento).

MC: Parece que vale la pena (segundo movimiento).

Por muy bien intencionado que sea, este no es un buen trabajo participativo. El miembro de la comunidad dio ricas respuestas de segundo movimiento que apenas fueron reconocidas por la trabajadora. Si el miembro de la comunidad llegara a una de las reuniones públicas, tendría mucho más que ver con el interés y el compromiso del miembro de la comunidad, en lugar de la habilidad de la trabajadora para incluirlos en el proceso. La trabajadora aprendió muy poco de cómo los miembros de la comunidad se vieron a sí mismos en relación con ese trabajo, y nada sobre el conocimiento o la habilidad que el miembro de la comunidad podría ofrecer para ayudar a la rehabilitación del arroyo. La trabajadora no "vio a través de los ojos del otro", el primer principio del método micro no fue atendido. El pequeño encuentro entre los dos fue de carácter consultivo, no inclusivo. Volvamos a la situación anterior y desarrollemos una segunda respuesta, bastante diferente:

MC: ¡Ah, sí! Es un basural y la maleza está en todas partes. Es una pena, yo iba a nadar en ese arroyo cuando era niño (segundo movimiento).

T: Es un basural y eso es una lástima (tercer movimiento). Estoy de acuerdo con usted. Me gustaría saber porqué cree que esto está sucediendo y qué cree que podríamos hacer al respecto (primer movimiento).

Una reflexión final: en el segundo ejemplo, la pregunta de la trabajadora está vinculada a una respuesta de tercer movimiento. Es más probable que el miembro de la comunidad intente responder. Pero también existe una posibilidad de que la pregunta del primer movimiento sea demasiado pronto y que el miembro de la comunidad se sienta en aprietos. La respuesta del segundo movimiento indicará eso, y la respuesta del tercer movimiento de la trabajadora deberá respetar eso. Si este es el caso, la pregunta del primer movimiento de la trabajadora es un error técnico. Por lo general, estos errores no son tan graves como para ser fatales para el flujo del diálogo. Los trabajadores calificados se vuelven conscientes de esto en su subtexto y, sin castigarse, toman nota de ello como errores técnicos y responden en consecuencia. Con frecuencia no registramos que realmente hemos escuchado al otro y que entendemos el significado de lo que se ha dicho. Afortunadamente, el proceso de estrechar lazos es bastante robusto. Las personas asisten a nuestras reuniones incluso cuando no las hemos atendido correctamente, y aunque no se recomienda ese tipo imprecisión, es reconfortante saber que podemos regresar e intentarlo de nuevo una increíble cantidad de veces. Quizás una buena manera de terminar esta sección es volver a un Buber apasionado, suplicando por la importancia de la autenticidad y la comunidad en el diálogo:

> En nuestra época, en la cual el verdadero significado de cada palabra está abarcado por el engaño y la falsedad, y la intención original de la mirada humana es sofocada por una tenaz desconfianza, es de importancia decisiva encontrar nuevamente la autenticidad del habla y la existencia como un Nosotros... Esto ya no es un asunto, que concierne a los pequeños círculos que han sido tan importantes en la historia esencial de [la humanidad], es cuestión de enfrentar a la raza humana en todos los lugares con un Nosotros genuino. [La humanidad] no continuará existiendo si [no] aprende a persistir en ella como un verdadero nosotros (Buber, citado en Glazer, 1966: 55/86).

Tercer principio del método micro: el uso de palabras claves

Hemos explorado dos principios que forman la base del método micro. Tagore nos dio la primera perspectiva fundamental de que, de alguna manera, debemos llegar y entender el mundo del otro si realmente queremos estar al lado de y trabajar con los demás. Esa visión nos proporciona el prisma, si se quiere, a través del cual vemos el trabajo participativo. Tagore reconoció la necesidad de ir más allá de la caridad y el servicio, más allá del objetivo, más allá del yo, al mundo del otro. Buber reconoció que la única forma en que podíamos hacer esto era construyendo relaciones, mediante el tejido de vínculos, mediante un diálogo respetuoso y pudo nombrar la estructura de ese diálogo. Buber contribuyó con los pasos que debemos tomar, las cualidades que debemos poner en el componente relacional del diálogo, a medida que nos acercamos al mundo de otra persona.

Pero somos humanos, limitados en nuestros esfuerzos por ser sensibles, incluso cuando hacemos todo lo posible. Simplemente no es posible responder a todo en nuestro diálogo con otra persona. Nos enfrentamos a mil preguntas: ¿Respondemos rápidamente? ¿Esperamos? O este comentario que se hizo parece importante, pero ese aún es más importante, ¿y respondo a uno o a ambos, o espero? ¿Hay un significado detrás del significado? De todas las palabras dichas y hechos realizados, ¿cuáles son las palabras y acciones claves? Incluso si establecemos las palabras y acciones claves, ¿qué significan para un individuo o para el grupo? Más concretamente, ¿pueden estas palabras y acciones revelar qué debemos hacer juntos para enfocarnos y mejorar la situación?

Paulo Freire, ese gran educador de adultos de América del Sur, nos dio las claves conceptuales y prácticas que sientan las bases de este aspecto central del método micro. Paulo Freire nació en 1921, en Recife, una ciudad portuaria del noreste de Brasil. Él decía que fueron sus padres quienes originalmente inspiraron en él el amor por el diálogo y el respeto por los demás, y estas actitudes influyeron en su enfoque de la educación de adultos. Aunque se formó como abogado, Freire no ejerció, sino que optó por ingresar en el mundo de la educación de adultos y el analfabetismo, y es en este ámbito que dejó un gran legado. Es importante para nosotros reconocer que esto no es una explicación o una exégesis del trabajo de

Paulo Freire. En su lugar, no es más que un enfoque en la contribución clave que hizo a la metodología participativa que se está articulando aquí. La misma salvedad se debe dar a las contribuciones monumentales de Tagore en el principio uno y a Buber en el principio dos, cuyos trabajos a lo largo de sus largas vidas alcanzó a las audiencias más allá de nuestro alcance aquí.

Antes de Freire, los trabajadores dependían principalmente de su observación e intuición, probando y evaluando sus entendimientos en el caldero del proceso participativo. Freire no deseaba reemplazar, ni siquiera perturbar la continua necesidad de una observación precisa. Tenía esto que decir sobre la observación:

> Es esencial que los [trabajadores] observen el área en diferentes circunstancias: trabajo en terreno, reuniones de una asociación local (señalando el comportamiento de los participantes, el idioma utilizado y las relaciones entre los funcionarios y los miembros), el rol que juegan las mujeres y los jóvenes, las horas de ocio, juegos y deportes, conversaciones con personas en sus hogares (señalando ejemplos de relaciones entre marido y mujer, padres e hijos). Ninguna actividad debe escapar a la atención del [trabajador] en el levantamiento inicial del área (Freire, 1972: 103–104).

Pero esos datos son parte de un mundo objetivo que solo puede dar pistas y claves al mundo interior de las personas. Simplemente no nos lleva a donde necesitamos estar. Necesitamos más ayuda que la observación e intuición precisas. Necesitamos una metodología para entrar en lo subjetivo. La idea de Freire sobre cómo hacer esto vino de la siguiente forma:

> Cuando intentamos analizar el diálogo como un fenómeno humano, descubrimos algo que es la esencia misma del diálogo: la palabra. Pero la palabra es más que un simple instrumento, que hace posible el diálogo. En consecuencia, debemos buscar sus elementos constitutivos. Dentro de la palabra encontramos dos dimensiones, reflexión y acción, en una interacción tan radical, que si una es sacrificada incluso en parte, la otra sufre inmediatamente. No hay una palabra verdadera que no sea al mismo tiempo una praxis. Así, al pronunciar una palabra verdadera transformamos el mundo (Freire, 1972: 75).

Al igual que Buber y Tagore antes que él, la idea de Paulo Freire fue esencialmente simple, pero de gran importancia para ayudar a enfocar las tareas que unen el trabajo participativo exitoso. Lo que Paulo Freire reconoció fue la importancia de las "palabras claves" o, en un lenguaje más técnico, las "palabras heurísticas". Las palabras heurísticas son palabras claves que se encuentran en todos los idiomas, pero tienen características adicionales. Las palabras heurísticas son palabras de "comunidad" porque una palabra tiene significados personales y comunes. Mientras que las personas adhieren sus significados personales y particulares a estas palabras claves, todos entendemos de alguna manera las palabras lo suficientemente bien como para poder compartir lo que otros quieren decir y así conectarse con ellos. Palabras como "amor" o "guerra" o "tierra" u "hogar" son ejemplos clásicos de palabras claves con contenido heurístico. Dichas palabras tienen diferentes significados en todas las culturas y generaciones y, de hecho, pueden diferir significativamente en el significado, incluso entre individuos dentro de la misma familia y, sin embargo, de alguna manera nos transmiten lo suficiente para que sepamos algo de su significado. Estas palabras claves son emotivas, evocadoras y, sin embargo, dependen de la configuración y del hablante real para proporcionar su significado preciso. Las palabras son complejas y dinámicas porque incluso una sola persona puede usar la misma palabra con un significado diferente y puede cambiar esos significados con el tiempo. Estas palabras claves desempeñan el papel central en la construcción del significado en el diálogo y, como tales, representan los puntos de entrada al mundo del otro. Son el foco y la semilla de la participación y la acción.

Cuando se puso en práctica esta visión fundamental de Freire, hubo dos consecuencias muy importantes e inmediatas. La primera es que las palabras heurísticas claves en el texto deben usarse exactamente como las personas las usaron. Si usan la palabra "tierra", el trabajador no debe cambiar esa palabra por "propiedad". Si la mujer usa la palabra "hijos", el trabajador no debe cambiar eso por "familia" o la palabra "compensación" por "dinero". Al reflexionar sobre nuestra propia práctica y los errores que hemos cometido, podemos ver que estos pequeños cambios en la sustitución de una palabra por otra, aunque con buena intención, son un cambio del texto al comentario. Nuestro comentario sobre los muchos significados adjuntos a estas palabras heurísticas claves es, en su mayoría, inadecuado y, a menudo, simplemente erróneo. No podemos ver la tierra antigua como lo hacen las personas o experimentar a esa familia como ese individuo. Sorprendentemente, tampoco tenemos para qué hacerlo, siempre y cuando seamos absolutamente fieles a las mismas palabras que las personas han usado para describir su mundo. En esas palabras claves "grandes", los errores son más fáciles de detectar, pero los errores de sustitución más pequeños son más difíciles de detectar. Por ejemplo, sustituir "no bueno" por "malo" puede introducir un cambio importante de significado en el texto del diálogo. Se requiere de práctica para construir oraciones simples que hagan uso de las palabras claves que las personas han utilizado sin alterarlas y colocarlas en la parte más importante de la oración de una manera que fluyan desde nuestro corazón. Freire nos mostró el camino, pero no redujo la necesidad de desarrollar la habilidad y de practicarla.

La segunda consecuencia inmediata de la comprensión de Freire fue entender que ciertas palabras son más apropiadas para el trabajo participativo y otras son más útiles para las respuestas de servicio o asesoramiento. En el curso normal de la conversación, cuando no estamos bajo la exigencia del trabajo, captamos y respondemos intuitivamente a las palabras claves. Sin embargo, la mayoría de las veces a lo que respondemos son a aquellas palabras heurísticas que tienen el mayor contenido emocional negativo. Al igual que las abejas en la olla de miel, nos atrae lo negativo, lo que podría ser útil en el asesoramiento o el trabajo orientado al servicio. En contraste, la tarea importante del trabajador es escuchar y responder a las palabras claves que tienen potencial de desarrollo. En otras palabras, responder a esas palabras claves en el diálogo que contienen tres características importantes:

1. Contienen un recurso positivo;
2. Indican una intención de emprender una acción, y;
3. Tienen una calidad reflexiva, que indica que la persona ha pensado sobre el asunto.

En una historia triste, puede que no haya muchas, si es que hay palabras con estos recursos. En ese caso, el trabajador responde a las que ofrecen más recursos.

Freire comprendió que las palabras particulares dentro del diálogo respetuoso contenían temas de acción reflexiva que podían abrir los caminos de la liberación. La idea de Freire es muy simple, ahora que se ha revelado, aunque en consonancia con otros conceptos claves de la práctica participativa, en realidad está repleta de complejidad y es mucho más fácil hablar sobre el tema que aplicarlo. Tomemos este pequeño ejemplo simple. Un joven muy aburrido llama pidiendo ayuda. Él dice: "... este lugar es aburrido, muy aburrido, no hay nada que hacer". Así que muchas personas responden a esta afirmación colocando la palabra negativa clave "aburrido" como el propósito central de su respuesta de segunda movimiento... "Oh, eso no está bien, ¿porqué es aburrido?" en lugar de poner la palabra positiva orientada a la acción "hacer" como el punto central de su respuesta. Un ejemplo de tal respuesta sería: "¿Tienes alguna idea sobre lo que te gustaría hacer?" Si el joven lo ha pensado, entonces es probable que su respuesta sea una palabra clave que tenga las tres cualidades que Freire consideró los ingredientes importantes en la construcción de acciones: positiva, orientada a la acción y de naturaleza reflexiva. Incluso si el joven no ha pensado en ninguna sugerencia sobre lo que podría hacer, el trabajador se encuentra en la zona positiva para explorar opciones en conjunto, en lugar de lo negativo que implica nombrar los déficits que sustentan el aburrimiento. Está generando el flujo de estas palabras positivas que construyen la plataforma y proporcionan los caminos para la acción. Una de las cosas más alentadoras sobre el diálogo es que el flujo de estas palabras positivas sigue llegando, incluso en situaciones muy difíciles, pero se necesita práctica para escucharlas y responderlas y no sentirse ahogado por el torrente negativo que las rodea.

Responder a lo positivo no nos mueve a una tierra de ensueño. Los trabajadores también deben lidiar con lo negativo, pero, y quizás esta es la diferencia más fundamental entre el trabajo participativo y la prestación de servicios, el trabajo participativo comienza desde la base de lo positivo. Cuando comenzamos a poner en práctica este principio, descubrimos lo adictos que somos a escuchar y responder a lo negativo. Pero una vez que el trabajo ha comenzado desde un recurso interno, en lugar de la esperanza de un recurso dado desde afuera, entonces hay una base y seguridad en el proceso, ya que es de su propiedad y tiene un punto ancla. Es participativo. Se pueden desarrollar recursos adicionales desde el exterior, sin importar lo grande o pequeños que sean, en lugar de desplazar la participación. El trabajo participativo no solo es de abajo hacia arriba: si es significativo, crece desde los corazones de las personas y dentro de las esperanzas y preocupaciones de la vida familiar y comunitaria. Exploraremos algunas de las implicancias de esto en la siguiente sección cuando consideremos el poder de diferentes palabras y estructuras de oraciones para abrir nuestras mentes a otras posibilidades.

La idea de trabajar con lo positivo y no con lo negativo crea un cambio profundo en la práctica, con una creciente conciencia de la necesidad de realizar encuestas en búsqueda de recursos, no solo encuestas en búsqueda de necesidades, estas últimas casi invariablemente se convierten en una lista de deseos que nunca se materializa. Con los más pobres, tenemos que escuchar con profunda concentración para escuchar y apreciar los recursos que ya tienen, recursos sobre los que podemos construir, en lugar de ser hipnotizados por los muchos déficits existentes. El recurso puede ser una habilidad, una buena idea o algo más que no se ha notado y que se da por sentado. Debido a que el recurso, sin importar lo humilde que sea, en realidad les pertenece, puede convertirse en la base del trabajo participativo. Cuando la base es el déficit, no el activo, y se encuentra con un recurso externo, el control y el poder se alejan de las personas, y este recurso externo, por buenas y malas motivaciones, asume el control. Este cambio en el control hacia el exterior no se hace necesariamente con mala intención, por ejemplo, un organismo de financiamiento tendrá la responsabilidad de rendir cuentas a su directorio, entidad aún más alejada de la realidad inmediata. Pero a veces también, el recurso desde el exterior es profundamente problemático, o incluso "perverso", se entrega intencionalmente para controlar y explotar, como es el caso de los usureros o los traficantes de personas. Sin embargo, el escenario más común es la petición de recursos que se encuentra con un silencio ensordecedor, lo que da como resultado un sentido más profundo y amargo de la desesperanza. No hay un ejemplo más contundente que la presentación de una solicitud fondos, ya que revela cómo la otra parte controla el recurso y, si esa es la piedra angular del trabajo, también revela cómo controlará la forma y el progreso del proyecto.

Que los trabajadores de desarrollo trabajen con el recurso positivo como la base del trabajo participativo nunca debe usarse como una posición ideológica ciega basada en la noción de que los recursos del exterior nunca son útiles. Tampoco debe suponerse que los programas participativos que se basan en los recursos de las personas son "la respuesta", o que son un sustituto de servicios esenciales como la educación y la salud. Tales líneas castigan y reducen efectivamente a los más pobres para que se levanten con sus propios recursos. La naturaleza basada en los recursos de los programas participativos significa que los recursos que las personas tienen deben respetarse, maximizarse y celebrarse como su aporte, no que se les nieguen los servicios y recursos externos. La pobreza debe abordarse desde dentro, mediante programas participativos y desde fuera, mediante los recursos proporcionados en la prestación de servicios específicos y pertinentes.

Cuarto principio del método micro: pedir permiso para cambiar la historia

Lo que los trabajadores del desarrollo notaron al implementar las ideas prácticas de Freire, fue que muchos de los recursos claves que las personas entregaban eran sustantivos. Cómo obtener un sustantivo para "caminar" y pasar a una secuencia de acción fue el punto de nacimiento del cuarto principio del método micro: cambiar la historia, pero este cambio siempre se hace con permiso. Pedir permiso para cambiar la historia es diferente a los tres principios anteriores del método micro en la medida en que su desarrollo no está asociado a la visión fundamental de una persona en particular. El principio ha surgido gradualmente a través de las reflexiones de práctica compartida de nuestros colegas que han centrado su atención en las palabras claves y su importancia en el texto como indicadores de las vías de acción. La contribución de Paulo Freire al desarrollo del método micro fue inmensamente importante, en la medida en que pudo ayudarnos a identificar las palabras claves en el diálogo que abrió el camino a seguir. La identificación del uso funcional de estas palabras claves en el diálogo dio una mayor claridad en cuanto a lo que el desarrollo podría hacer para avanzar en el diálogo. Los trabajadores notaron que algunas de las palabras y frases claves, que las personas usaban para contar sus historias, podían identificarse fácilmente como importantes. Pero aún no estaba claro qué se necesitaba hacer para que el diálogo pasara de hablar a una acción útil. Con un enfoque tan concentrado en estas palabras, fue una progresión natural examinar más de cerca cómo construimos el significado en esas palabras y cómo cambiamos su significado de manera intencional y no intencional mediante diferentes variaciones gramaticales.

Al variar la historia en el método micro, el trabajador reflexiona de nuevo en el diálogo, con absoluta integridad, la palabra clave exacta que dijo el miembro de la comunidad, pero luego coloca esa palabra en un contexto gramatical diferente, para ver si el contexto gramatical es diferente o no. Abre posibilidades de acción. Aunque las variaciones en la forma en que usamos los sustantivos es el primer uso deliberado del principio cuatro, ahora hay cuatro variaciones comunes que los trabajadores consideran útiles:

- de lo general a lo específico: hacer que los sustantivos caminen;
- cambio de tiempo verbal: uso de recursos pasados y sueños futuros;
- de lo grande a lo pequeño: aligerar la carga;
- de objeto a sujeto: desde "allá afuera" a los corazones de las personas.

Aunque estas variaciones inicialmente suenan bastante abstractas y académicas, su naturaleza recurrente las vuelve familiares y se incorporan a la práctica con bastante facilidad. Veremos cada una de estas variaciones a la vez.

De lo general a lo específico: hacer que los sustantivos caminen

Las primeras palabras claves que se someten al escrutinio gramatical son los sustantivos, porque muchas de las palabras clave positivas dadas por las personas en el texto del diálogo son sustantivos. Los niños, la familia, el agua, la tierra, la comida, el hogar y el empleo son ejemplos recurrentes de sustantivos utilizados en el trabajo de desarrollo. Tales palabras claves son heurísticas con muchos significados y altos niveles de emoción. El grado del problema con la construcción de acciones a partir de sustantivos varía de un idioma a otro, pero es un problema común en todos los idiomas. Con el enfoque dado por el principio tres, los trabajadores saben que estas palabras claves son el camino a seguir. Sin embargo, mientras que los sustantivos dan un dominio y un tema de interés, no proporcionan una vía de acción específica. Si bien los sustantivos pueden entregar una idea del contenido de la acción y una pista importante para lo que podría ser un proyecto, no le dan dirección ni forma a la acción, y es, después de todo, en el generar esas acciones que podemos hacer que sus vidas sean mejores, más seguras y más sostenibles.

Por lo tanto, los trabajadores comenzaron a experimentar con cambiar los sustantivos por un verbo. Por ejemplo, al decir algo como "estoy usando la palabra comunidad como un verbo porque comunidad no es una realidad fija, hay más comunidad después de un acto de bondad y menos después de una pelea". La comunidad se entiende mejor aquí como un verbo no un sustantivo ". Este tipo de cambio a veces provocaba una nueva conciencia que ayudaba a las personas a reflexionar con mayor precisión sobre los impactos de su acción.

Al mismo tiempo, hubo experimentos que cambiaron los sustantivos por un verbo o adverbio. La palabra "asentamiento" fue un ejemplo temprano de esto. La palabra asentamiento no da ningún indicio de la gran cantidad de actividad que se utiliza para hacer que estos barrios marginales sean funcionales, ya que son lugares donde se construye una ciudad casi todos los días... se distribuye agua, se recolecta la basura, hay lavado de ropa, se limpian los pisos. En el momento en que "asentamiento" se cambia a "asentando", uno puede al menos comenzar a entender que hay un ciclo de actividad aquí, de hecho un ciclo de actividad muy robusto, que mueve a las personas de los estereotipos que sugieren que los habitantes de los asentamientos y barrios marginales son vagos perezosos. Dichos cambios fueron incómodos, pero los resultados fueron interesantes, ya que ayudaron a crear una nueva conciencia. Al igual que asentamiento, tantas palabras heurísticas claves en las historias de las personas estaban cargadas de déficits, tenían fuertes mensajes estereotipados y ciclos de actividades ocultas o enterradas. A veces, estas variaciones ayudaban a las personas a ver realidades muy familiares de manera diferente y los trabajadores notaron la utilidad de estos cambios para hacer que el diálogo avanzara. También cometieron menos errores porque eran conscientes de que se estaba haciendo un cambio al relato y, debido a ese cambio, pidieron permiso para variar la historia tal como se contaba. A veces le dieron permiso y lo más importante, a veces no.

Las variaciones no son solo un problema para las palabras heurísticas claves, sino que también es aplicable con frases y oraciones. Tomemos, por ejemplo, "... este lugar es tan aburrido". El significado detrás de esta frase sugeriría que el lugar es el responsable y está en control del ciclo de aburrimiento y la persona es su víctima. Esto podría ser cierto o quizás no. En cualquier caso, el trabajador ciertamente tendría que respetar esa opinión como ya se ha dicho, pero bien podría valer la pena compartir una variación gramatical de esa opinión, por ejemplo, "... tal como están las cosas ahora, usted está aburrido en este lugar". ¿El asunto es cierto por hechos/actos o es solo parcialmente cierto porque hemos sido capturados por nuestra interpretación personal?

El trabajador se enfrenta a un cierto número de palabras claves recurrentes con las que se familiariza, tanto con las palabras en sí como con sus posibles variaciones. La familiaridad con estas palabras claves ciertamente facilita la tarea. Dicho esto, sin embargo, debido a esta complejidad, y a los errores que se cometen al tratar con esto, surgió un cuarto principio. Lo que ahora sabemos es que debemos solicitar permiso para realizar cualquier variación y, si se otorga ese permiso, puede abrir una gama más amplia y flexible de opciones que se generan en el diálogo de ida y vuelta.

Cambio de tiempo verbal: uso de recursos pasados y sueños futuros

Otro aspecto de las historias de las personas es que a menudo se construyen en el pasado y sobre el pasado. O, como es el caso de los jóvenes, con sus vidas frente a ellos, su historia se puede establecer en el futuro. Debido a la construcción de estos relatos en tiempo pasado o futuro, los recursos contenidos en el relato no están disponibles.

Volvamos por un momento al ejemplo que usamos para ilustrar el principio dos con el hombre que recordaba lo que hacía cuando era niño:

> **T**: ¡Estoy en el barrio para hacer algunas preguntas a las personas sobre el arroyo que se llama Deep Water.
>
> **MC**: ¡Ah, sí! *Es un basural y la maleza está en todas partes. Es una pena, yo iba a nadar en* ese arroyo cuando era niño.
>
> **T**: Estoy de acuerdo. Es por eso que estoy aquí. El Centro Comunitario ha…

Ahora estamos en condiciones de examinar ese texto con mayor precisión. Identificamos la palabra "nadar" como la palabra clave orientada a la acción, pero el recurso en realidad se perdió, quedó en el pasado. Puede ser una manera maravillosa de proporcionar energía e impulso para la renovación del arroyo, pero para que sea útil ahora, debemos traer ese recurso del pasado al presente, para cambiar la historia. Al pedir permiso para cambiar la historia, el trabajador podría decir lo siguiente:

> **T**: Me encantaría saber más sobre cuando solía nadar en ese arroyo; podría ser la inspiración que necesitamos ahora para hacer el trabajo duro para sanearlo. ¿Estaría bien si usáramos su historia de esa manera?
>
> **T**: Oh, tenemos muchas preguntas que intentamos responder sobre este proyecto de renovación que quizás Ud. ya conozca. ¿Le importaría contarme más sobre los días en que nadaba en el arroyo?

El trabajador del desarrollo debe apreciar plenamente la sabiduría y los acontecimientos del pasado que construyen la realidad presente y lo poderoso que es el impulso de un sueño para un futuro mejor. Dado que el enfoque del trabajo del desarrollo no es esencialmente histórico ni utópico, sino más bien basado en lo que se debe hacer para mejorar la situación en este momento, la pregunta que surge es cómo obtener acceso en tiempo real a la sabiduría y los recursos del pasado y a la energía inspiradora que nos puede llevar a todos hacia un mejor futuro. Esta variación en el tiempo cambia tanto el texto como el significado de la historia y, por lo tanto, al igual que con todas las variaciones del principio cuatro, el trabajador debe solicitar permiso.

De lo grande a lo pequeño: aligerar la carga

La tercera variación que podría ser útil ocurre cuando las palabras claves que se usan, se usan para "totalizar", "dominar" y "generalizar". Algunos ejemplos comunes que escuchamos a menudo son:

- "El gobierno no nos deja…"
- "La organización no escucha…"
- "La comunidad no está de acuerdo…"
- "A los jóvenes no les importa…"
- "¿Qué van a hacer con el desempleo…?"
- "La globalización es perversa…"

Estos significados taxativos otorgan una identidad singular y una voz común, y algunas veces incluso una personalidad a estos sustantivos colectivos, silenciando la enorme variedad de energía humana y diversidad que podría ser la realidad escondida detrás de tales palabras. La presentación de un problema en este formato da poco o ningún espacio para el progreso de los asuntos. Por supuesto, podría ser que "ningún miembro de la organización escuche" y que "a todos los jóvenes de todas las edades no les importe", pero tal vez no sea tan así.

Nuevamente, es importante pedir permiso para resolver el problema, porque sin ese permiso, puede parecer que el trabajador no está escuchando y está tratando de minimizar el problema. Lamentablemente, puede ser que la única vez que a las personas les prestan atención es cuando hay un problema, por lo que su "problema" se convierte en su único acceso al poder y a los recursos. La retención y acceso a ese poder a menudo puede ser más importante que cualquier resolución que implique que puedan perderlo. Este es uno de los muchos posibles apegos que las personas tienen con sus problemas y aunque decimos que queremos deshacernos del problema, los trabajadores nunca deben dar por sentado que la situación sea así. El apego a los problemas es una poderosa fuerza de conexión y es por eso que cuando no estamos agobiados con esos apegos, resolver los problemas de otras personas parece mucho más fácil que resolver nuestros propios problemas.

Hay otros aprendizajes que son importantes de reconocer cuando "lo grande" es un recurso que se usa en el texto, ya que las personas tratan de explicar la magnitud e importancia del problema. Ese texto con ese recurso de "lo grande" suele ir acompañado de una ansiedad que expresa que el problema que plantean solo se tomará en serio si su magnitud es digna de consideración. Otro problema que a menudo se entrelaza con la escala es el nivel de emoción generado. Los problemas generan emociones y cualquier historia problemática contiene poderosos mensajes de dolor, pérdida y culpa. A menos que el trabajador sea disciplinado, el texto puede fácilmente caer en la culpa y la actitud defensiva, y ambos textos rompen los vínculos de relación necesarios para un diálogo constructivo.

Otra trampa al cambiar lo grande a lo pequeño es la acción refleja profunda de que el trabajador acepta el problema como propio y pasa al modo de prestación de servicios, proporcionando soluciones para las personas y no trabajando con ellas. Hacer las cosas por ellos incumple con los principios uno, dos y tres del método micro, pero cuando la emoción y la culpa son altas, la tentación de olvidar los fundamentos del diálogo del desarrollo es intensa. Por supuesto, el trabajador debe aportar lo que pueda para construir el camino hacia adelante, pero a menos que ese camino se base en los recursos de las personas, se les quita el proceso y la poderosa contribución que podrían hacer para el trabajo participativo disminuye, o incluso se elimina. Al solicitar permiso para variar la escala de la historia, los trabajadores intentan abrir la posibilidad de tomar pequeños pasos participativos, pasos inclusivos para comenzar el proceso de cambio.

De objeto a sujeto: desde "allá afuera" a los corazones de las personas

La variación del objeto al sujeto es, pensamos, la más importante y poderosa de todas las variaciones en el principio cuatro. Uno de los principios centrales del trabajo de desarrollo participativo es que el tema le pertenece a las personas que están haciendo el trabajo. Para poder tener un sentido de propiedad en torno a la temática, obviamente es útil si hay una conexión real y personal con la agenda, ya que la agenda es lo mismo que el éxito de la acción. Pero en tantas esferas de influencia y actividad hay un predominio creciente de lo objetivo por sobre lo subjetivo. Eso disminuye ese sentido de conexión personal, un fenómeno que debemos explorar para comprender la importancia de esta variación.

Hablamos de proyectos, programas y organizaciones en una forma abstracta y objetiva, incluso cuando supuestamente están diseñados para tratar asuntos muy personales. Hablamos incluso de los asuntos más personales en formas objetivadas: divorcio, abuso infantil, violación, el lenguaje de la guerra es aún más revelador: recuento de cuerpos, contactos enemigos, ataques y bombardeos. Nos sentimos más cómodos cuando hablamos de políticas y planes, casos y clientes, en lugar de las historias muy personales que proporcionan la razón misma de la existencia de estos sistemas. El financiamiento, las pautas de financiamiento, los presupuestos y los objetivos estratégicos tienen más influencia que las necesidades de las personas o sus aspiraciones. Existe una fuerte orientación para realizar evaluaciones objetivas y privilegiar esas evaluaciones más que la experiencia personal de las mismas. La mayoría de las veces, evaluamos y monitoreamos el progreso con evidencia estadística en lugar del testimonio de los menos poderosos. El predominio de lo objetivado en el lenguaje y los procedimientos públicos han incrementado progresivamente hasta el punto en que a menudo están tan generalizados, que a veces ni siquiera se reconocen por lo que son.

No estamos tratando de decir que es lo uno o lo otro, objetivo versus subjetivo, sino privilegiar el mundo subjetivo en el proceso de participación, porque es muy importante para revelar quiénes somos y lo que realmente queremos. La verdad del mundo subjetivo es un aliado muy importante en el desarrollo participativo. Por lo tanto, es muy comprensible que los trabajadores del desarrollo recurran a ese campo para encontrar temáticas reales, la fuerza del compromiso de las personas y su comprensión de la necesidad de la energía personal para que tomen medidas. Es práctica común ahora preguntar:

> "¿... y cuál es su historia?"
> "¿... cuénteme qué lo trae por acá?"
> "¿... y cuál es su sueño?"
> "¿... y qué piensan sus hijos?"
> "... conozco bien la política, pero ¿podría compartir conmigo su opinión personal?"

Muchas de las descripciones más recientes del trabajo del desarrollo describen el proceso no solo como de abajo hacia arriba, sino también desde adentro hacia afuera, desde nuestro mundo interior con lo que lo vincula con el mundo exterior. Se puede apreciar fácilmente que esto garantizaría que la agenda de desarrollo sea pertinente. Pero es igualmente fácil apreciar, que este viaje desde el interior no es fácil para nadie. Sin embargo, debe hacerse, de ahí las preguntas de práctica común anteriormente mencionadas.

La sabiduría de la práctica incorporada con el conocimiento tácito, hará que los trabajadores del desarrollo utilicen este tipo de preguntas y las variaciones gramaticales anteriores que analizamos en este principio con mayor claridad y facilidad a lo largo del tiempo. Ser consciente de las posibilidades es el primer paso, y luego aplicar esa conciencia en la práctica, recordando nuevamente la cita de Mao Tse-Tung del Capítulo Uno, es crear las condiciones máximas para un trabajo de desarrollo eficaz.

En conclusión

Tagore, Buber y Freire nos han proporcionado las bases de un método micro viviente. La sabiduría de Tagore de "ver lo que la personas ven", invita a dejar de lado nuestras propias perspectivas y percepciones, abriéndonos al otro. También es el espacio donde el método implicado del Capítulo Uno se superpone con el método micro, asegurando que el trabajador sea consciente de su propia historia dentro del trabajo.

Buber insiste en el diálogo, como un proceso y una práctica profundos de conexión recíproca: dar o rendirnos ante los demás de todo corazón, y también agradeciendo lo que nos entregan. La práctica participativa, dentro de la tradición gandhiana que se ofrece aquí, no hace concesiones con estos dos principios fundamentales.

Las ideas técnicas de Freire sobre el significado de la "palabra" en el texto, junto con su insistencia en el amor y la humildad en el diálogo, proporcionan el tercer principio de usar las palabras claves. Situados siempre "al lado de" y "pidiendo permiso para cambiar la historia", tenemos un marco de método micro que realmente se ha probado y comprobado. Pareciera adecuado, entonces, terminar con un poema titulado La Armonía del líder católico brasileño, Helder Camara (1980: 40–41),

> Admiro y envidio
> tu extraño oído
> fiel a cada nota
> que discierne la falsedad
> por ligera que sea.
> Y aún más
> tu maestría
> que hace de lo disonante
> una armonía.

Camara (1980) señala bellamente la rareza de la escucha profunda y verdadera, posiblemente el alma del trabajo a nivel micro. Tal escucha confirma la conexión auténtica, tejiendo una práctica relacional resonante con las realidades en curso de un mundo disonante siempre presente.

Siempre conscientes de la necesidad del método implicado continuo (conocimiento de nuestra propia historia) y del trabajo relacional del método micro, ahora pasamos al siguiente capítulo, sobre el método mezzo, un cambio de lo individual a la complejidad creciente de las relaciones grupales.

Referencias

Buber, M. (1947) *Between man and man. With an introduction by Maurice Friedman*, trans. R.G. Smith, 2002, Routledge, London.
Camara, H. (1980) *The desert is fertile*, Sheed and Ward, London.

Chambers, R. (1997) *Whose reality counts? Putting the first last*, ITDG Publishing, London.

Freire, P. (1972) *Pedagogy of the oppressed*, Continuum Publishing Co., New York.

Glatzer, N. (ed.) (1966) *The way of response: Martin Buber, selections from his writings*, Schocken Books, New York.

Tagore, R. (1910) *Gitanjali (Offering of songs)*, trans. B. James, 1983, The University Press Limited, Dhaka.

CAPÍTULO 4

Caminar juntos: el arte del método mezzo

Resumen

Este capítulo, que se enfoca en el método mezzo, explica cómo los trabajadores del desarrollo articulan el proceso participativo del cambio desde la preocupación individual de algunas personas hacia la acción pública. En esta articulación de la acción privada a la pública existen principios claves que entender, pasos metodológicos que dar y la necesidad de considerar la vida política de las personas que trabajan en conjunto. Al corroborar el trabajo "al lado de" que se discutió en el capítulo anterior, el método mezzo asevera la verdad fundamental del desarrollo participativo que se realiza "juntos con".

Palabras claves: método mezzo, al lado de, pequeño, empoderamiento, generación de capacidades, mandato participativo, inmersión, narrativa.

Introducción al método mezzo

En los capítulos anteriores explicamos el propósito del método micro en el sentido de ayudar a que las personas se puedan conectar y formar relaciones los unos con los otros de manera individual y en grupos, con el fin de trabajar en conjunto para lograr algo en beneficio de todos. El propósito del método mezzo, el enfoque de este capítulo, es trabajar con grupos de personas de tal forma que puedan apreciar los puntos de unión, tomar decisiones en conjunto y emprender acciones de beneficio mutuo.

El principio clave del método micro lo hemos caracterizado como: "al lado de". La palabra "junto con" caracteriza de mejor manera el principio esencial del método mezzo. Este método no se encuentra separado del método micro, sino que incorpora el diálogo y las labores de generación de relaciones del método micro en la acción de toma de decisiones que son las claves del método mezzo. La interconexión entre el método implicado y el micro y, ahora el método mezzo, es la razón central de porqué hemos nombrado los niveles de la metodología de tal forma que refuerza la conexión.

Se suele describir los principios del trabajo del método mezzo de diversas maneras:

- "¡Quizás, solo quizás, si nos unimos podremos lograr algo, que solos no podríamos lograr!"
- "Muchas manos aligeran el trabajo"
- "No es tuyo, no es mío, es de nosotros"
- "Juntos podemos marcar la diferencia"
- "Es más fácil romper una varilla que un manojo de ellas"
- "El todo es mayor que la suma de las partes..."

http://dx.doi.org/10.3362/9781788530781.005

El sentido de "unidad" que se describe en distintas expresiones del método mezzo no es ni romántico ni un llamado a volver a un pasado idílico. La experiencia comunitaria del "nosotros" ocasionalmente puede tener una connotación sinérgica, pero en realidad es más frecuente que sea pragmática, tensa y rara. Incluso puede ser bastante aburrida cuando abordamos los elementos esenciales que definen a un grupo.

La función de las labores que generan las relaciones del método micro tienen que ver con descifrar el contenido de la acción y garantizar que las transiciones entre los mundos privados y públicos sean seguras y robustas. El foco del método mezzo es generar todas las contribuciones del método micro y abordar las preocupaciones privadas individualizadas de las personas, que pueden (o no) ser iguales, en una reunión y en el curso de dicha reunión generar un grupo que le otorgue beneficios tanto individuales como mutuos a todos sus miembros.

Como ya vimos en los principios del método micro, especialmente cuando se consideró cómo las palabras heurísticas son profundamente personales, pero también son compartidas y públicas, las esferas de lo privado y público de nuestras vidas son interdependientes. Las agendas del desarrollo importantes tocan temas profundamente personales cuando, por ejemplo, trabajamos en temas públicos asociados con raza e identidad o género y sexualidad, que se encuentran en el corazón de la injusticia y desigualdad. El proceso del desarrollo lleva estos temas a la arena pública y aquellas transiciones se tienen que realizar con el mayor de los cuidados haciéndolos lo más seguro posible. Siempre se debiera realizar con permiso y participación de las personas, siempre haciendo uso de las esperanzas y recursos de las personas en el grupo como la piedra fundacional del proceso.

Este capítulo nos proporciona una explicación de los siete pasos necesarios para iniciar y construir un grupo mezzo individual desde la perspectiva de los trabajadores. También proporciona una explicación de las cinco etapas de maduración del trabajo mezzo incluidos dentro del método del nivel macro. Pero primero, dos principios básicos que fundamentan el trabajo.

Primer principio del método mezzo: lo pequeño es maravilloso

Con frecuencia, pensamos que un acto público debe ser a gran escala para que pueda gozar de alguna legitimidad. De manera similar, vemos a los políticos profesionales y a los líderes nacionales en la escena y vemos que cuando se transita de lo privado a lo público se da un gran paso adelante. Sin embargo, lo grande y enorme no es capaz siempre de apreciar que tan pronto una persona le susurra un plan de acción a otra, el susurro ya se ha vuelto público. Algunas décadas atrás, el trabajo del desarrollo era casi un sinónimo de "desarrollo comunitario", en el cual la unidad de la "comunidad" era percibida como la arena y la plataforma del trabajo. En aquellos días la comunidad era vista como lo suficientemente pequeña para ser inclusiva, pero lo suficientemente grande como para enfrentar los problemas más amplios de la sociedad. A lo largo del curso de los años se reconoce ahora que si bien sigue siendo un ámbito importante del desarrollo, no corresponde a la plataforma de la participación. Por lo general, la comunidad es demasiado grande como para lidiar con las inequidades estructurales antiguas de género, raza, clase, casta que muy frecuentemente están incorporadas en ella. Uno de los avances más significativos en el desarrollo participativo ocurrió cuando las comunidades, e incluso los grupos de interés dentro de las comunidades,

se dieron cuenta de que eran demasiado grandes para generar un nivel de participación necesario para un programa participativo. El trabajo mezzo, como el
trabajo con grupos, debe ser muy pequeño para ser participativo – lo que por
supuesto nos hace preguntarnos ¿cuán pequeño es lo suficientemente pequeño y
cuán grande es lo suficientemente grande?

La matemática avala la experiencia de la práctica de los trabajadores del
desarrollo e indica porqué el tamaño ahora se considera una parte tan vital de
nuestra comprensión del método mezzo y del trabajo del desarrollo de manera
más general. Matemáticamente, existe un aumento exponencial en el número de
personas y el número de relaciones. Si tres personas tienen tres relaciones, cuatro
personas tienen seis, cinco personas tienen diez, seis personas tienen quince etc.
La Figura 4.1 describe las configuraciones de los grupos.

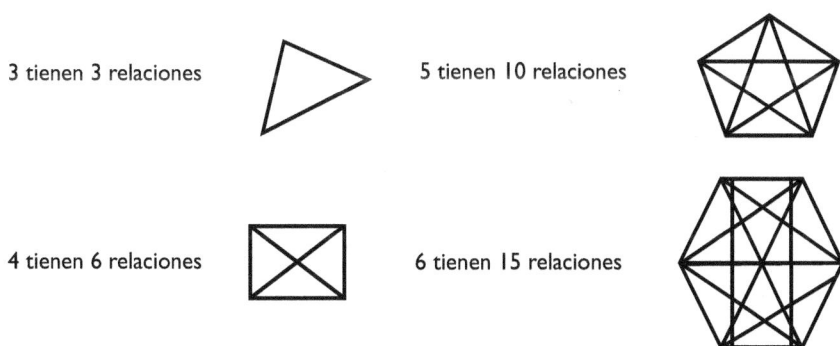

3 tienen 3 relaciones

5 tienen 10 relaciones

4 tienen 6 relaciones

6 tienen 15 relaciones

Figura 4.1 Configuraciones de grupos

Invariablemente cuando el grupo es demasiado grande y cuando existen
demasiadas relaciones, existe una tendencia de pasar desde lo relacional al rol, del
grupo a una organización. En este escenario, los que se sienten con más confianza
asumen el control, a los jóvenes se les deja fuera, los más lentos se quedan atrás y
así emergen todas las inequidades antiguas, que constituyen la base de la pobreza.
Para ilustrar esta aseveración existe una fórmula que vale la pena recordar para
calcular el tamaño del grupo donde "x" representa el número de personas:

$$\frac{x^2 - x}{2}$$

Así es fácil darse cuenta de la creciente y rápida densidad de las relaciones y
porqué la configuración de las organizaciones se puede cristalizar de manera tan
rápida y porqué, de manera no deliberada, la configuración organizacional se
convierte así en la única posibilidad para avanzar. Las organizaciones convierten
las relaciones en roles con un mayor énfasis en el servicio, producto, función
y resultado en vez de la inclusión y participación. La Figura 4.2 demuestra esta
configuración organizacional abajo.

Tales configuraciones organizacionales son importantes en el proceso del
desarrollo, pero se dan a nivel macro de la metodología, que se considera en
el próximo capítulo. Sin embargo, a pesar de las dificultades de velar por un
trabajo participativo orientado a la relación, opuesto al trabajo organizacional

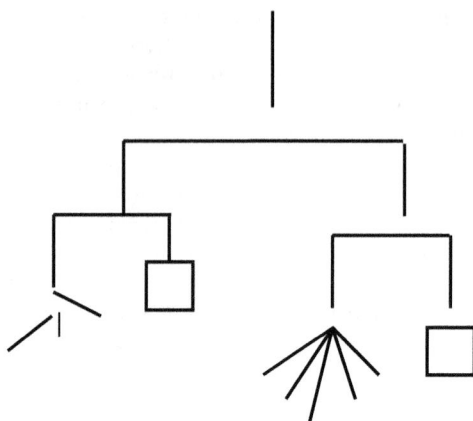

Figura 4.2 Configuración organizacional

basado en roles, los trabajadores deben mantener la configuración participativa en grupos, lo mejor que puedan.

Este trabajo del desarrollo, que se asocia con el método mezzo solo se puede llevar a cabo dentro de las realidades de las circunstancias particulares. Las personalidades, estatus, género, etnicidad, edad y experiencia pueden ayudar o entorpecer estos esfuerzos y estas diferencias significan que algunas personas necesitarán más ayuda para poder forjar estos vínculos relacionales. Por ejemplo, en la Figura 4.3 de abajo, los trabajadores pueden necesitar establecer una relación con el miembro A de la comunidad, luego con el miembro B de la comunidad, luego preparar al miembro A para que se junte con el B y luego pedirle al B que se contacte con el A. Dichas estrategias compensatorias son comunes donde los trabajadores pueden lograr que fluya la energía de las relaciones moviéndose en patrones que puedan incluir a los más vulnerables y no colocarse ellos mismo al centro. Estos pasos de los proceso se verían así:

> Primer Paso: T (que representa al trabajador) se relaciona con el miembro A de la comunidad
> Segundo Paso: T se relaciona con el miembro B de la comunidad
> Tercer Paso: T + el miembro A de la comunidad se relacionan con el miembro B de la comunidad
> Cuarto Paso: T + el miembro B de la comunidad se relacionan con el miembro A de la comunidad

Dentro del mapa relacional, la energía proviene del trabajador T, y con la ayuda del trabajador, también proviene del miembro A de la comunidad y no del B. Esto representa un ejemplo de estrategia compensatoria. Mientras que esto está bien en el corto plazo, si esta estrategia compensatoria se mantiene por mucho tiempo, inevitablemente la red y el proceso de desarrollo se convertirán en una relación orientada al servicio y el trabajador encontrará que está trabajado principalmente con su propia energía y sus propios intereses, a menos que el miembro A de la comunidad y el B asuman su cuota de responsabilidad. Es importante notar que estos patrones son mucho más fáciles de identificar y rectificar en un grupo pequeño.

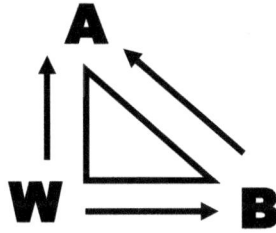

Figura 4.3 Ejemplo de un mapa relacional

Es un error muy común en el trabajo participativo estructurar estas redes y grupos pequeños en organizaciones formales. Frecuentemente, esto se hace para que estas redes pequeñas puedan adoptar un formato legal, que les permita ser elegibles para los fondos públicos. Durante los años hemos visto muchos grupos participativos motivados y destruidos debido a que no se valoró el valor participativo de un grupo pequeño al nivel mezzo y tampoco se comprendió los pasos necesarios para construirlos y apoyarlos. El transformar un proceso grupal a una organización formal significa que la estructura reflejará la forma institucional formal más que la forma que refleje la circunstancia real de los miembros del grupo. Una de las grandes fortalezas de la característica pequeña de los grupos mezzo es que pueden acomodarse a la realidad de sus miembros, tomando en cuenta cosas tales como los niveles de energía, sus habilidades e intereses. Las organizaciones formales usualmente no tienen dicho nivel de flexibilidad, ya que el estatus organizacional conlleva responsabilidades legales y financieras amplias que van más allá de la participación del grupo hacia la sociedad en su conjunto. El dominio del trabajo, desde la naturaleza participativa del nivel mezzo hasta los procesos representativos, es lo que caracteriza al nivel macro.

Segundo principio del método mezzo: empoderamiento y generación de capacidades

El trabajo del desarrollo incluye lograr una situación que permita que las personas que cuentan con las habilidades y recursos tomen el control sobre temas importantes que afectan sus vidas. Dado esto, la función de la generación de capacidades y la meta del empoderamiento constituyen la agenda central. Sin embargo, aunque la función de la generación de capacidades y la meta del empoderamiento son la agenda central del método de trabajo mezzo, ellos corresponden más bien al subtexto más que al texto del trabajo. Usualmente no mencionamos tanto la generación de capacidades o el empoderamiento. Más bien hablamos del trabajo y lo que se debe saber y hacer para lograrlo. Cuando se discute la generación de capacidades y el empoderamiento como temas que poseen su propio derecho y se convierten en el texto de la discusión, esto se puede volver algo muy condescendiente y que se puede ejemplificar en frases como: "Estamos aquí para generar la capacidad de las personas" o "la meta del programa es empoderar a las personas". Cuando se da dicho tipo de aseveraciones, los experimentados trabajadores del desarrollo y las personas de la comunidad, por igual, se sienten incómodos y mal, y lo reconocen como una "conversación centrada en políticas" más que una "conversación centrada en las personas". De hecho es un texto del nivel macro, no el texto personalizado de los niveles micro y mezzo. Y debido al uso incorrecto de los conceptos en esta forma, en algunas circunstancias estos conceptos, que son muy útiles, han dejado de utilizarse. Este uso incorrecto no debiera negar el hecho de que ambos conceptos son útiles, ya que pueden ayudar a moldear y enfocar la acción si se los reconoce y se los utiliza en el lugar adecuado. En otras palabras, se los debe utilizar en el nivel correcto del trabajo, como conceptos del subtexto.

Un marco del empoderamiento y generación de capacidades lleva a estos conceptos más allá del estatus de eslóganes populares y ayuda a dirigir las preguntas que puede formular un trabajador más allá de la suerte y la casualidad. Se pueden formular preguntas tales como "¿Esta actividad ayudará a hacerle la vida más fácil?" "¿Esta actividad ayudará a que usted asuma el control y no otros?" "¿Vale la pena esta actividad?" "¿Tiene la energía y el tiempo para participar?" "¿Le quitará tiempo de otras labores importantes?". Con el entendimiento de los elementos que constituyen la generación de capacidades y el empoderamiento, esto nos ayuda a poder moldear y guiar dichas preguntas. En otras palabras, el subtexto del método mezzo, cuando se entiende y utiliza bien, de manera metódica, alimenta el proceso participativo, aunque desde abajo. En los siguientes párrafos, exploraremos los elementos constituyentes de aquellos dos conceptos relacionados.

La meta del empoderamiento es que las personas sean capaces de cambiar las circunstancias de sus vidas de tal forma que puedan ejercitar sus derechos humanos y que tengan vidas plenas. Pero la palabra empoderamiento debe entenderse más allá que un mero eslogan o aspiraciones vacías; los trabajadores deben ser capaces de comprender qué es lo que se necesita hacer para lograrlo. Una manera muy útil de conceptualizar el empoderamiento es comprender cómo promover y aceptar cuatro tipos interrelacionados de actividades de generación de capacidades. Estas cuatro actividades se encuentran en el corazón mismo de la transformación de la pobreza – es más bien a quién conoce uno y cómo uno se relaciona con ellos; se trata de qué sabe uno y qué puede hacer uno; se trata de qué tiene uno y qué puede uno controlar. Tal como estas actividades interrelacionadas guían al trabajador ayudando a que el proceso de desarrollo se despliegue en todo su potencial, también debieran constituir los focos cuando se va a evaluar un proyecto o programa participativo. La Tabla 4.1 muestra cuatro tipos interrelacionados de generación de capacidades.

Tabla 4.1 Elementos de la generación de capacidades para lograr el empoderamiento

Dimensión	Actividades necesarias
Relaciones	El trabajo debe generar nuevas relaciones que sean mutuas y en las cuales los participantes puedan establecer un diálogo.
Información y habilidades	El trabajo debe proporcionar nueva información que sea pertinente a las palabras claves y acciones y proporcione una oportunidad para mejorar habilidades antiguas o aprender nuevas.
Recursos	El trabajo debe generar nuevos recursos, que las personas puedan controlar.
Toma de decisiones	El trabajo debe promover el sentido de propiedad de las personas permitiéndoles tomar decisiones, emprender acciones y dirigir el flujo del trabajo.

La primera de estas actividades de generación de capacidades interrelacionadas es extender el rango de relaciones que tienen las personas. Las personas tienen una idea de quiénes son sus conocidos y a quién pueden pedirle ayuda y a quién no. En su mayor parte, las personas acuden a su familia y amigos y ellos responden a sus solicitudes en modalidades que van desde la generosidad más sublime hasta la crueldad más despiadada. La familia y los amigos responderán como siempre lo hacen. El mapa de las relaciones se vería más o menos así:

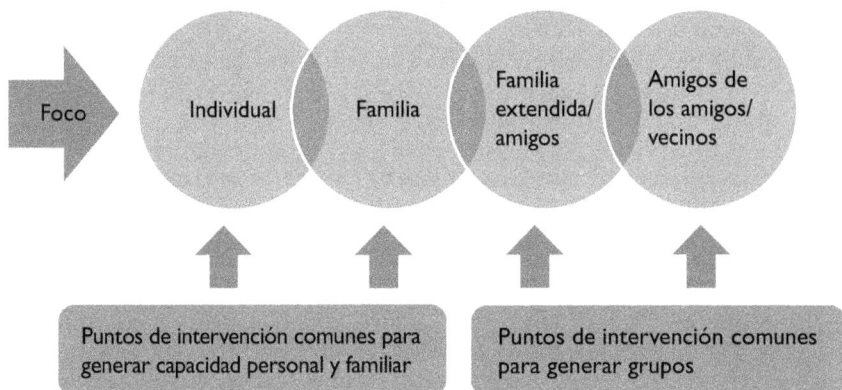

Figura 4.4 Mapa relacional

El foco y concentración del trabajador del desarrollo puede ser cualquiera de estos puntos. Incluso puede ser al nivel familiar. A veces, las personas pueden tener una familia grande y extendida, pero de hecho se encuentran socialmente aislados – quizás en el hogar existe un diálogo escaso o nulo, con pocos niveles de apoyo. Si el foco principal o incluso único del trabajo es desarrollar relaciones mutuas y de apoyo dentro de la familia, frecuentemente es el rol de un programa de orientación que permanece en el dominio privado. Crear relaciones mutuas también puede ser el foco del método mezzo, pero usualmente con elementos añadidos tales como crear dichas relaciones dentro de la familia para trabajar en conjunto en proyectos económicos para mejorar el sustento, lo que lleva el trabajo al dominio público.

Aunque la familia es una unidad tan importante del trabajo mezzo, frecuente-mente la atención se centra en los bordes externos del mapa– trabajar con amigos y vecinos, donde se pueden forjar relaciones nuevas. Generar relaciones con "amigos de amigos" toma de manera seria el antiguo dicho "no es lo que sabes, sino a quién conoces". El trabajo participativo toma de manera muy seria el hecho de que las personas usualmente hacen lo que pueden con lo que tienen y eso significa que, con frecuencia, están acostumbrados a todas las posibilidades que encuentran en las relaciones y recursos que tiene su familia. Si este es el caso, los trabajadores del desarrollo tratan de generar relaciones nuevas y distintas. Esto extiende tanto el alcance como el rango del repertorio de las relaciones que tienen las personas, ampliando su red de apoyo, aumentando su acceso a otros recursos y nuevas oportunidades, para escuchar y comprender información nueva.

El segundo elemento de la generación de capacidades es la entrega de infor-mación nueva y el desarrollo de nuevas habilidades. La información nueva puede provenir de un sinnúmero de fuentes distintas. Por ejemplo, quizás a través de una visita a una comunidad vecina que hace algo de manera distinta o leyendo un libro o viendo una película. Podría incluir la visita de un experto para compartir sus ideas, tiempo, energía o incluso la nueva información puede provenir del trabajador, aunque la información rara vez debiera convertirse en un consejo (Bell, Gaventa y Peters, 1990). En realidad no importa la fuente de la información nueva. Lo que importa es que la información se entregue en un contexto de relaciones reales, ya que estas relaciones corresponden a las vías por las cuales se llegará al empoderamiento. Esto significa que la información se entrega de una manera subjetiva, experimental y no objetiva y abstracta, que puede ser absolutamente veraz, pero que no genera conexiones con la circunstancia.

Existe una clara diferencia entre este diálogo "subjetivo" basado en la comunidad y la contraparte social "objetiva". Tomemos estas dos preguntas diferentes que las personas pueden formular cuando visitan un centro comunitario vecino: En primer lugar, tenemos la pregunta que es objetiva con una perspectiva generalizada y abstracta, que usualmente se asocia con el texto del nivel macro:

- "¿Cuál es el nombre de su centro?"
- "¿Cuántas personas usan su centro?"
- "¿Cuáles son las actividades programáticas de su centro?"
- "¿Cuál es el presupuesto de su centro?"

Contrastemos esas preguntas con las que siguen más abajo, que son mucho más subjetivas y personalizadas y que son indicativas del texto micro y mezzo:

- "Hemos escuchado muy buenos comentarios de su centro y nos preguntábamos si nuestros jóvenes podrían venir y ver lo que ustedes están haciendo".
- "¿Podríamos conocer a algunas personas de su grupo y escuchar sus historias y aprender de sus experiencias?"
- "Nuestros miembros están preocupados por la recarga laboral de los voluntarios. ¿Pueden compartir algunas experiencias sobre este problema?"

La naturaleza abierta y cualitativa de las preguntas abre las posibilidades de comprender y aprender de la misma experiencia de las personas y le otorga muchas más formas de avanzar en el trabajo del nivel mezzo.

El tercer elemento de la generación de capacidades es crear nuevos recursos sobre los cuales las personas puedan ejercer control. Esta es una área de la práctica en la que los trabajadores del desarrollo a lo largo de mundo enfrentan problemas, a pesar del hecho de que ahora existe una acumulación vasta de sabiduría de práctica. Conversamos sobre un elemento clave de esto en el principio tres del método micro y el trabajo pionero de Paulo Freire. No obstante, es un aspecto del trabajo del desarrollo que no nos entrega respuestas fáciles. Entregar respuestas nuevas pareciera ser la respuesta a todo. Es muy común escuchar "si tan solo tuviéramos dinero o terrenos o algún otro tipo de recurso estaríamos bien". Sin embargo, frecuentemente la entrega de recursos es bastante problemática y, a medida que pasan los años, la beneficencia y el bienestar, que son los principales orígenes de los recursos, han contaminado las fuentes de la generación de capacidades y el empoderamiento, ya que se vuelven más y más restrictivos, regulados y con una falta de reciprocidad. En los últimos años han llegado a un punto bajo, cuando aquellos que están en una posición de autoridad, con la parte más sustanciosa de los recursos, intentan regular las obligaciones del otro que recibe.

Esto es muy común cuando, por un lado, se perjudica la confianza y se promueve el cumplimiento y la dependencia y, por otra parte, cuando el egoísmo fariseo y tacaño se aleja del sentido de compartir y de comunidad.

Aunque el trabajo participativo no pretende responder aquellos profundos y difíciles problemas, la sabiduría de la práctica participativa sugiere que si los recursos se generan y se entregan dentro de un contexto de una relación – en una asociación genuina que conoce y valora la contribución de los otros, entonces existen oportunidades reales de empoderamiento. La palabra "asociación o alianza" goza de una larga y respetada historia en el trabajo del desarrollo y en el próximo capítulo le dedicaremos más tiempo a explicar este elemento del trabajo y los procesos que constituyen el trabajo participativo. Mientras tanto, es suficiente decir que el dar y recibir debe compartirse de manera oportuna, proporcional y, por sobre todo, en confianza. Sin contar con estas características, el hecho de entregar recursos puede generar divisiones o incluso ir en contra del sentido de comunidad, ya que las personas compiten los unos contra los otros para utilizar dichos recursos con la meta de obtener una ganancia privada más que el bien público. El trabajo participativo, como lo dice un eslogan muy conocido, tiene que ver con el cambio más que con la beneficencia, ya que debe ser un proceso de dar vida y no solo de salvar las vidas.

El cuarto elemento de la generación de capacidades es la "toma de decisiones". Tal como los tres anteriores, la toma de decisiones se encuentra entrelazada y vinculada con los demás. Si ha de existir un sentido de pertenencia y de participar en el proceso de empoderamiento, entonces las personas deben tomar decisiones de manera individual y colectiva para hacer algo con el fin de cambiar la situación para mejor. Y debiera quedar claro que estamos hablando del proceso de toma de decisiones de personas en grupos y no de profesionales o consultas organizacionales con personas. Los trabajadores y los miembros de la comunidad enfrentan dificultades profundamente arraigadas en la toma de decisiones y en trabajos anteriores hemos podido entender esto como el principio "0-1-3" (Westoby y Owen, 2010). Puede existir una resistencia que acompañe a estos aspectos del trabajo del método mezzo, encarnados en respuestas típicas tales como:

"¿Qué pasa si cometemos errores?"
"Podríamos perder lo poco que tenemos"
"¿Qué pasa si no estamos listos?"
"¿Podemos arriesgarnos de verdad a quedar como tontos?"
"Estamos tan cansados de estar destinados a esta vida"
"Es el deber del gobierno... no el nuestro".

Existen miles de variaciones a estos comentarios y preguntas y, por supuesto, ninguno de nosotros tiene la clarividencia mágica para saber si, incluso con esfuerzo, la situación mejorará o se corregirá. El diálogo de Myles Horton y Paulo Freire, en el hermoso y fundamental trabajo *We Make the Road by Walking* (Bell, Gaventa y Peters, 1990), articula de manera cuidadosa los dilemas relacionados con la mejora, éxito y fidelidad a la práctica a este nivel de trabajo, particularmente enfocándose en la importancia de las personas que toman las decisiones y no los expertos o trabajadores.

Con la explicación de los dos principios que subyacen el método mezzo, ahora estamos en posición de explorar los pasos y etapas del método mezzo. Para una mayor claridad, hemos hecho una distinción entre los pasos y etapas del método mezzo: pasos se refiere al mundo interno del grupo y lo que se tiene que hacer para apoyar al trabajo del grupo para que pueda funcionar y las etapas para ayudar a describir la visión programática externa. Por pasos mezzo, nos referimos a las siete tareas que componen el trabajo de una reunión grupal, las tareas que se deben realizar para que los miembros de un grupo se junten, ayudarlos a trabajar juntos y a formar vínculos exitosos y seguros con el mundo exterior. A medida que estas reuniones adquieren un impulso, el grupo puede lograr distintos niveles de madurez, que analizamos como las etapas del desarrollo mezzo al final del capítulo– ya que estas etapas también proporcionan el puente entre los niveles de trabajo mezzo-macro.

Dentro del método mezzo: los siete pasos del método mezzo

El método mezzo es muy necesario cuando muchas personas están sentadas y reunidas bajo un árbol o en círculo alrededor de una mesa. ¿Qué debe ocurrir ahora? o ¿qué debió haber ocurrido en días anteriores? ¿Cómo el trabajador apoya al grupo para poder llevar sus preocupaciones privadas a la esfera pública de la acción? ¿Cómo puede el trabajador del desarrollo apoyar la toma de decisiones del grupo de tal forma que esté viva con historias de las personas, con conexiones entre las historias y un compromiso real? Estos siete pasos del método mezzo proporcionan un marco para el trabajador y se describen en la Tabla 4.2. Le hemos otorgado mucho espacio a esta sección del capítulo, reconociendo que el arte que se necesita en esta etapa mezzo no se puede dejar a la casualidad.

Tabla 4.2 Siete pasos del método mezzo

Primer paso	Establecer el mandato participativo – comenzar la etapa exploratoria;
Segundo paso	Comprender lo que es – sumergirse en el lugar y con las personas;
Tercer paso	Recopilar datos – escuchar y comprender las historias de las personas;
Cuarto paso	Organizar los recursos y estructurar el trabajo;
Quinto paso	Utilizar el marco para moldear el trabajo;
Sexto paso	Escoger y practicar las conductas claves;
Séptimo paso	Vincular hacia adelante, hacia atrás y hacia afuera.

Primer paso: Establecer un mandato participativo – comenzar la etapa exploratoria

Un punto claro y obvio de inicio es establecer el mandato del trabajo que se debe realizar. Pero esta claridad nos entrega poca indicación de lo difícil que es lograrlo. El caos es un acompañante común al inicio del trabajo participativo. Algunas personas quieren el proyecto mientras que otros no, el gobierno quiere esto, los agricultores lo de más allá, los comerciantes algo distinto y es necesario abordar las necesidades de todos en una hora, al menor costo posible y ojalá ¡para ayer! Los más antiguos en la comunidad rumian sus pensamientos y uno puede (o no) haberlos oído. Los silenciosos se sientan atrás y miran, los cansados quieren descansar y los entusiastas... todo un desafío. Algunos saben "algo" otros no saben "nada". Existen historias, historias dentro de las historias, generadas y entrelazadas con versiones individuales y colectivas. Incluso cuando el grupo corresponde a una familia que vive en un hogar, las situaciones son invariablemente complejas y las descripciones de una sola línea rara vez reflejan fielmente una situación dada. Dada esta cacofonía de voces diversas, es lo suficientemente fácil apreciar que tanto el propósito como el objetivo no se pueden dar por sentado. El trabajo participativo no es algo que solamente ocurre– debe ser impulsado suave y dulcemente a la existencia, a partir de la totalidad de los sonidos de las personas y de los que las rodean.

El trabajador comienza recopilando toda la información para ayudar a clarificar el propósito y los objetivos del trabajo y para realizarlo de manera apropiada es importante volver a lo básico. El trabajador vuelve, tal como lo dice el método micro, al texto real de las personas. En muchas formas, el método micro está incorporado dentro de los pasos uno y dos del método – lo que requiere un constante ir y venir, para atrás y adelante y entre ambos. ¿Cuáles son las palabras claves que la gente pronuncia y que son positivas, orientadas a la acción y sobre las cuales han reflexionado? ¿Existen palabras claves que provengan, no de las personas, sino que de los organismos financistas o del gobierno? ¿Qué es comentario y qué es texto? Las necesidades usualmente son muy claras, pero ¿cuáles son los recursos que le pertenecen a las personas y que controlan y que formarán la base de cualquier programa participativo? Una de las diferencias más significativas entre una prestación de servicios y un programa participativo se revela incluso en el primer paso. El trabajador debe descifrar tanto los recursos como las necesidades. Es un error tan común tratar de generar un proceso con un enfoque solo basado en las necesidades, lo que inevitablemente encamina al trabajo por la senda de la prestación de servicios.

También, una reunión mezzo no es como una reunión organizacional formal al nivel macro, donde existe una agenda detallada con plazos y soluciones. Las reuniones mezzo tienen un mandato y de éste fluye un tópico más nítido para ayudar a guiar la conversación o el diálogo. Tanto el mandato como el tópico, los que exploraremos en el próximo paso, tienen un contexto de historias personalizadas que se relaciona con las personas de carne y hueso.

Finalmente, el mandato no es un resumen de todo lo que se ha dicho, sino que más bien las "palabras" en el mandato debieran simbolizar el problema o tema que ha de ser abordado y revela un recurso al cual se puede recurrir como una base común para una acción futura. El primer paso se encuentra completo cuando existe un mandato que se puede presentar al grupo y que proporciona un contexto real y una buena razón personalizada para la reunión.

Segundo paso: Comprender lo que es – sumergirse en el lugar y con las personas

La reunión en sí marca el inicio del segundo paso del método mezzo. Le llamamos "Comprender lo que es", para evocar una imagen cimentada de sumergirse en los problemas reales de los lugares y las personas particulares. No importa cuál sea el plan o mandato inicial, este segundo paso lidia con la realidad de la circunstancia que ahora le toca enfrentar al trabajador. En el momento que transcurre entre darle forma al mandato y la reunión, pueden haber ocurrido muchas cosas grandes y significativas o pequeñas e irrelevantes. Puede haber habido un nacimiento o un fallecimiento en la comunidad o una persona clave se ha tenido que alejar debido al trabajo. Este segundo paso trata de relacionarse con las personas en su propia realidad de ese día y no asumir que el mandato es el determinante más importante de su asistencia – de ahí nuevamente la necesidad de integrar las habilidades y principios del método micro en este paso. El trabajo del método mezzo obtiene su energía y fortaleza de las relaciones que ha construido. El contexto en sí, por importante que sea, no bastará. Las personas se preocuparán del contexto en la reunión y es responsabilidad del trabajador, especialmente en los pasos iniciales, cuidar el proceso que genera relaciones. Prepararse para estos primeros momentos de la vida de un grupo es tan importante porque fijan el tono del trabajo y estos momentos iniciales modelan cuán inclusivo será el grupo e indicarán cuán seguro será para que las personas puedan contribuir y participar.

Para hacer esto, los trabajadores necesitan asumir la responsabilidad de su propia preparación. Ellos necesitan trascender sus mundos privados y públicos. Nosotros, como trabajadores todos tenemos vidas personales y familiares, Por ejemplo, podemos tener un hijo enfermo en casa o un padre o madre con una discapacidad. Necesitamos reconocer dichas realidades de tal forma que nos podamos centrar de manera apropiada y honesta para que no exploten fuera de control en el proceso público que estamos a punto de emprender. Pero también tenemos el mundo público con el cual lidiar. Para estar en contacto con este otro mundo, tenemos que poner a prueba nuestra memoria del mandato original, que es la expresión del propósito público de la reunión. Si un trabajador puede tocar ambos mundos, existe una conexión importante entre los mundos privados y públicos. Usualmente el trabajador debe hacer esto antes de asistir al lugar de trabajo porque una vez ahí, habrá otros problemas apremiantes que demandarán toda nuestra atención. A veces debido a la distancia que el trabajador ha tenido que viajar o debido a un caos imprevisto, quizás no haya tenido tiempo u oportunidad de revisar el mandato y deberá buscar estar a solas y en silencio cuando llegue al lugar. La verdad es que muchos trabajadores con base en una comunidad han tenido que encerrarse en el baño para encontrar un poco de privacidad y estar en silencio. Si el trabajador ya ha sido capaz de volver a revisar el mandato, entonces va a ser capaz de dejar a un lado la preparación y se podrá concentrar en la realidad inmediata.

Después de que uno se prepara y conecta sus mundos privados y públicos, la próxima labor es dedicarse con delicadeza a revelar el ambiente del trabajo. A veces, esto desafía las estructuras tradicionales de una reunión, pero siempre que sea posible, es necesario realizar la reunión de tal forma que apoye las agendas participativas y de relación en una reunión mezzo. Las siguientes realidades nos indican que estamos en un contexto mezzo:

- ¿Dónde nos reuniremos? ¿Al aire libre o dentro?
- ¿Cuál es la forma del salón?
- ¿Es posible que nos sentemos de tal forma que podamos vernos cara a cara y que no existan jerarquías?
- ¿Con quién puedo hablar para ayudar a volver a colocar las sillas para que sea más acogedor y participativo?

- Van a venir más personas de lo que pensaba.
- Algunos, con niños y otras cosas en sus mentes, quieren confirmar la hora de término.

Estas y otras miles de realidades deben ser develadas con suavidad y dulzura en un espacio en común y compartido. Y no importa cuán humilde sea la circunstancia de la ocasión, en ese momento también existe un sentido de cacofonía de sonidos de la orquesta que se encuentra practicando antes del concierto. Los ruidos fuertes anuncian la llegada de una brigada antigua, a medida que toman sus puestos, pero igual de seguro es que los susurros dibujen los contornos de otros grupos distintos de amigos. Los brazos firmemente entrelazados a lo largo del pecho anunciarán los juicios que se formularán en una etapa posterior sobre el éxito del día. Otros permanecerán sentados en silencio y con expectación. Los asientos más caros, que están lo más lejanos posibles del trabajador, están todos ocupados y los que se encuentran entre medio se están comenzando a ocupar, lo que es una clara señal de que estamos a punto de comenzar. Una tos, un inicio falso deliberado, una mano por sobre la cabeza, un ojo y una sonrisa de un amigo dándonos el apoyo y el impulso necesario y así, otro grupo ha entrado a la existencia de manera suave y dulce.

Este segundo paso se termina solo cuando existen suficientes realidades compartidas entre las personas presentes, lo que a veces significa que algunos grupos nunca se formarán ni podrán avanzar aunque hayan pensado que se pueden reunir. Es común presentarse y romper el hielo para ayudar a darle vida al grupo, pero debido a que las personas pueden tener relaciones bastante prologadas entre ellos, quizás este enfoque no sea el apropiado. Si se le llegara a utilizar dentro del contexto de dicha familiaridad, más que ayudar podría convertirse en una barrera. El propósito mismo de los rituales de presentación, que nunca se debieran olvidar, es generar de manera delicada y suave apoyo y recursos suficientes de tal forma que las personas puedan arriesgarse a pasar desde una realidad privada individualizada a escuchar el mundo compartido de los demás. De manera intencionada creamos una comunidad dentro de la reunión comunitaria.

El cambio desde el mandato hacia un tópico concordado también es un trabajo importante en el segundo paso. El tópico, tal como el mandato, está compuesto de palabras claves entrelazadas de manera simple y hermosa, con una frase acogedora que las personas interpretan como una representación justa de lo que realmente son. El tópico de la reunión debe provenir de las personas que se encuentran presentes y se basa en su comprensión inmediata de cuál es la realidad que enfrentan. Por supuesto que ayuda si existe un transición fluida del mandato al tópico. Si no fluye entonces, el mandato antiguo se desmorona y se debe desarrollar un mandato y tópico nuevos, en otras palabras, volver al trabajo exploratorio del primer paso. Un mandato mezzo, a diferencia de uno legal, no está para ser defendido o refutado, ya que dicha conducta solo logrará interrumpir el flujo del diálogo. Vale la pena notar que el fracaso del mandato exploratorio tiende a venir de un trabajo micro inadecuado o deficiente más que de un cambio de forma de pensar o de sentir de las personas, aunque ocasionalmente puede ocurrir también. Un mandato rechazado debe ser recordado, pero sin idealizarlo, ya que puede ser de utilidad porque es bueno saber porqué no prosperó. Bien vale la pena poder encontrar el mandato correcto o lo más cerca posible por el bien de todos, el trabajador y las personas, debido a las complicaciones que puede provocar un mandato rechazado.

Aquí tenemos ejemplos de los tópicos que emergen a partir de las historias de las personas:

Historia 1: María llegó a la oficina la semana pasada y dijo que estaba preocupada por los impactos ambientales de la fábrica de pintura en el vecindario y que no se sentía muy conforme con la información que estaban recibiendo de la empresa. Añadió que le interesaría comprender la situación y explorar si se puede hacer algo. Cuando realizamos un seguimiento nos dimos cuenta de que Julia y Pedro también estaban interesados en recibir mucha más información sobre la situación y ellos invitaron a los vecinos, Sandra y Teodoro, de tal forma que acá estamos.

Historia 2: La familia González es bastante nueva en el vecindario y un día yo estaba hablando con María, después de clases, debido a las dificultades que tenían porque enfrentaban muchos problemas. Ella preguntó si yo podía ir a hablar con la familia para ver si había algo que se pudiera hacer para hacerles la vida más fácil. Yo pensé que esa era una muy buena idea y le dije que estaría muy contento de ir si todos pensaban que sostener una reunión familiar era una buen idea. Cuando todos ustedes dijeron que sí, María me llamó y me contó, así es que acá estamos.

Si las personas han participado en el mandato ellas ayudarán a que trabajador pueda darle forma al tópico para que calce. Por ejemplo, la familia González quizás desee hacer cosas grandes y pequeñas para ayudar a concentrar sus actividades en María. Para asegurarse de incluir a María dentro del mandato, el tópico debe ser algo más o menos así: "vamos a hacer cosas grandes y pequeñas para facilitarle las cosas a Mamá. "¿Pero ella qué va hacer también?" Un buen tópico mezzo es concreto, específico y personalizado, porque el tema los toca de manera directa.

La aceptación de un tópico marca un hito importante y necesitamos explorar este momento final en el segundo paso. La aceptación del tópico por parte del grupo es, de hecho, una decisión por parte de cada uno de los miembros en el sentido de que ellos explorarán el tópico de manera conjunta. Debido a esta decisión, existe un impulso desde los mundos privados e individualizados de los miembros hacia un dominio público del grupo. Este movimiento debe ser registrado. En el método mezzo, existen dos tipos de espacios: espacio narrativo que pertenece al individuo y un espacio más público que pertenece al grupo. El espacio narrativo corresponde a donde se sientan las personas, el espacio desde el cual cada persona narra sus historias y hace una contribución al grupo. Luego existe el espacio público que, por ejemplo, ocurre en la pizarra o, de manera más informal, la hoja de papel "sobre la mesa de la cocina de María", para registrar los acuerdos y avances del grupo. Este espacio público le pertenece a todos los miembros del grupo. Exploraremos con mayor detalle cómo se utiliza la "pizarra" en el cuarto paso. Cuando ha habido un acuerdo sobre el tópico, el trabajador debe pasar desde el espacio de la narrativa hacia el espacio público y colocar el tópico en el registro público. Una vez terminado esto, entonces ellos deben volver al espacio de la narrativa y pasar el tercer paso.

Tercer paso: Recopilar datos, escuchar y comprender las historias de las personas

La recopilación de datos corresponde al tercer paso del método mezzo y comienza una vez que se ha tomado una decisión sobre el tópico y las personas se concentran y aplican sus mentes al trabajo a realizar. El tono de la reunión cambia y se vuelve más serio. Desde este punto en adelante, es más probable que lo que se diga se recuerde y aunque el contexto de la reunión sea humilde, ya sea que se realice en un salón o cerca de un arroyo, este tercer paso del método mezzo es un poco más formal, lo que indica que existe un trabajo importante a ser realizado.

Una vez que se haya establecido y registrado el tópico, proporcionando un foco a la reunión, existe la necesidad de recopilar datos. Esto incluye escuchar y comprender lo que los participantes consideran sus problema(s) y apreciar los recursos disponibles tanto de manera individual como colectiva para poder avanzar. En el trabajo mezzo, existe otro requisito, en el sentido de que el trabajador pueda generar de manera delicada y suave una comprensión del proceso de la reunión. Si el tópico es bueno y existe una buena correspondencia entre el mandato y el tópico, las personas rápidamente concordarán en participar y contribuir. Sin embargo, en su mayor parte las personas necesitan tiempo para construir y crear una identificación con el tópico e incluso más tiempo para adquirir cierta familiaridad con los pasos del método mezzo, lo que abrirá las posibilidades de cambiar las ideas y conductas antiguas y adquirir otras nuevas.

Seguramente las personas querrán tener la posibilidad de decir algo sobre lo que ven y cómo ven los problemas que enfrentan y es importante estimular dicha voluntad. Las personas hablarán de actos de heroísmo, traición y temor; hablarán de los problemas y posibilidades inherentes a su situación; contarán cuentos, verdaderos y falsos... y mucho más. Cualquiera sea la historia, los datos emergerán tal cual son. La narrativa y las conversaciones generan participación, reservas de seguridad y buena voluntad. Estos son los recursos críticos para las exigencias que tendrán que soportar los participantes y los riesgos a los que se someterán después en la reunión. Es la misma característica participativa que parece tan desordenada y desorganizada la que ayuda a construir la participación de las personas y más adelante la convierte en una fuerza de cambio tan poderosa.

Si los participantes no tuviesen nada que contar ni tampoco la posibilidad de compartir sus historias durante este paso, surgen varios patrones que no ayudan. El análisis no declarado y sin confrontar del trabajador se vuelve implícito y eso comienza a determinar la reunión. La reunión se torna en una sesión informativa y se despliega un guión envasado en forma de un panfleto. La consecuencia de esto es que los participantes se ven a sí mismos como objetos, no como sujetos ni como los actores principales en el proceso y se posicionan a sí mismos solo para reconfirmar al trabajador como el único punto de control e información en el grupo. En ese preciso momento, el posicionamiento conjunto crea la expectativa de que el trabajador servirá a los participantes y ellos, a su vez, serán servidos, ojalá con algunas bromas de por medio y un poco de entretención para que la reunión se vuelva soportable. Sin una invitación genuina a sostener un diálogo, los participantes menos alienados se van a sentir engañados y postergados por el trabajador y por todos lo que se asocien con la organización en la sesión; los decepcionados incluso pueden envalentonarse y arriesgarse a ser castigados por expresar sus preocupaciones. Los participantes más alienados simplemente se evadirán mentalmente, deshaciéndose de cualquier responsabilidad personal del estándar del proceso, producto o desempeño, lo que es una pérdida desde donde se le mire. Si no se enfrentan estos temas, en vez de ayudar a mejorar la situación, es fácil darse cuenta de que la reunión surtirá el efecto opuesto, profundizando la alienación y agravando los mismos problemas que se supone que el proceso del desarrollo debiera abordar. Estos patrones pueden emerger rápidamente y una vez que estén en curso es difícil revertirlos. Así, casi sin darse cuenta, muy temprano en el proceso ya se han lanzado los dados que medirán las dimensiones del éxito.

En esta tercera etapa, cuando nos encontramos recopilando información, es importante recordar que posibilitamos la creación de manera suave de un diálogo muy deliberado con un propósito y esto no es simplemente un tema de facilitar una conversación libre y fácil. Por esta razón, esta etapa marca un hito importante para el trabajador, ya que existe un trabajo real que debe hacerse. El trabajador debe retener el texto explícito de lo que las personas dijeron, mientras que a la vez, revelar el subtexto o marco situacional que puede ayudar a guiar, moldear y organizar los datos que están surgiendo.

Por muy esencial que sea para las personas contar sus propias historias, esta narrativa no es suficiente. Tenemos que ser capaces de utilizar dichas historias de manera constructiva para generar una actividad comunitaria o proyecto. Es bastante común, cuando las personas están experimentando dificultades, que cuenten experiencias sobre lo triste y lamentable de la situación y dando distintas versiones de los mismos datos. Si estos son los únicos datos que existen, es difícil generar nuevos ángulos y puntos de vistas. La persona ya habrá rastreado los datos, clasificado, examinado y ponderado las opciones y sus soluciones preferidas. Es comprensible y bastante justo, que las personas defiendan sus opciones, a las que les han prestado mucha consideración, especialmente si sus "soluciones" preferidas indican que no hay nada que se pueda hacer. Lo que puede ocurrir, en un abrir y cerrar de ojos, es que el trabajador comience a defender la posibilidad de cambio mientras que los participantes se inclinen por lo contario.

Lo que realmente se necesita es impedir que la reunión se deslice hacia la repetición de fracasos pasados y oportunidades perdidas. El trabajador debe tener una comprensión clara sobre los elementos que componen una historia constructiva del nivel mezzo y una compresión de cómo y porqué la historia ayuda a romper el círculo de la pobreza y, finalmente, ayuda a generar, mantener y organizar los datos que las personas nos entregan cuando narran sus historias. Entonces estaremos en una posición de explorar el próximo paso del método mezzo, cómo utilizar ese conocimiento. Pero antes de llegar a ese importante paso, los trabajadores deben entender la estructura de la historia mezzo y su dinámica.

No todas las historias tienen una mismo valor, ya que algunas pueden ser útiles, mientras que otras pueden dispersar la energía y la buena voluntad. Debido a esta potencial variación en el valor, es muy común que el trabajador tome el liderazgo y lidere y modele un proceso útil contando la primera historia. Al modelar el proceso mezzo, el trabajador puede liderar por ejemplo, corriendo los riesgos iniciales en el nuevo grupo e imponiendo un tono acogedor, positivo y cooperativo. El trabajador debe estar muy consciente de que si cuentan la primera historia, su contribución se da en el primer movimiento y necesitarán dirigirse de manera muy cuidadosa las respuestas del segundo movimiento. Esto puede ayudar a afianzar la relación con la respuesta a su respuesta, que por supuesto es crear el "nosotros" que acompaña al tercer movimiento en el diálogo. Se cuentan las historias directamente a las personas, mientras se ocupa el espacio de la narrativa y al lado de las personas y el tono personal de la entrega invita a una participación directa.

Existe un peligro real en la narración en un grupo mezzo debido a que las historias deben tener un número de características diferentes que puedan ayudar a moldear el contenido y tono de la reunión. Durante los años hemos notado las siguientes características:

Tabla 4.3 Características de una buena historia en el método mezzo

Característica	Función
Se conecta con el tópico	• revela una comprensión del tópico; • coloca al narrador dentro del tópico;
Contado a la profundidad correcta	• revela una conexión personal genuina con el tópico; • asume los riesgos, lo que demuestra un grado apropiado de vulnerabilidad;
Contiene un recurso útil	• indica el mejor pensamiento sobre cuál podría ser el próximo paso; • comparte un recurso que puede ser utilizado por el grupo;
Tiene un enfoque nítido	• en resumen, agudo y al grano; • tiene un buen inicio y un mejor final.

Ninguna historia será perfecta y el interés y curiosidad naturales que todos tenemos en las historias es una fuente constante de ayuda y estímulo. Es posible que todas estas características no estén presentes en una historia, pero en las buenas historias mezzo sí. Veamos un ejemplo y creemos una historia inicial alrededor de un tópico. El tópico en este ejemplo tiene una relación con "Generar nuestro conocimiento de tal forma que sepamos la verdad de nuestro medioambiente". La historia podría ser:

> Hace algunos años conocí a un político escurridizo y siempre que él enfrentaba una reunión dificultosa le preguntaba a las personas si querían escuchar una buena historia o la verdad. En contraste con su propia conducta, él insistía que le respondieran de manera honesta. Él era un muy buen narrador y, por otra parte, los podía entretener de manera fantástica con muy buenas historias, pero a la vez, había que trabajar y lidiar con dificultades y él quería saber si estaban realmente preparados para enfrentar el desafío.
>
> Me siento como si tuviera que enfrentar dichas opciones ahora, pero sé profundamente que tengo que enfrentar lo que ocurre porque el hábito de echarse la culpa, del que yo he sido parte, no nos está ayudando mucho para llegar al meollo del asunto. Lo que me gustaría que ocurriese es que pudiéramos establecer una indagación sin echarle la culpa a nadie para ayudar a disminuir la actitud defensiva, de tal forma que realmente podamos llegar a la verdad y evaluar qué es lo que se debe hacer y me encantaría contribuir con lo que sea. Pero ¿qué piensan?
>
> Veo que estás dispuesta a agregar algo. María ¿qué crees que podría ayudar a generar nuestro conocimiento sobre la verdad de lo que está ocurriendo en nuestro medioambiente?

La historia de arriba tiene un número de características que habría que explorar. El narrador está dentro de la situación. Es más bien breve y no sigue eternamente. Contiene elementos de vulnerabilidad. El trabajador comparte la idea con respecto a cuál piensa que pueda ser el problema central que le está impidiendo al grupo lograr su meta y así, ya sea que tenga la razón o no, existe un intento de realizar un análisis. Existe una sugerencia positiva con respecto a qué se podría hacer, lo que va junto con una oferta de ayudar a poner en práctica la sugerencia. Finalmente, podemos notar una invitación clara para que otros puedan contribuir, indicando que no corresponde a la palabra final sobre el tema. Sobre estas características, el trabajador debe ser capaz de identificar las palabras claves, tal como ya se exploró en el capítulo tres del método micro. Las palabras claves orientadas a la acción que se han reflexionado y que son una buena idea, podrían corresponder a la voluntad de entregar tiempo, podrían ser un sinnúmero de cosas – pero la contribución se debe reconocer, ya que, entretejiendo dichas contribuciones se sentarán la bases del trabajo. Cuando se entreguen estos recursos, se convertirán en regalos, por humildes que sean, puesto que jugarán un rol en aportar al todo.

Aquí tenemos un segundo ejemplo de nuestro trabajo con una comunidad que se encuentra en la nación del Pacífico de Vanuatu. La reunión incluyó la siguiente historia de los mayores:

> En esta comunidad, los niños no van a la escuela. Esto es bueno y malo a la vez. Bueno porque pueden ayudar a sus familias en las labores diarias, pero también es malo porque no cuentan con la oportunidad de mejorar como personas. Pero ¿qué podemos hacer? Somos pobres y necesitamos sobrevivir y los niños son parte importante de nuestra sobrevivencia. A veces pienso que estamos forzando a los niños a que repitan nuestras vidas. Desearía que pudiéramos tener nuestra propia escuela y en el tiempo que nos acomode.

Nuevamente, la historia es relativamente breve y, sin embargo, relata un problema central (dilema del futuro) y recursos. Se encuentran varias palabras claves y sin embargo, en la última frase "Desearía que pudiéramos tener nuestra propia escuela y en el tiempo que nos acomode" se encuentra un recurso (escuela) e indica muchas reflexiones. Avanzando, sería relativamente fácil apoyar el análisis de cómo crear una escuela que cumpla con la educación necesaria y que permita asegurar la sobrevivencia (en este caso, jardinería y cultivar alimentos) y también aprender aspectos del currículo introducido.

Durante milenios las historias han jugado un rol importante en todas las culturas y a todos los niveles de la sociedad. Las historias informan, inspiran, son acogedoras entretienen, aconsejan y mucho, mucho más. Debido a que las historias son tan importantes y tan poderosas, es natural que hayan encontrado un lugar real en el método mezzo y, por lo tanto, es importante que el trabajador comprenda la dinámica particular dentro del proceso de narración que es tan útil para lograr romper el ciclo de la pobreza. Cuando se cuenta una historia en el método mezzo, se cuenta en el espacio narrativo de tal forma que pertenece al narrador – en esta etapa no pertenece al grupo. En la historia de arriba, corresponde en primer lugar a la historia del trabajador. A medida que se despliega la historia se nombra el recurso ("escuela" en la segunda historia) y se comparte, pero no hay implicaciones de "usted debiera hacer..." o" debiera haber hecho..." debido a que la historia le pertenece al narrador. Esto significa que existe un espacio o distancia "en medio de" entre el recurso compartido que pertenece al narrador y al que escucha. Dicha distancia es tan cercana o distante como lo quiera la persona que escucha. El vehículo de la historia proporciona una oferta natural y muy acogedora que permite a la mente retener lo que dice porque le pertenece a otro, mientras que, a la vez, ofrece una oportunidad para comenzar un proceso para que la persona que escucha pueda ver si existe algo que le resuene. Este es el inicio del puente que puede unir nuevas ideas y recursos con los antiguos. El trabajador debe ayudar a los narradores que predican o dan un sermón porque así se viola la distancia segura, lo que deja al narrador más arriba y fuera del mandato o como experto y se pierde la naturaleza de la agenda del proceso de dar en una historia mezzo.

No es necesario contarles a todos una historia en cada reunión mezzo, puesto que eso tomaría mucho tiempo, dejando poco tiempo para los pasos siguientes y que son cruciales, usualmente tres o cuatro historias en una sesión debieran bastar. Con demasiadas historias, éstas se vuelven el foco del grupo y no el trabajo que se tiene que realizar con el fin de enfrentar los problemas que el tópico nos desafía a abordar. Es un error común pasar demasiado tiempo recopilando datos, dejando poco tiempo para que se puedan utilizar en el trabajo y que surtan efecto. Si la reunión mezzo es parte de una serie de eventos y no solo uno, eso le da a todos la oportunidad de tener su momento y hacer su propia contribución, de dar y aprender las habilidades y lograr el cambio que se requiere. Debido a estas tres razones, un proceso de reuniones mezzo más que un evento, corresponde a un trabajo participativo.

Al final de este paso, en cada reunión, el trabajador debiera sacar en limpio dos cosas de cada reunión: en primer lugar, un recuerdo claro de las palabras reales que se utilizaron en cada historia y que revelan la relación de la persona con el tópico y, en segundo lugar, qué recursos se compartieron y qué podría convertirse en un regalo que podría ayudar a beneficiar a los otros miembros de la comunidad. La tarea del cuarto paso será construir un marco, a partir de los recursos que se han entregado, y la labor del quinto paso será conectar nuevamente con la relación que cada persona tiene con este tópico, pero con la ayuda adicional de los regalos colectivos del grupo.

Cuarto paso: Organizar los recursos y estructurar el trabajo

En esta etapa de la reunión, cuando se narran las historias, existe otro cambio de ritmo importante que lo debe realizar el trabajador, que es escoger un marco que ayudará a enfocar y dar forma al trabajo. Tal como lo exploramos en el Capítulo Uno, un marco nos otorga la posibilidad de organizar nuestro conocimiento y experiencia de tal forma que, cuando entramos en el ámbito de la acción, contamos con un marco de referencia compartido y estable para que ni las personas, ni los acontecimientos nos desequilibren. En una reunión mezzo, el tipo de marco utilizado es más bien situacional, aprovechando los recursos que se han compartido en las historias de las reuniones y utilizando dichos recursos para estructurar y apoyar al trabajo que necesita fluir de esa reunión. Un marco al nivel mezzo es en su mejor expresión, tanto un símbolo, como un resumen de los recursos que se han compartido en la narración del tercer paso. El marco debe ser lo suficientemente simple y claro para que las personas lo puedan comprender y, a la vez, lo suficientemente complejo como para reflejar y ser fiel a los datos que se proporcionaron. Las personas deben identificarse con el marco y ver si corresponde a una representación creíble de lo que han dicho. Y si es así, debe reflejar su sabiduría, sus palabras y su mundo. Sin esa identificación, las personas no le permitirán al trabajador que utilice el marco para enfocar y organizar el pensamiento de ellas. Este paso marca un diferencia muy grande entre un marco mezzo y la de una presentación estándar de PowerPoint – donde el marco que se ofrece proviene del presentador y no de las personas.

Antes de que examinemos lo que significa la transición de mover los recursos desde el compartir un espacio narrativo, donde le pertenecen al narrador y convertirlo en un regalo que se entrega, lo que permite que el recurso pueda ser utilizado por otros, debemos examinar con más detalle qué se necesita para que un buen trabajo de pizarra funcione. Por trabajo de "pizarra" nos referimos a lo que podría ser papel para rotafolio, pegándolos en la muralla o en otros contextos más informales, notas escritas a mano en una hoja de papel o diagramas dibujados en el suelo con una varilla. Un buen trabajo de pizarra ayuda a que las personas visualicen y retengan ideas/contribuciones positivas que han sido compartidas por los narradores. Este es un momento difícil, pero el proceso puede fluir fácilmente si el trabajador ha escuchado el texto de las historias y puede recordar claramente los dos principales aprendizajes de cada historia.

Como ya se sugirió, al tópico se le da la posición más importante en la pizarra. Esto es importante, porque le otorga un foco a la reunión y sirve como un constante recuerdo de qué trata la reunión. Por supuesto que el tópico se escribe en la pizarra al final del segundo paso, lo que ayuda a concentrarse en las historias, lo que a su vez ayuda a enfocar el marco.

La pizarra es una herramienta tan importante en el trabajo mezzo y el cómo utilizarla de manera apropiada es una habilidad que se desarrolla con el tiempo. Si se utiliza la pizarra en exceso, repleta de conceptos y símbolos, no ayudará en el proceso de *insight*, en dicho caso es más difícil cumplir con la tarea. Se puede utilizar una pizarra en dos formas distintas; como una pizarra de datos que registra todo, o como una pizarra de un marco que registra y a la vez organiza los recursos. Si bien existe un lugar y momento adecuado para que las pizarras de datos registren las actas, emerge una dificultad real debido a la naturaleza confusa de la enorme cantidad de datos y en la interpretación de ellos. Debido a esto, la pizarra de los marcos es una herramienta más enfocada. Solo propone realizar un registro de la visión y sabiduría compartida del grupo. Corresponde a una herramienta importante porque registra los aportes a los que se les ha dado un estatus particular por parte del grupo. Ese estatus especial proviene del grupo, que reconoce y afirma la validez de la experiencia en la historia y luego, le otorga permiso al trabajador para que tome el recurso del espacio de la narrativa personal del narrador y lo coloque en el espacio público de la pizarra. Cuando el proceso ha llegado a esta etapa y se le ha otorgado un estatus simbólico es momento de colocar la palabra o frase clave que simboliza el recurso en la pizarra, como una validación y señal de que se va a convertir en una propiedad pública. Si el contenido llega a la pizarra antes de lograr este estatus, es probable que la pizarra se convierta en una receptora de datos más que receptora del marco. Estas palabras validadas debieran corresponder a las palabras exactas utilizadas por las personas, porque cualquier intento de adivinar o modificación por parte del trabajador ciertamente será imprecisa.

En este momento el trabajador debiera tener una idea de la forma que adoptará el marco antes de que pase a la pizarra. Si bien cometer un error sobre la forma del marco mezzo no es fatal, porque las personas usualmente ayudarán al trabajador para que éste le dé en el blanco, obviamente es mucho más conveniente si el marco queda más o menos bien desde el principio. Esto ocurre cuando las personas aceptan el marco como un reflejo preciso de sus contribuciones hacia el tópico. Todo el mundo, el trabajador y los participantes por igual, pueden ayudar a encontrar la(s) palabra(s) adecuada(s), pero estas negociaciones ocurren antes de que se registre y se fije en el espacio común de la pizarra.

Tal como ya se discutió en el Capítulo Uno, existen cuatro formas prototípicas que sustentan la mayoría de los marcos conceptuales de manera precisa. Con el fin de recordar, estos cuatro incluyen la paralela, paralela vinculada, genérica e integrada.

En el trabajo mezzo los marcos más comunes son los integrados y los genéricos. El que no es tan común es el paralelo vinculado y el menos común de todos es el paralelo. El contar con este mapa de marcos ayuda a que el trabajador utilice de manera más precisa el marco de tal forma que satisfaga las intenciones de las personas. A veces, las personas sugieren un marco que respeta y cobra sentido con respecto a los datos, a veces es un proceso conjunto entre el trabajador y las personas y, otras veces, se trata del trabajador en sí mismo. Es bastante común que el grupo modifique y mejore un marco sugerido y que cada eliminación y/o modificación se negocie, tal como se hizo con los datos originales. Es en este ir y venir que el recurso que se ha compartido en el espacio narrativo de la pizarra, se convierte en un regalo para el grupo y queda disponible para todos, registrándose en el espacio público de la pizarra. Si el mandato y el tópico han sido precisos y el trabajador ha sido capaz de imaginar las historias que se narrarán, entonces es posible preparar y contar con un rango de marcos en mente que se le pueden ofrecer al grupo.

Pero existe una regla que nunca debe ser violada, es que los trabajadores nunca deben defender un marco que ellos mismos han sugerido. Si un trabajador defiende un marco, entonces se convierte en una dinámica de "contar y vender", lo que inevitablemente cambia el proceso en favor de la agenda del trabajador. Cualquier marco situacional debe explicarse por sí mismo a las personas o los más cercanos a ellos, porque se supone que representa su situación. Es probable que se necesite explicar algo, pero si un marco requiere demasiada explicación es mejor dejarlo morir. Por supuesto, es mejor si un grupo sugiere su propio marco, pero ese tipo de creatividad no le pertenece a la esencia del tema. Lo que es esencial es que una cantidad suficiente de personas concuerde que el marco que está frente a ellos representa de buena manera sus ideas y que ellos tengan algo que decir en el proceso de designar y moldear dichas ideas. Existe una gran presión creativa en este punto, presión que es compartida, pero su epicentro es el trabajador.

Algunos marcos son simplemente mejores que otros debido a que abren mejores fronteras para la acción. Existen marcos útiles y otros no tanto y entre ambos todos los matices intermedios. Pero incluso, el tema es más complicado que el simple hecho de ser útiles o no, ya que algunos marcos funcionan muy bien para algunas personas, mientras que para otras no tanto. Esto puede significar que el trabajador deba desarrollar un segundo marco con un subgrupo, agregándole complejidad a todo el proceso. Con la práctica, esto se simplifica. Cuando todo se haya dicho y hecho, es importante qué marco se coloca en la pizarra en relación al éxito que se debiera esperar como resultado, pero tampoco es un asunto de vida o muerte. Incluso, si se coloca en la pizarra el marco menos útil, no debiera ser una pérdida porque la narrativa es la correcta y el sentimiento que se genera por parte del grupo nutre, sustenta y hace que todo el proceso sea seguro.

Tal como se puede apreciar, utilizar la pizarra en el grupo mezzo difiere bastante de tener el rol de secretario al nivel de una reunión macro. El material que se encuentra en la pizarra no corresponde a un informe oficial tales como las actas de una reunión. El propósito central de la pizarra en la formación de un grupo es retener, en un espacio público, los símbolos claves y las buenas ideas que se han sugerido y que pueden abrir un camino para las acciones que se puedan emprender con el fin de avanzar.

Quinto paso: Utilizar el marco para moldear el trabajo

Una vez que el marco ya se encuentra en la pizarra, la reunión cambia nuevamente de ritmo. En esta etapa el trabajador debe estar al lado y conectado con el marco y sentirse identificado por él. Junto al marco, estará dentro del espacio comunitario creado que lo colocará en un rol público y con acceso directo a las ideas centrales que representan los recursos y la sabiduría del grupo. En este espacio, es lo suficientemente común que el trabajador toque la pizarra y se conecte con el marco físicamente. A partir de esta posición, junto al marco, el trabajador tiende un puente volviendo a las historias individuales de las personas. El segundo elemento importante de las historias individuales es muy importante en esta etapa, que es recordar la conexión real que tiene el narrador con el tópico. Este paso requiere que el trabajador y las personas cuenten la esencia de su historia, pero ahora con el apoyo de los recursos aunados. Debido a esto, cuenta con el potencial de generar un cambio real, tanto al nivel de los pensamientos como de las acciones. Las personas pueden percibir sus historias con los recursos de otras personas y sus buenas ideas con las cuales han adquirido cierta familiaridad durante el curso de la narrativa. Pero esto lo hacen uniendo y contrastando su contribución con la que ha sido provista por parte de la sabiduría de otros, lo que hace posible conectar la sabiduría individual con la colectiva. Es en este emplazamiento y yuxtaposición metódicos de ideas e historias que yace el arte del método mezzo. Con frecuencia, este proceso abrirá nuevas posibilidades sobre lo que uno debe hacer y lo que uno necesita aprender a hacer con el fin de avanzar. Así, es factible hacer posible un cambio de manera delicada y suave. En un sentido muy real corresponde al clímax del método mezzo.

No es necesario mencionar que uno debe contar con un acuerdo para proceder a vincular la historia individual con el marco. Este proceso es participativo y se construye alrededor de las mismas realidades y circunstancias particulares de las personas. Esta transición usualmente no es muy difícil. Solo se vuelve problemática si la seguridad proporcionada por el grupo se cuestiona o si existe una falta de identificación con las historias o el marco que se ofrece. Sin contar con una seguridad o identificación suficientes, el trabajador no puede seguir avanzando, porque el elemento esencial de la confianza no se encuentra presente. El trabajador debiera entonces alejarse del marco en la pizarra y sentarse entre y al lado de las personas. Si el grupo no está seguro, entonces queda mucho trabajo micro por hacer, si el grupo ha de tener algún futuro.

En este punto, el trabajador debe recordar y volver a la sesión de las historias originales y de los narradores, vinculando la(s) sabiduría(s) clave(s) de la historia de una persona con la(s) sabiduría(s) correspondiente(s) dentro del marco situacional. En efecto, lo que esto hace es vincular un concepto clave en una historia "privada" con el concepto "público" en el marco situacional. Esto ayuda a que la persona renueve un vínculo personal con una marco compartido y público. Esta identificación fluye naturalmente si el concepto vinculante del marco corresponde exactamente a las mismas palabras claves utilizadas por el participante en la narración de su propia historia. Las palabras claves corresponden a su contribución, su sabiduría, sus palabras y representan una parte clave de su historia. Una vez que se ha forjado la identificación con un concepto, la persona ha aceptado un punto de entrada hacia el marco. Cada modificación y/o substitución de una palabra clave por otra abre la posibilidad de una imprecisión y, hasta cierto punto, aumenta la posibilidad de que la mente de una persona de manera instintiva rechace la palabra como si fuera "de otros" con la pérdida consecuente en la identificación de la persona con el marco.

De hecho, la influencia del cambio proviene de la unión concentrada y enfocada de una idea central o sabiduría con otras ideas que se han vuelto familiares a través del proceso de narrativa. Este proceso nos prepara para escuchar, comprender y apreciar la sabiduría colectiva de los otros y prepara el terreno para aceptar aquellas ideas como complementos útiles a nuestra propia historia. Una vez que la persona entra en el marco, el trabajador puede vincular sus conceptos con otros que se encuentran en el marco, siguiendo una dirección conceptual del flujo del marco. Se les pide a los participantes que consideren si su sabiduría, cuando se une a las de los otros, abre o no nuevas posibilidades de emprender una acción.

El quinto paso comienza haciendo referencia al tópico, que a su vez ayuda a recordar a todos sobre el contexto y propósito de la reunión. Luego, se le pregunta a alguien si se ofrece como voluntario para narrar su propia historia, para ver si el marco y la contribución de otros miembros los ayuda o no. La experiencia nos sugiere comenzar con alguien que tenga la suficiente confianza para lidiar con el proceso, y el hecho de llamar a una persona para que se ofrezca como voluntaria puede (o no) ser exitoso. Ayuda si es con alguien cuya historia cuenta con una pertinencia básica hacia otros miembros del grupo. En la tradición de Gandhi, la regla para recompensar a los valientes es más importante que recompensar a los exitosos, lo que apunta a una sabiduría importante de la tradición a recordar en este punto, porque salir primero tiene sus riesgos. Habiendo dicho esto, y habiendo seleccionado a quién irá en primer lugar, la escena está lista para que el marco comience a funcionar. La próxima tarea para el trabajador es recordar la relación que existe entre la persona y el tópico. Esto se puede dar de la siguiente manera:

> 'Recuerda María, estabas contando tu historia sobre... (tópico)
> dijiste que... (relación con el tópico)
> y tu sugerencia más útil fue... (recurso anotado en la pizarra)
> Juan sugirió... (recurso anotado en la pizarra)
> Al conectar su idea con la tuya ¿te da una nueva idea sobre lo que podría ser útil para ti?'

Al relacionar a propósito sus historias con las buenas ideas que se encuentran en el marco, uno abre la posibilidad del cambio a medida que la mente trabaja para conectar las ideas que no se han conectando antes. Estos maravillosos momentos corresponden al corazón mismo del método mezzo, que vale todo el esfuerzo realizado, especialmente durante el momento del *insight*, cuando una persona exclama "¡Ah!. Tengo una idea sobre lo que tengo que hacer y creo que puedo lograrlo". Aunque todos contribuyen en el grupo, corresponde a una responsabilidad especial del trabajador contar con una comprensión sobre qué tipo de preguntas probablemente puedan ayudar. Por ejemplo, "Conectar sus ideas con las tuyas, ¿eso te da una nueva idea sobre lo que podría ser útil para ti?"

Unir las ideas posibilita generar un corto circuito en el repertorio autoseleccionado de ideas que se hacen valer usualmente y así, se hace posible tener un *insight* más profundo y conectado. La persona en este momento está sujeta a presiones, desde dentro, porque se encuentran en una conexión profunda con sus propios pensamientos e ideas intensamente experimentados y desde fuera, porque son el foco de un proceso público. Esto es debido a que quizás corresponde a los momentos más delicados en el método mezzo. Con respecto a cuánto tiempo se pueden sostener estos momentos de tensión, varía de caso a caso. Si una sesión va bien encaminada, esto es, si la persona se siente apoyada y el marco es productivo, las personas estarán dispuestas a invertir una cantidad considerable de energía, lidiando con los conceptos hasta que se produzca un *insight*. Sin embargo, en su mayor parte, los momentos *insight* fluyen fácilmente a partir del marco y el pináculo de la sesión se alcanza y, así, es momento de pasar al sexto paso. Este es el momento de lucidez maravilloso del "¡Ah!" cuando la persona puede decir, "¡Ahora sé lo que debo hacer!" El momento nunca pierde su misterio o su frescura y es un momento de júbilo para todos, ya que hemos compartido nuestras mejores ideas y eso ha marcado una diferencia en términos de comprender qué es lo que se debe realizar.

Sexto paso: Escoger el camino, seleccionar y practicar las conductas claves

El momento del "¡Ah!" lleva inmediatamente al siguiente paso. El *insight* con respecto a qué se debe hacer se consolida si la persona puede nombrar cada paso práctico que puede adoptar de manera inmediata. En el momento del *insight*, pueden haber desarrollado una idea de estrategia o secuencia de acciones que les proporcionaría una visión más amplia del camino hacia adelante. Con frecuencia, el mero hecho de nombrar el paso a seguir ya corresponde a una práctica – la persona sabe qué hacer, pero se puede generar una mayor consolidación y confianza con la práctica y con cada repetición dentro de la sesión misma. De todas formas, todo el tema de la práctica requiere un juicio muy elaborado. Esto debido, por un lado, a que si la práctica es muy titubeante y sin mucha experiencia previa, la aplicación en un contexto vivo fuera de la sesión en el mundo real se vuelve problemática. Pero si, por otra parte, la práctica en el grupo es demasiado elaborada y artificiosa, se pierde la frescura y el *insight* que pueda haberse producido en el proceso. Lograr un equilibrio entre estas dos polaridades solo se puede guiar por medio de una referencia a los deseos de los participantes y de ser necesario, por intermedio de la delicada intermediación del trabajador.

Cuando una persona ha conectado su idea con otra persona, existe la posibilidad de que se produzca el efecto pecera. Otras personas en el grupo comienzan a entrenarse, identificando sus contribuciones hacia el marco y luego vinculando su contribución con la sabiduría de los demás miembros de la comunidad. Lo que deja claro entonces cuáles son los pasos que se deben dar para poder avanzar con el proyecto. No obstante, algunas personas necesitarán una ayuda estructurada, además de una atención de parte del trabajador para poder avanzar a través de estos pasos. Esta es una fase muy fructífera del trabajo y cualquiera que desee consolidar y practicar sus nuevas habilidades necesitará tiempo.

Es muy beneficioso conocer la importancia de esta fase, tener una buena gestión del tiempo de las etapas anteriores del proceso, en particular la recopilación de datos que puede tomar mucho tiempo. No es necesario pedirles a todos que se ofrezcan como voluntarios para contar sus historias y para que usen sus marcos de esta manera pública, aunque si la sesión va moderadamente bien, por lo general, se ve una competencia intensa por ser el próximo.

Séptimo paso: Vincular hacia adelante, hacia atrás y hacia afuera

Este es el paso final en el proceso de construcción del grupo del método mezzo y su propósito es forjar un vínculo seguro entre la reunión y el mundo exterior. El vínculo hacia adelante implica pedirle a las personas que conecten cualquier aprendizaje de la reunión con su vida diaria. El vínculo hacia atrás conecta la reunión con las personas responsables del mandato original. Y el vínculo hacia afuera conecta a las personas con otros que no asistieron, pero que ahora deben ser informados o requieren participar debido a la intención de hacer algo que no habían realizado antes.

"Vincular a las personas hacia adelante" a partir de la sesión en sus vidas diarias se logra de mejor manera, siguiendo la línea vital del grupo. A medida que las sesiones se aproximan a su fin, es natural que las personas quieran reflexionar sobre sus experiencias. Si la experiencia ha sido valiosa, entonces las personas querrán celebrar e incluso extender la vida del grupo, pero ahora de una forma distinta.

Con mucha frecuencia se interrumpe el flujo natural de los eventos debido a las evaluaciones, que más bien se centran en el trabajador, lo que hace que las personas miren hacia atrás, sobre su experiencia y no hacia adelante, que es donde enfrentarán las labores de construir una comunidad. Dichas evaluaciones mal enfocadas hacen que el trabajador se convierta en el centro de atención de la experiencia, en vez de generar una transición exitosa y deja a los participantes exactamente en la dirección incorrecta – hacia atrás y no hacia adelante.

La labor de "vincular hacia atrás" en una sesión es responsabilidad del trabajador; provee un relato del trabajo ejecutado ante la autoridad que lo ha autorizado. Por ejemplo, esto puede ser realizado ante el comité de gestión de una organización comunitaria o el organismo financista que ha proporcionado apoyo. Esta es una oportunidad para que el trabajador agradezca a aquellos que depositaron la confianza en su trabajo y que proporcionaron una oportunidad tan privilegiada para trabajar junto a las personas. El hecho de vincular hacia atrás corresponde al momento de rendir cuentas sobre el avance que se ha hecho, para discutir sobre qué tan fiel fue la sesión con respecto al mandato original y considerar si hubo alguna divergencia del mandato, que pueda requerir alguna explicación. Es un momento para resolver cualquier tema pendiente y para sugerir líneas futuras de trabajo. Al describir el método mezzo, nos hemos concentrado en los detalles y procesos asociados con la conducta de una sola sesión, pero una sesión puede convertirse en un proyecto y éste se puede transformar en un programa (según las etapas a ser explicadas). Una serie de reuniones mezzo, incluso del tipo más rudimentario, compuesta por hasta dos o tres sesiones, permite que todo el proceso madure y se consolide. Vincular una sesión con otra para generar un todo, son decisiones importantes que tiene implicancias en cuanto a recursos, tanto para el trabajador como para su organización, pero incluso, lo que es más importante, para las personas también. El hecho de poder completar estos vínculos personales, públicos, profesionales y financieros ayuda a unir las sesiones comunitarias a la lucha más amplia de construir una comunidad en todos lugares.

Las labores de "vincular hacia afuera" son aquellas que se asocian con informar e incluir a quienes no estuvieron presentes sobre las implicancias de cualquier decisión que se pueda haber tomado. ¿Las mujeres de un grupo tienen que hablarlo con sus parejas e hijos? ¿Se debe consultar a los vecinos? ¿Hay que incluir a la persona que estaba muy interesada en ayudar, pero que justo ese día se enfermó? ¿Es necesario mantener informados a los que se muestran hostiles, a veces muy hostiles, y que tienen mucho que perder con el nuevo orden? Con frecuencia, esta labor no se hace y aquellos que no han sido informados resienten el hecho que se hayan tomado decisiones por ellos y que van a tener implicancias, sin que se haya pedido su permiso o se les haya hecho partícipes.

Lo que ocurre, una vez que se comprende la metodología, es que las personas identifican sus recursos y forjan sus propias conexiones con los recursos entregados por otros y los hacen propios. Cuando se comprende la metodología y se vuelve más fácil a medida que se repite, las personas adquieren más habilidades en generar relaciones a través del diálogo, nombrando tópicos de interés e inquietudes, sacando a la luz los recursos que tienen y sobre los cuales están ejerciendo control, generando ideas nuevas – en otras palabras, completando todos los elementos del empoderamiento. Con un poco de práctica, las complejas habilidades del método mezzo se convierten en la segunda naturaleza y las reuniones pueden ser breves, concisas y al grano, permitiendo un tiempo precioso donde se comparte alimentos, risas y otras historias. Tenemos mucho que agradecer a nuestros colegas del Sur de Asia por resaltar tanto la importancia del trabajo mezzo y los pasos que se requieren para que quede claro. Estos pasos se convierten en la tierra viva que alimenta los procesos comunitarios a través de las etapas mezzo articuladas en la siguientes páginas, permitiendo y celebrando la belleza de un grupo pequeño para el desarrollo.

Cinco etapas del método mezzo

Como ya se mencionó previamente, el trabajo del método mezzo incluye una serie de reuniones que pueden madurar a lo largo de cinco importantes etapas. Estas etapas están conectadas en el sentido de que si los trabajadores omiten o pasan por alto las tareas asociadas con cada uno, se acumulan los problemas en la próxima etapa y se detiene o se atrofia el proceso del desarrollo. Estas etapas también proporcionan un vínculo entre el trabajo de los niveles micro, mezzo, macro e incluso el meta, en el sentido de que si bien las actividades y las etapas del proyecto permanecen directa y firmemente dentro del espacio del trabajo relacional y grupal, las últimas tres etapas involucran tanto los elementos del trabajo del nivel mezzo como el meta (organizacional). Se los muestra en la siguiente tabla y luego se explica cada etapa en detalle.

Primera etapa: la actividad

Una etapa de la actividad puede comenzar con una iniciativa de parte del trabajador y/o del miembro de la comunidad. Cualquiera sea su origen y justo desde el inicio debiera ser posible establecer un debate sobre el ciclo de la actividad. Existen miles de preguntas que pueden y debieran formularse, tales como:

- "¿Quién se va a beneficiar si hacemos esto?"
- "¿Aprenderemos algo de esta actividad?"
- "¿Es factible?" etc.

Tabla 4.4 Cinco etapas del trabajo mezzo

1. Etapa de la actividad	La etapa de la actividad corresponde a la primera etapa del método mezzo. La etapa de la actividad exploratoria en su naturaleza y los resultados de esa exploración pueden o no madurar en un proyecto.
2. Etapa del proyecto	Una actividad se convierte en un proyecto cuando el trabajo del desarrollo tiene sus raíces dentro de la comunidad y se le considera lo suficientemente importante por parte de los miembros de la comunidad como para que la actividad sea parte de su trabajo.
3. Etapa de la organización de personas	La tercera etapa ocurre cuando se da el estatus de la organización de personas (OP). Debido a que el proyecto ya tiene nombre, miembros y propósitos, se han instaurado los resoluciones de conflictos y se han establecido las rutinas organizacionales.
4. Etapa del programa comunitario	La cuarta etapa del programa comunitario comienza cuando se unen los grupos de los proyectos u OP, usualmente vinculados por intereses comunes y por las eficiencias que se pueden lograr al compartir. Los grupos de los programas se pueden convertir entonces en una organización comunitaria, lo que traslada el proceso del desarrollo al dominio del método macro.
5. Etapa del movimiento liderado por personas	La quinta etapa del movimiento liderado por personas comienza cuando los miembros de una organización de personas, sin dejar su organización, ayudan a promover el trabajo, compartiendo su experiencia con grupos que puedan estar pensando en comenzar el viaje o compartiendo sus ideas sobre cómo resolver problemas importantes. Existe un movimiento cuando la cantidad suficiente de personas se gradúa de un programa, pero no como un cliente sino que más bien como un ayudante o socio. Esta quinta etapa abre el proceso participativo al resto del mundo del método meta.

Existen preguntas que son pertinentes, pero de lejos la pregunta más importante en el ciclo de la actividad, si el trabajo se orienta al desarrollo y no a la prestación de servicios, es: "¿Quién desea esta actividad?" y "¿Estas mismas personas que desean esta actividad están dispuestas a realizar el trabajo que se requiere para poder lograrla?"

En el centro de la actividad se encuentra la posibilidad de explorar las respuestas a estas difíciles preguntas. En algunos casos, el trabajador puede decidir que la opción del desarrollo no es la mejor para avanzar, pero la idea o necesidad es lo suficientemente importante para buscar los recursos para este fin. Una vez que se ha tomado la decisión, el trabajador entonces puede recomendar formular una solicitud para obtener fondos con el fin de emplear a un trabajador para que establezca un servicio, pero en ese caso el proyecto será de prestación de servicios y no un proyecto participativo.

En general, a menos que se respondan estas preguntas, la actividad enfrentará dificultades en su camino a madurar para convertirse en un proyecto participativo. Pero lograr obtener estas respuestas requiere de un trabajo arduo y los trabajadores del desarrollo han aprendido de amargas experiencias anteriores, que uno puede tomar un atajo en la fase de la actividad, pero bajo su propio riesgo. Algunas ideas parecen tan buenas y tan correctas que se dan todo tipo de racionalizaciones:

- "¿Quizás si hacemos esto por un tiempo, los miembros de la comunidad entenderán la idea?"

- "¿Quizás podemos hablar con las personas sobre el tema a medida que avanzamos?"
- "¿Quizás si empleamos a alguien ellos tendrán interés?"

Es importante reconocer que muchas actividades participativas no necesariamente tienen que pasar a la etapa siguiente. Son más bien breves, concisas y al punto y luego, ya han cumplido su propósito. Sin embargo, la situación es más compleja cuando el trabajador ve que se necesita ayuda de manera desesperada. Es tan fácil verse seducido por las fantasías de lo que es importante, por la urgencia y el drama del momento. Por lo tanto, es difícil tomar la decisión de no proceder con un proyecto participativo y, no obstante, el mismo hecho de contar con una etapa de actividad quiere decir que se pueden hacer dichas evaluaciones. En una comunidad, como en todo, existe solo una cantidad limitada de energía y si ha de ser un desarrollo participativo, entonces, se tiene que justificar esa energía y se tiene que justificar a sí misma como una actividad a través de la cual podremos crecer y aprender.

Segunda etapa: el proyecto

La decisión de otorgarle a una actividad el estatus de proyecto y pasar a la próxima etapa es muy importante, ya que el espacio entre la transición de una actividad a un proyecto corresponde a un punto de salida muy relevante. Si a una actividad se le otorga el estatus de proyecto, existe entonces una decisión por parte de las personas involucradas y por parte de la organización anfitriona, en el sentido de que este proyecto es importante en sí mismo, que cuenta con una relevancia estratégica y que además existirá un compromiso de recursos materiales y humanos, en otras palabras, energía y buena voluntad. Es posible, pero difícil a la vez, salir de un proyecto participativo una vez que éste ya está en marcha. La naturaleza misma del trabajo del desarrollo entrelaza al trabajador y a la agencia, al ver a las personas pasar por momentos buenos y malos, al aprender incluso de los fracasos más amargos y darle tiempo a las cosas para que maduren. Estos temas refuerzan el hecho de que la transición se realice de la manera más correcta que se pueda.

En un sentido más formal, lograr el estatus de proyecto significa que se ha apoyado una agenda de abajo hacia arriba, tanto por parte de la comunidad, como por parte del patrocinio comunitario formal, lo que en su mayoría corresponde a una organización comunitaria. Con esta aprobación, que consta de dos partes, existe una convergencia de la energía que fluye de abajo hacia arriba, por parte de las personas con la energía, que fluye de arriba hacia abajo, por parte de la aprobación del liderazgo de la organización comunitaria. Significa que el proyecto se ha vuelto una parte legítima de la carga del trabajador y la gerencia de la organización lo ha considerado lo suficientemente importante como para comprometer recursos durante un cierto período. Esto corresponde a una parte de un proceso de inicio del trabajo del desarrollo participativo, que analizamos en el Capítulo Cinco.

Cuando una actividad logra el estatus de proyecto, se requieren otros atributos que se puedan identificar. Usualmente, al proyecto se le asigna un nombre, nombres de personas, algo que tenga un significado importante para las personas involucradas. Con frecuencia a los proyectos comunitarios se les asigna un nombre que tiende a repetir nombres institucionales de los programas sociales o globales (texto macro o meta), que han proporcionado los fondos, nombres que reflejan las preocupaciones administrativas del gobierno o del Banco Mundial y no la aspiración de las personas que viven en la localidad. Por lo general, los proyectos debieran contar con un archivo, que se debiera guardar, pero no en el escritorio privado del trabajador, sino en un lugar accesible para todas las personas que participan. En el archivo debieran incluirse los contactos de todos los que participan y, si están de acuerdo, podría incluirse también sus fotografías, debido a que ayuda a su reconocimiento y a generar vínculos. En el archivo debiera haber un registro breve, la línea de la historia de lo que ha ocurrido, incluyendo una copia de las decisiones iniciales que autorizaron la acción y que le dieron al proyecto su legitimidad pública. Dentro del archivo debiera haber una página que haga una reseña de la visión, un plan que especifique sus objetivos, un cronograma de las reuniones, descripciones del trabajo para cada uno y una descripción del flujo del trabajo. También, en caso de ser posible, el archivo debiera incluir la razón principal del proyecto, el análisis que ilumine porqué el proyecto es importante y porqué las personas están participando en él.

Tercera etapa: organización de personas

La tercera etapa del desarrollo participativo se logra cuando a un proyecto se le otorga el estatus de organización de personas. Este término, que se enfoca en el lado operacional de los proyectos del desarrollo, ha provenido de algunos colegas que se encuentran en el subcontinente (India). Para reforzar el hecho de que los proyectos corresponden a los vehículos centrales del desarrollo participativo, se han alejado del término "proyecto", que está más orientado a la gestión, para llegar a un término que sugiere una mayor autonomía e independencia. La genialidad de este término fue designar un espacio independiente entre la dependencia del trabajador de un proyecto y todas las responsabilidades y rendiciones de cuenta de una organización formal, lo que simplemente era muy oneroso para los grupos pequeños.

Tal como se mostró en la Tabla 4.5, existen de hecho tres niveles de madurez, pasar de los grupos de autoayuda a organizaciones basadas en la comunidad, hasta las "organizaciones de personas". Es importante notar que utilizamos el término "organización basada en la comunidad", porque es así como se las ha designado en la práctica, pero de hecho son más como un grupo organizado en una comunidad que una organización. Estos tres niveles de madurez reflejan una valoración creciente de quién realmente se beneficia de su trabajo. Aunque la distinción entre estos niveles es de una importancia secundaria, puede ayudar a explicar los distintos niveles de participación y conciencia que demuestran estos grupos.

Tabla 4.5 Niveles de madurez de las organizaciones de personas

Tipo organizacional	Foco	Beneficiarios
Grupo de autoayuda (GAA)	Yo	Miembro individual: "Este grupo me ayuda".
Organización basada en la comunidad (OBC)	Ayuda mutua	Miembro individual y grupo: "Este grupo me ayuda a mí y a los miembros de mi grupo".
Organización de personas (OP)	Grupo	Miembro individual, grupo y comunidad: "Este grupo no solo me ayuda a mí y a los miembros de mi grupo, sino que es una contribución real a la comunidad".

Es importante el reconocimiento particular de la madurez de una organización de personas porque los trabajadores aprecian mucho la contribución que han hecho. Uno de los hitos más importantes en el trabajo del desarrollo participativo en las últimas décadas ha sido el reconocimiento de la importancia de los distintos niveles de madurez, desde los grupos de autoayuda hasta las organizaciones de personas. Se ha adquirido experiencia sobre cómo aprovechar de manera apropiada la contribución de las organizaciones de personas, sin necesidad de convertirlas en una organización comunitaria constituida con el fin de servir a otros. Uno de los sellos distintivos de un gran proceso del desarrollo participativo corresponde al número de organizaciones de personas que son autosuficientes en su propio derecho, que se enfocan en su propio bienestar de tal forma que no pierden su carácter del nivel mezzo, pero que se encuentran entrelazadas en un rango de asociaciones estratégicas con otros grupos y organizaciones. Estas ideas se exploran con más detalle en el próximo capítulo del método macro, pero el hecho de mencionarlos acá es indicativo de los vínculos que se traslapan entre el trabajo de los niveles mezzo y macro en esta etapa del proceso del desarrollo.

A su vez, la idea de una organización de personas ha sido tan exitosa porque le otorga un proceso operacional que traspasa la contradicción central del método mezzo. Una organización de personas puede oscilar entre la formalidad e informalidad, proporcionando tanto una estructura y previsibilidad y, sin embargo, flexibilidad y capacidad de responder. Por una parte, la organización de personas estabiliza las rutinas de trabajo, lo que ayuda a que las personas eviten el caos constante, entregándole al trabajo un propósito y eficiencia, volviéndolo reconocible para las personas de tal forma que puedan participar. Por otra parte, la organización de personas es como una membrana que adquiere vida, un punto de entrada reconocible y organizado, pero lo suficientemente permeable para que incluso los más pobres puedan ingresar y participar. Esta visión brillante del lado operacional del método mezzo supera muchos de los dilemas que han atormentado constantemente al trabajo participativo. Incluso las organizaciones comunitarias, por muy participativas que sean, si se han de distinguir realmente de las instituciones burocráticas deben saber cómo abrir las fronteras de sus propias organizaciones e impulsar sus procesos desde abajo hacia arriba. Los grupos de autoayuda, organizaciones basadas en la comunidad y, sobre todo, las organizaciones de personas son los medios para lograr esta importante meta.

Cuarta etapa: el programa comunitario

La transición en el método mezzo desde la organización de personas hasta la cuarta etapa del programa, presenta nuevas oportunidades y desafíos. Existen límites al tamaño del proyecto (u organización de personas) y ellas pierden eficiencia y efectividad después de sobrepasar los veinte miembros aproximadamente. En un grupo de veinte miembros, existen 190 relaciones de uno a uno y una variedad de combinaciones y permutaciones de los grupos dentro de él. Incluso si los miembros tienen relaciones duraderas los unos con los otros, los números se vuelven tan grandes para lograr la participación y se da una tendencia inexorable a la jerarquía y representación, que son disposiciones mucho más apropiadas para la prestación de servicios que para el trabajo de desarrollo participativo. Cuando los números crecen, llega el momento de establecer otro proyecto y organización de personas, quizás con un foco distinto o una ubicación diferente. Con varios proyectos cooperando, se puede visualizar el inicio de la transición desde proyectos individualizados hasta la formación de programas comunitarios.

El rol del trabajador del desarrollo, que tiene como base una organización comunitaria, es crítico en dichos momentos de transición. Los trabajadores del desarrollo laboran con proyectos y organizaciones de personas solo cuando es necesario, los trabajadores no necesariamente trabajan para ellos. Si los miembros de la comunidad piensan que los trabajadores del desarrollo trabajan para ellos en una organización de personas, entonces de manera inmediata se pasa a una relación basada en servicios y así, surgen todo tipo de complicaciones. En el momento en que el trabajador asume el control, el punto central de la actividad y la toma de decisiones se traslada hacia el personal y el comité de gestión de la organización, en vez de funcionar al nivel de proyecto o la organización de las personas. Dicho movimiento señala un cambio en la propiedad desde las personas hasta las autoridades dentro de la organización comunitaria. Entonces, los proyectos con un componente de "servicios" requieren mucho más tiempo, para el personal del desarrollo, limitando su capacidad para establecer el próximo proyecto.

Quinta etapa: movimiento liderado por personas

Las personas son las que realizan la contribución más importante en esta quinta etapa del método mezzo. Sin dejar sus propios grupos, las personas pueden crear y compartir plantillas y procedimientos, estándares de práctica y la sabiduría práctica que haya surgido a partir de la experiencia en los proyectos y las organizaciones de personas. La creación mutua y el hecho de compartir dichas plantillas y sabiduría desde y entre los proyectos corresponde a una característica importante de la fase del movimiento del método mezzo. El hecho de compartir y crear procesos permite lo que se puede comprender como un movimiento liderado por personas. En esta etapa, las personas que se encuentran en un programa participativo se gradúan, pero no como exclientes que siguieron adelante, sino que más bien se les da la bienvenida como apreciados amigos y colegas que cuentan con un lugar especial en el movimiento y con mucho que compartir. En esta etapa, el desarrollo comunitario se entrecruza con la teoría y la práctica de los movimientos sociales y los liderados por personas. Algo de este pensamiento se considera con mayor profundidad en el capítulo del método meta, pero también hemos articulado estas ideas en otros escritos (Westoby y Lyons, 2017).

En conclusión

Este capítulo nos ha llevado a un viaje muy interesante. Hemos explorado los principios claves del método mezzo: "lo pequeño es hermoso" y el "empoderamiento y generación de capacidades", junto con dos marcos que ayudan a que los trabajadores le encuentren sentido a los pasos al estar "adentro": apoyar un proceso del método mezzo, así como también las etapas del método mezzo. Desde la perspectiva estratificada y anidada de este libro, tal trabajo mezzo se ve constantemente impregnado con la práctica del método micro del diálogo, lo que permite una conexión y construcción, junto con el trabajo riguroso y disciplinado, permaneciendo con el texto y las historias de cada una de las personas. El "Yo" y el "Tú", que se convierten en el "Nosotros", que incluye a dos personas en el método micro, ahora se transforma en un "Nosotros" a nivel de grupo. De esa manera cobra vida el corazón de la práctica del desarrollo participativo centrado en las personas. Acompañar a los grupos del nivel mezzo es el trabajo más importante de un profesional del desarrollo porque los grupos tienden a ser lo suficientemente pequeños para que se puedan forjar relaciones reales y para que se las pueda celebrar y, sin embargo, lo suficientemente grandes como para lograr un cambio social eficaz. A medida que maduran desde grupos de autoayuda a organizaciones de personas, existe la posibilidad entonces de que el trabajo pase a la próxima capa del método macro.

Referencias

Bell, B., Gaventa, J., and Peters, J. (eds.) (1990) *We make the road by walking: conversations on education and social change: Myles Horton and Paulo Freire*, Temple University Press, Philadelphia.

Westoby, P. and Lyons, K. (2017) 'The place of social learning and social movement in transformative learning: a case study of Sustainability Schools in Uganda', *Journal of Transformative Education*, vol. 15, no. 3, pp. 223–240.

Westoby, P. and Owen, J. (2010) 'The Sociality and Geometry of Community Development Practice', *Community Development Journal*, vol. 45, no. 1, pp. 58–74.

CAPÍTULO 5
Construir una organización para el desarrollo: el arte del método macro

Resumen

Una organización capaz de generar un trabajo de desarrollo corresponde a un entramado de relaciones de "asociación". Estas relaciones de colaboración suben y bajan, entran y salen, se dirigen hacia adelante y atrás, en cada parte de la organización. Ellas le dan a la organización la capacidad y estructuras para promover y llevar a cabo un programa de desarrollo participativo. Este capítulo explica cómo el método macro ayuda a los trabajadores a construir ese tipo de organizaciones, explorando temas claves, como la subsidiaridad, a construir relaciones organizacionales que brinden apoyo, cultura y estructuras y a permitir que se dé el trabajo y el mandato del trabajador.

Palabras claves: método macro, asociación o alianza, subsidiaridad, cultura de apoyo organizacional, relaciones de apoyo organizacional, mandato.

Introducción

Una de las transiciones cruciales dentro de la práctica participativa es un cambio del grupo participativo orientado a lo mezzo, caracterizado por relaciones informales basadas en un interés mutuo o propio, hacia una estructura organizacional. Dentro de tal estructura, las relaciones del grupo se caracterizan por roles y responsabilidades y se definen no solo en relación las unas con las otras, sino que en relación al grupo como una entidad. Nos encontramos, entonces, en el reino de la organización.

La organización corresponde a la forma de la estructura social mediante la cual los miembros de ésta se pueden juntar y cuentan con una plataforma común para que puedan emprender una acción pública. Esta plataforma tiene valor agregado, ya que une a sus miembros a través de su estructura legal con la autoridad y recursos de la sociedad en su conjunto. El propósito público de una organización y la autoridad es actuar con el fin de lograr que el propósito fluya desde dos fuentes. Primero fluye desde la autoridad conferida por las autoridades de la sociedad, que pueden ser usualmente el gobierno y, en segundo lugar, fluye a partir de los miembros de la organización misma. Este nexo entre los miembros y el mundo social corresponde a la arena del método macro.

Tradicionalmente, las organizaciones del desarrollo han sido organizaciones especialistas en el sentido de que su principal propósito ha sido desarrollar y albergar programas sociales y, en particular, programas participativos. Sin embargo, como ya se mencionó en la introducción, en años recientes ha existido una mayor variedad de organizaciones involucradas y así las diferencias tradicionales entre

http://dx.doi.org/10.3362/9781788530781.006

las organizaciones se han vuelto más difusas. Por ejemplo, una organización sin fines de lucro puede haber generado empresas mientras que una empresa puede haber establecido programas de responsabilidad social, incluyendo programas participativos anti pobreza. Existen diferencias obvias entre las organizaciones que tienen como su labor principal el trabajo del desarrollo y aquellas que realizan el trabajo como una actividad subsidiaria. Pero dentro del último tipo de organización, los requisitos necesarios para que esa sección o unidad emprenda programas de desarrollo en gran medida siguen siendo los mismos que las organizaciones especialistas en desarrollo, aunque el contexto organizacional puede ser mucho más complejo y menos afín al trabajo participativo. De todas formas, si se pierde el corazón del trabajo y el foco en las personas se vuelve difuso, entonces no podrá existir un programa participativo sin importar cual pueda ser la naturaleza de la organización. Para ser más claros, nos referiremos a una organización que cuenta con un programa participativo, tenga o no dicha función en su naturaleza, como una organización para el desarrollo.

El trabajo participativo es a pequeña escala, con base en el diálogo y tiene una calidad personal que más bien pertenece al reino de lo personal. Incluso, cuando el trabajo madura y existe el ánimo de pasar más allá de las preocupaciones individuales y hacia los grupos, proyectos y la formación de organizaciones de personas, el trabajo mantiene un fuerte sello de cualidad personal. Estas características que se encuentran más cerca de la persona continúan en el mundo más amplio de método macro, sin embargo, una vez ya en el proceso de la etapa macro, el trabajo se encuentra ya en la arena pública. En una organización para el desarrollo constituida se requiere que las personas amplíen sus perspectivas y pasen de sus legítimos intereses, que emergen de sus propias historias, para asumir su responsabilidad con toda la comunidad, la sociedad y el mundo.

Este llamado a la generosidad, que es muy típico del trabajo macro, no es tan simple. La disposición de las personas que se encuentran dentro de una organización para apreciar los beneficios de la participación, especialmente en el caso de los más pobres, y poder nutrir y albergar dichos programas, es tan importante como el paso de una persona aislada que quiere formar un grupo, lo que es característico del avance del nivel micro al mezzo. El hecho de generar relaciones con las personas y organizaciones de personas, equivale a formar un todo indivisible. Algunos encuentran extraordinariamente difícil el cambio del trabajo mezzo, que frecuentemente está basado en un interés propio, a un trabajo del método macro, que se enfoca en toda la comunidad y lo social. O en otras palabras, el cambio que ocurre cuando la gerencia o los mismos trabajadores encuentran difícil de comprender cómo se puede favorecer la comunidad, en vez de su propia organización.

Nosotros caracterizamos el proceso del método micro y mezzo con las palabras "al lado de" y "junto a". Nosotros pensamos que la palabra que mejor caracteriza y afirma la esencia del trabajo del método macro es "asociación". La asociación une a las personas para lograr un beneficio mutuo. La cooperación entre las partes corresponde al espíritu, que lo lleva más allá de un simple rol o incluso un fondo o acuerdo entre las partes. Las partes se encuentran para ayudarse mutuamente. Debido a este compromiso relacional, ser un socio adquiere un significado especial en el trabajo participativo.

Las organizaciones para desarrollo están conformadas por estas asociaciones entre las personas y el trabajo del método macro consiste en desarrollar y nutrir dichas relaciones, tanto como expresiones de la comunidad en su propio derecho, como un mecanismo de expresión para lograr el propósito participativo en su organización. A lo largo y ancho de la organización, estas asociaciones se entrecruzan otorgándole una identidad, color y textura al tejido de la organización, que se espera que lleve a cabo una agenda participativa.

La asociación de grupos al nivel mezzo y la organización para el desarrollo corresponden a la estructura más importante del desarrollo al nivel macro. Algunas de las maneras en que se expresa esta asociación es que la organización para el desarrollo establezca plantillas para el procedimiento de las reuniones, registros, contabilidad o cualquier otro tema que pueda ser útil para el funcionamiento de los grupos a nivel mezzo. Dichas plantillas entregan pautas, lo que no implica que asuman el control y se pueden modificar de manera efectiva a través de alguna asesoría, consulta y capacitación. En un trabajo mezzo más maduro, que usualmente adopta la forma de una organización de personas, los líderes toman posición en los comités gerenciales. Éstos apoyan a los trabajadores para que puedan desarrollar otras organizaciones de personas, a coordinar asambleas de organizaciones de personas, entregan retroalimentación sobre innovación a los trabajadores y a desarrollar plantillas más prácticas y mejores que las organizaciones del desarrollo pueden adoptar para que puedan compartirlas con otros grupos. Frecuentemente ensayan nuevas ideas y experimentan con ideas antiguas. Invariablemente estos experimentados líderes cuentan con una comprensión clara del nivel de trabajo que emprenden y para quién trabajan. Cuando existe una conexión genuina entre los niveles mezzo y macro, el trabajo participativo se encuentra en su fase más creativa y fascinante.

Habiendo hecho esta introducción, ahora nos podemos dirigir al corazón del método macro, explorando los cuatro principios de la subsidiaridad; construir una cultura organizacional que apoye, construir relaciones del desarrollo que ayuden y generar estructuras del desarrollo que también sirvan de apoyo. Esto es seguido por una discusión sobre tres problemas recurrentes referidos a la práctica en el método.

El primer principio del método macro: subsidiaridad

Por lo general, se entiende que el principio de la subsidiaridad es el más importante de los principios que apuntalan el trabajo del desarrollo al nivel macro. Es el principio que destaca la conciencia del vínculo entre los niveles mezzo y macro, asegurándose que el último no controle al anterior. El economista chileno Manfred Max-Neef lo expresó de manera más clara en su trabajo *Desarrollo a Escala Humana* (Max-Neef, 1991). El principio de subsidiaridad prefiere que el trabajador privilegie la escala inferior en una organización más que la superior. El principio guía a los trabajadores con el fin de permitir que las decisiones y acciones, que se puedan emprender al nivel más bajo, efectivamente así se realicen. De esa manera los recursos de una organización se dirigen para que dicho fin se cumpla. Si un grupo al nivel mezzo fuese capaz de lograrlo, entonces debiera hacerlo. En caso de que no puedan, ¿se les puede ayudar para que lo hagan? Existe una sabiduría profunda en este principio y, es que para que el trabajo sea exitoso, debe existir una asociación con los más pobres y desposeídos. Sabemos que si el principio de subsidiaridad se toma en serio, prospera el trabajo del desarrollo participativo. Pero también sabemos que es mejor manejar estos temas al nivel macro en vez del nivel mezzo, ya que, por ejemplo, a nivel macro puede haber una visión general mayor y más informada.

El hecho de estructurarse en una forma de organización brinda cierta estabilidad, pero no necesariamente debiera ser rígida y, además, el principio de subsidiariedad es una muy buena idea, pero no es una ideología. En este sentido, el trabajo del nivel macro no es ideológico y también tiene una ventaja. Hemos insistido una y otra vez que las relaciones corresponden a la clave para un trabajo participativo exitoso y, sin embargo, el trabajo del nivel macro requiere que los trabajadores formulen preguntas difíciles y prueben las relaciones al máximo. Por ejemplo:

- ¿Existen personas con las habilidades para desarrollar el trabajo participativo?
- ¿Están listos el personal y la administración para generar una organización formal que desee relacionarse con la comunidad, que responda a sus necesidades y pueda ayudar a desarrollar sus recursos?
- ¿Existen suficientes personas involucradas para que puedan formar las distintas relaciones y responsabilidades que son parte del establecimiento de una agenda participativa dentro de una estructura organizacional?
- ¿Cuenta la organización con la capacidad para realizar el trabajo de manera segura tanto para los que actúan desde adentro como desde afuera?
- ¿Existen todos los controles y contrapesos necesarios para una rendición de cuentas pública?
- En caso de existir déficits, ¿existe la voluntad para generar una capacidad en el tiempo?

Estas son algunas de las importantes preguntas que se deben tener en cuenta. Las malas experiencias nos han enseñado a someter dichas preguntas a una prueba de manera rigurosa a lo ancho y largo. Muchas empresas han iniciado un trabajo participativo por moda y para mejorar su imagen, pero cuando ya no les sirve a su propósito lo dejan todo. Son muchos los grupos pequeños que han sido forzados, por requisitos que tienen que ver con el financiamiento, para inclinarse desde operaciones informales al nivel mezzo hacia la formación de una organización del desarrollo al nivel macro para solo ver cómo fracasan porque no tienen las habilidades suficientes para cumplir con su propósito público más amplio. Existen muchos casos donde se han establecido organizaciones donde una facción asume el control y las guía solo para obtener un beneficio privado. Estas son variaciones de una letanía de serios problemas al nivel macro donde las organizaciones no cumplen con su función pública, que se les ha encomendado. El trabajo al nivel macro requiere a veces ser muy directos y asertivos, pero siempre con un corazón noble y gentil.

El principio de subsidiariedad, que requiere ir más allá de entregar respuestas aprendidas de memoria y fórmulas ideológicas, es un prerrequisito importante para poder comprender el correcto uso del método macro. Es imperioso comprender que, incluso, cuando se puede contar con la mejor sabiduría, con principios probados y verdaderos, no existe una fórmula preestablecida. El método macro no constituye una respuesta para todo, pero sí puede ayudar a que los trabajadores aborden las distintas tensiones y dilemas que enfrentan y les proporciona una manera organizada de enfrentar las distintas situaciones difíciles, así como también las complicadas decisiones que deben tomar.

Segundo principio del método macro: generar una cultura organizacional de apoyo

Uno de los principales focos del trabajo del nivel macro tiene relación con generar una visión empática del trabajo participativo y una cultura organizacional que apoye lo anterior, es por eso que ha sido priorizado como un principio en sí mismo (Senge, 2006; Schein, 2010). Sin embargo, una organización, como una comunidad, no es algo monolítico. El interés propio, la comunidad y el interés social pueden a veces coincidir, pero por lo general eso no es así. En todos los niveles del trabajo participativo, frecuentemente somos testigos de los actos más extraordinarios de generosidad que inspiran la esperanza más profunda en la humanidad. Pero también es verdad que a veces percibimos luchas por los recursos escasos y por el interés personal por sobre el de los demás. El mundo real y el ideal fluyen como la marea que sube y baja. Es así, entonces, como se vuelven cruciales los esfuerzos intencionales para construir una cultura organizacional de apoyo.

Es esencial comprender las cualidades del trabajo participativo de apoyo dentro de una organización para poder lograr un buen trabajo a nivel macro. La siguiente lista ilustra nuestra sabiduría de práctica colectiva en esta área.

Tabla 5.1 Cualidades deseables en una organización para el desarrollo

Cualidad	Descripción
Voluntaria	No discriminatoria en cuanto a la elegibilidad de membresía
Democrática	Control por los miembros
Legítima	Conectada comunitariamente
Enfocada	Preocupada por la comunidad
Equitativa	Participación económica de sus miembros
Independiente	Capaz de tomar decisiones sobre la gobernanza
Vibrante	Comprometida con la educación y capacitación de sus miembros
Interconectada	Conectada a fuentes relevantes
Cooperativa	Dispuesta a trabajar con otros
Capaz	Calificada para la entrega del programa
Seguro	Capital financiero y humano disponible

Esta lista posee cierto valor académico, pero también parece estar un tanto alejada de la dura realidad de la mayoría de las organizaciones modernas. En este mundo frenético, la cultura organizacional, frecuentemente valora más la competencia que la asociación y, el poder y la riqueza parecen mucho más importantes que la generosidad. Sin control sobre un ambiente que apoye el trabajo se hace muy difícil aferrarse a los principios mismos que lo sustentan. Dicho ambiente puede convertirse en un mundo muy solitario y hostil y, sin embargo, hemos visto a algunos colegas capaces de manejarlo y prosperar, a pesar de todas las posibilidades en contra.

El mundo del método macro no se presenta ante nosotros con un rostro simple en blanco y negro. Por ejemplo, sabemos que el diálogo y la participación son claves en un programa antipobreza y que existe un espacio precioso y limitado para poder ejercitar el poder y la autoridad organizacional tradicional en su diseño. El ejercicio tradicional del poder, de manera vertical, sigue siendo una de las razones más importantes por la cual se les hace tan difícil a las organizaciones incorporar programas participativos en su repertorio. Si no se incorpora el diálogo y la inclusión en la organización anfitriona de un programa participativo, entonces no puede existir un modelamiento del trabajo a los niveles micro y mezzo, donde ocurre el trabajo. De esa manera, uno se llena de dudas con respecto a si la "gestión" comprende o no la naturaleza del trabajo cuando prevalece un ambiente que se resume en las frases "hazlo como yo te digo" y "no lo hagas como yo lo hago" y rompe la alineación necesaria para su éxito. Sin esa alineación, el foco principal del trabajo, que debiera ser apoyar el nivel mezzo, se retrae y se ensimisma en los problemas del nivel macro. La voz del poder y la autoridad acallan la voz de los pobres, la política organizacional se vuelve más importante que el empoderamiento y el significado mismo del trabajo se oscurece. Cuando los trabajadores vuelven una y otra vez a estos problemas centrales de la alineación entre los niveles micro, mezzo y macro, asegurando que el trabajo relacional se oriente hacia el grupo crítico de referencia del trabajo – es decir, los pobres y vulnerables – este segundo principio clarifica los criterios que se debieran utilizar para establecer las prioridades y directrices.

El tercer principio del método macro: construir relaciones de apoyo

Sabemos, por experiencia, que es posible contar con una cultura organizacional que brinde apoyo para el trabajo participativo. Es esencial mantener esa cultura en el tiempo, asegurando a la vez que no se produzca una rigidez cultural, porque puede hacer que el trabajo y la práctica se vuelvan rutinarios. Lo más importante de mantener una cultura viva tiene que ver con saber cómo generar relaciones de apoyo dentro y a lo largo de la organización. Este es el lugar, la intersección de la práctica participativa y la cultura organizacional, donde se "practica lo que se predica" y donde se da la congruencia entre los niveles micro, mezzo y macro.

Es importante conocer esta verdad, que todas las relaciones que un trabajador debe negociar en una organización para el desarrollo son complejas y variadas y que esta complejidad puede generar malos entendidos, confusión e indecisión. Así, hemos llegado a la etapa donde necesitamos nombrar y considerar el rango de complementariedad y las funciones que compiten entre sí, que ocurren dentro de aquellas relaciones para poder cumplir con la promesa del mundo macro de la organización, con el fin de permitir que florezcan relaciones saludables para lograr la agenda participativa.

El siguiente marco nombra aquellas relaciones y nos dice si debemos buscarlas dentro o fuera de los límites de la organización. Hemos decidido mantener los nombres basados en roles porque son títulos funcionales útiles de uso general y no nos parece, que el crear todo un conjunto de títulos nuevos sea útil o que ayude a generar una mayor claridad. De igual forma, ni por un minuto queremos minimizar el compromiso necesario de pasar de un rol a una relación o de una relación a una asociación, que es la esencia del método macro.

Si bien presentamos cada una de estas funciones de relaciones como separadas y diferentes, el significado de cada una solo se puede apreciar en toda su magnitud, cuando los trabajadores y el gerente las ven como parte de un todo.

El hecho de poder detallar aquellas relaciones organizacionales puede ayudar al trabajador y al gerente a tomar decisiones estratégicas y dar pasos metodológicos con el fin de desarrollar aquellas relaciones que enriquecerán la vida y el trabajo de todos los miembros de una organización. En realidad, no todos los diez tipos de relaciones pueden o deben ser abordados de manera simultánea y, además, la combinación de ellas puede adquirir cierta relevancia, dependiendo del momento en el que uno se encuentre. Pero sabemos, a partir de la experiencia, que los trabajadores frecuentemente no sobreviven ante las demandas del trabajo participativo, a menos que posean un número suficiente de tales relaciones, funcionando para mantenerlas y nutrirlas. Es un marco poderoso e invariablemente, los trabajadores que se quejan de un *"burn-out"* o que están agotados cuentan con muy pocas de estas relaciones.

Tabla 5.2 Diez cualidades deseables en una organización para el desarrollo

Función	Ubicación	Función	Ubicación
Supervisión del trabajador	Interna	Apoyo personal	Externa
Gestión administrativa	Interna	Mentoría	Externa
Planificación colaborativa	Interna	Consulta profesional	Externa
Diálogo con un colega	Interna	Diálogo colegiado	Externa
Capacitación	Interna	Educación	Externa

Supervisión del trabajador: "mantener el trabajo según lo planificado"

La supervisión del trabajador corresponde a una relación interna en la cual los trabajadores son responsables de su trabajo diario, de sus prioridades y su desempeño profesional. Desde el lado del supervisor, son responsables de asegurar que los procedimientos de la organización sean útiles y se adapten a las regulaciones industriales, de seguridad y salud. La supervisión laboral puede y debiera abordar los problemas laborales complejos, tales como un mal desempeño, así como también otros igualmente importante como el estrés y el *burn-out*.

Con frecuencia, los supervisores no comprenden la contribución particular de la supervisión laboral, que se vincula con una característica conductual de otro tipo de relaciones, especialmente de apoyo personal. Es muy común, que la única presencia de la gerencia que experimentan los trabajadores es de una indiferencia benigna o de control y verificación, pero centrado más bien en una infinitud de trámites administrativos. Por lo general, las difíciles tareas administrativas asociadas con un desempeño deficiente, prácticas poco profesionales y corrupción a pequeña escala no se enfrentan de manera temprana y a veces, incluso, se las ignora hasta que es muy tarde. Es frecuente ver muchos trabajadores no capacitados en las organizaciones, así como también problemas asociados con la confianza y competencia de los gerentes para poder emprender tareas de supervisión complejas. Con frecuencia, los trabajadores también se resisten a establecer rutinas de supervisión del trabajo porque perciben la relación de supervisión como una intrusión indebida en su propio dominio laboral. Ellos sienten que se pueden ver dominados por agendas familiares, personales e incluso raciales en vez de una genuina preocupación por el mandato público de la organización.

Con el fin de evitar las tensiones y malos entendidos antes mencionados, se debe establecer una relación de supervisión robusta. Esta relación, idealmente, se debiera basar en un apoyo mutuo y responsabilidad y la asociación se construye por medio de una negociación y no por medio de la mera autoridad y poder de un trabajador sobre otro. El propósito de este proceso de negociación es concretar una mejor definición y foco en el trabajo, especialmente tener un sentido de prioridad con respecto a qué es más o menos importante, pero también una evaluación con respecto a la calidad y la dirección del trabajo que se está emprendiendo. Las leyes industriales, la constitución, la política y procedimientos organizacionales, las actas de las reuniones, los planes de trabajo, las metas, contratos de servicios y archivos de proyectos contienen los registros y puntos de referencia de cualquier negociación. Es a partir de dichos documentos públicos, y no de un capricho supervisor individual, que se establecen las prioridades y estándares de la supervisión del trabajo.

La supervisión laboral permite a los trabajadores dialogar con la persona ante la cual son responsables. Por ejemplo, un coordinador de programa con un presidente. La supervisión laboral debe mostrar un nivel de sensibilidad ante los distintos tipos de personalidad, así como también al género, edad y factores culturales. Esta relación es compleja y muy exigente para ambas partes al momento de negociar. Dentro de las negociaciones, se formulan preguntas, se evalúan los modelos o marcos de la práctica, se discuten los resultados y se considera el desempeño. Así, esto corresponde a una rendición de cuentas detallada basada en lo personal, pero que está enfocada en lo profesional de nuestro trabajo público. La supervisión laboral es exigente y se puede dar un tira y afloja incluso cuando haya finalizado, pero se debe realizar con amor y suavidad y dulzura.

Gestión administrativa: "definir tareas, establecer autoridad"

La gestión administrativa corresponde a una relación interna que define las tareas administrativas y la fuente de autoridad sobre la cual actúan los miembros elegidos y designados. Las relaciones asociadas con la gestión administrativa se enfocan en las tareas organizacionales, tales como la mantención de registros financieros, el empleo del personal y la gestión de registros y correspondencia. Dentro de cualquier organización, el foco de la responsabilidad para una tarea dada variará. Por ejemplo, un trabajador administrativo, un coordinador, un contador o el tesorero pueden ser responsables de distintos aspectos de la gestión financiera. Tal variación proporciona una flexibilidad deseada, sin embargo, con dicha flexibilidad se puede generar una confusión no deseada.

La función primordial de la gestión administrativa es establecer, quién es la persona responsable por una acción en particular y bajo la autoridad de quién actúa. El diálogo de la gestión administrativa ayuda a solucionar tanto temas importantes como mundanos. Por ejemplo, en las organizaciones comunitarias se discute cuándo, dónde y con qué frecuencia se firman los cheques, cuáles son los niveles de delegación y sobre qué temas y, por ultimo, qué se puede prometer y qué no se puede prometer en una reunión con los miembros de una comunidad. Dicho trabajo de gestión administrativa ayuda a evitar frustraciones profundas de los miembros de una comunidad, como cuando llegan los trabajadores a hablar con ellos, pero sin tener claridad sobre ninguno de estos parámetros. Los trabajadores que emprenden una gestión administrativa utilizan un diálogo enfocado con el fin de establecer procedimientos claros y una comprensión compartida de lo que ocurrirá, cuándo, por parte de quién, cómo, cuándo y bajo la autoridad de quién.

Planificación colaborativa: "moldear el viaje que está por venir"

Si bien existen distintos tipos de planificación, en el método macro, la planificación da cuenta de un proceso colaborativo con un sinnúmero de objetivos relacionados. Promueve el involucramiento activo de los participantes en moldear la naturaleza y dirección de su trabajo, que es una cualidad importante si ha de haber un sentido de propiedad, así como también una claridad del propósito y del proceso. Debido a que la actividad de planificación colaborativa reúne a la gente, tiene el potencial de generar relaciones. Debido a que implica compartir información y tomar decisiones en común, cuenta con el potencial de facultar a las personas. En suma, se trata de estar bien parados en el presente, pero no perder de vista la visión del futuro, es una mezcla perfecta entre lo ideal y lo real, lo que le otorga al trabajo una mayor posibilidad de ser compartido, terminado y le da a todo el mundo una mejor oportunidad de sobrevivir.

La planificación no corresponde a una actividad discreta, se trata más bien de un proceso que ocurre a distintos niveles y se debiera incorporar en los ritmos anuales, mensuales, semanales y diarios de la organización. Por ejemplo, una jornada de planificación comunitaria es una de las maneras más importantes que ayuda a que las organizaciones para el desarrollo escuchen y respondan a la voz de la comunidad, fuera de los procesos formales de una gran reunión anual o de la "crisis" proveniente de una reunión general especial. Usualmente, el día de planificación comunitaria corresponde a un evento que les permite a las personas, grupos y organizaciones locales reunirse y moldear el trabajo para el año venidero. Todas las partes interesadas están invitadas para que puedan asistir y tener su día. Para los trabajadores, que tienen su responsabilidad diaria de proyectos y programas es un día especial, ya que como todos los demás, también pueden expresar su opinión sobre su organización y su rol en ella, pero el día de planificación es, por sobre todo, un día para escuchar las voces de los demás.

Aunque los días de planificación comunitaria no cuentan con una autoridad organizacional, pueden priorizar listas con objetivos a lograr y hacer confluir energías nuevas. Es a partir de estas ocasiones similares y otras de menor escala que se pueden generar relaciones y asociaciones para lograr una instancia de asesoría y construir una dirección estratégica de la organización. Los resultados de un día de planificación debieran corresponder a una sección estándar del reporte anual de la organización para el desarrollo y una parte clave de la retroalimentación para la facultad de poder otorgar financiamiento. A medida que un día de planificación anual fluye al día siguiente, se puede vincular hacia adelante y hacia atrás, a lo largo y ancho, lo que corresponde al ritmo clásico del método macro.

Diálogo entre colegas: "reflexión en el trabajo"

El diálogo entre colegas corresponde a un proceso natural dentro de una organización para el desarrollo que cuente con más de un trabajador asalariado y, por supuesto, incluye los lugares de trabajo con una mezcla de trabajadores contratados y otros voluntarios. Tal como se puede dar en un diálogo colegiado explicado abajo, los trabajadores pueden participar en un diálogo espontáneo o preasignado sobre temas y eventos, desarrollos, procesos o actividades asociados directa o indirectamente con el contexto del trabajo. Los trabajadores en sí pueden facilitar una versión más formal del diálogo entre colegas. Una persona externa al lugar de trabajo puede facilitar oportunidades de diálogo preestablecidas, especialmente para situaciones complejas con el fin de presentar una disciplina, que permita que el diálogo pueda ingresar dentro de situaciones más estructuradas.

Sin embargo, donde se da de manera más frecuente el diálogo entre colegas es a través de una comunicación informal, espontánea, que sucede cuando se comparte una taza de té, o después de una reunión o al final de una semana compleja, cuando se comparten puntos de vista. Las oportunidades que se encuentran en las pausas del almuerzo y café, traslados juntos desde y hacia las reuniones y compartiendo el alojamiento, todas estas ocasiones proporcionan una excelente posibilidad para desarrollar y profundizar nuestra relación profesional. La importancia de planificar para estas oportunidades informales frecuentemente se pasan por alto dentro de una agenda atareada de trabajo, donde muchos trabajadores se conocen solo una vez y nunca más vuelven a verse. El trabajo en turnos, largas jornadas laborales, el horario flexible, la "economía gig" y el trabajo de media jornada han hecho que sea más común que nunca conocer a los colegas una sola vez y no verlos más. Ante dichas situaciones, se necesita más que nunca tener estrategias deliberadas para apoyar el diálogo entre colegas.

Usualmente es muy exigente para una sola persona contratada a jornada completa, o que trabaja junto con otra persona externa, dialogar con personas que conozcan la naturaleza del trabajo participativo y el contexto y la metodología que la sustentan. Los trabajadores y sus comités de gestión deben estar al tanto de la brecha relacional que existe para estos trabajadores que están solos, ya que se pierden el diálogo colegiado que los enriquece. Esta brecha puede y debiera ser suplementada por otras relaciones que se analizan en este principio, tales como una supervisión de práctica interna con apoyo, mayores oportunidades para una supervisión profesional externa y participación con el diálogo colegiado externo, otorgando, por ejemplo, oportunidades para viajar. Todas estas relaciones son necesarias para que los trabajadores realicen el trabajo participativo de manera segura y eficaz. La gestión del trabajo del método macro consiste en expandir la capacidad de la organización para cumplir con estas responsabilidades de las relaciones.

Capacitación: "formación para la(s) tarea(s) a mano"

La capacitación prepara a los miembros elegidos y al personal designado para emprender las labores que están bajo su responsabilidad. Lo comités de gestión son responsables de asegurarse de tener una habilidad colectiva con el fin de gestionar la organización y rendir cuentas ante sus representados. También son responsables de asegurarse de que los miembros designados tengan la capacidad de emprender las labores que se les ha asignado. Los trabajadores asignados, tanto contratados como voluntarios, son responsables de abogar, organizar y acceder a la capacitación que necesitan. Todos los miembros de una organización pueden necesitar capacitación alguna vez.

Los capacitadores tienen un rol específico que jugar en el desarrollo de las habilidades, conocimientos, análisis o procesos de los trabajadores. Las instrucciones y el foco de la capacitación son ambos necesarios, debido al vínculo directo de la capacitación con el trabajo y el lugar donde éste se desarrolla. No se debiera confundir el rol del capacitador con otros roles que pueda tener éste en otro lugar, tales como fundador, coordinador, amigo, colega, consultor o supervisor. Independiente del hecho que los capacitadores sean internos o externos a la organización, es esencial que cuenten con un mandato de capacitación explícito de la organización misma que ejecuta el plan de capacitación de la organización. En su rol como capacitador, éste es responsable ante la autoridad competente dentro de la organización, que puede corresponder al líder del proyecto o el coordinador del programa. Al final de la secuencia de capacitación el capacitador debiera reportar lo que ocurrió, de tal forma que las sugerencias que emanen de la capacitación se puedan incluir en el proyecto, programa o en la rutina de la organización misma.

Apoyo personal: "cimentar lo interno de cada persona"

El apoyo personal corresponde a una función de relaciones primarias debido a que se relaciona con nuestra capacidad personal de sentirnos seguros y estables dentro de nosotros mismos y con otros. Corresponde a la primera de cinco relaciones que son externas a la organización, a diferencia de las anteriores cinco que se sustentan de manera interna.

El apoyo se caracteriza por un trato incondicional de una persona hacia otra y ocurre entre amigos, parejas y/o familia. Cada trabajador tiene la responsabilidad de establecer y mantener relaciones de apoyo fuera del contexto de la organización. Si bien, el apoyo es una característica de relaciones tanto internas como externas, la necesidad válida de apoyo personal no debiera reemplazar o desplazar el propósito público de la organización. Por ejemplo, dentro de la supervisión del trabajo, el supervisor puede expresar preocupación por la cantidad excesiva de trabajo que se está realizando y el impacto que pudiera tener, tanto en la efectividad, como en el bienestar personal. Así, el supervisor reconoce la responsabilidad de apoyar al trabajador de tal forma de cumplir con las necesidades de apoyo personal primarias. El trabajo que realizamos, y los roles en los que nos encontramos, conllevan a relaciones y con frecuencia, de manera simultánea, cuentan con una naturaleza personal y profesional. El dominio público de las organizaciones no corresponde al lugar, ni tampoco debiera proporcionar los recursos necesarios para cumplir con las necesidades de apoyo privadas de los trabajadores.

Es posible evitar mucha confusión manteniendo límites apropiados entre las necesidades de apoyo generadas de manera privada y pública. Con frecuencia, los trabajadores se llevan a sus hogares las demandas de apoyo generadas por el trabajo, que serían abordadas de manera mucho más apropiada por medio de reuniones con colegas. Cuando se comparte el trabajo público con las parejas o cónyuges, el apoyo se vuelve una exigencia y dicha demanda es injusta, tal como lo son aquellas demandas generadas de manera doméstica que consumen tiempo y recursos organizacionales, cuyo destino final debieran ser los miembros de la comunidad. Estos son el tipo de problemas sobre los cuales nosotros dialogamos y formulamos juicios, ya que las fronteras no son nítidas y, por lo tanto, debiera haber una concesión. Si se comprende la naturaleza del apoyo personal, esa consideración incondicional que todos necesitamos se puede entregar de manera libre, puede fluir y no se verá bloqueada, resentida, contaminada o frustrada, como muy frecuentemente ocurre.

Supervisión profesional externa: "encontrar nuestro camino, encontrar nuevos caminos"

La supervisión profesional externa proporciona a los trabajadores una pausa de sus labores diarias. Es una oportunidad para reflexionar sobre la presencia o ausencia de patrones, ritmos dentro del trabajo con el fin de desarrollar conocimiento, análisis y habilidades. Se da entre un trabajador y otro colega, quien puede tener más experiencia, puede complementar su conocimiento y, además, su práctica goza de respeto. Usualmente a esta actividad se le denomina "supervisión", pero como la actividad es externa, intencionalmente la denominamos "supervisión profesional externa". Esto marca una distinción entre la supervisión de práctica interna, la que aborda la práctica profesional desde un punto de vista organizacional, dentro de un contexto de responsabilidades programáticas, legales e industriales de una organización. La supervisión externa se enfoca en el crecimiento profesional de un trabajador dentro del contexto de su práctica y carrera. Los trabajadores son responsables de iniciar su propia supervisión externa y de definir el foco de la relación que tienen con sus colegas.

Dentro del contexto de la supervisión profesional externa, lo siguiente se puede requerir de parte de los colegas:

- Facilitar la reflexión del trabajador sobre la práctica de tal forma que sean más conscientes de las fortalezas y debilidades de su trabajo;
- Apoyar al trabajador para que reflexione sobre las dinámicas políticas y relacionales dentro de la organización;
- Desafiar las metodologías de prácticas actuales y los estilos de los trabajadores;
- Apoyar la denominación de la práctica y el desarrollo de marcos situacionales y técnicos; proporcionar nuevas herramientas y técnicas con el fin de apoyar al trabajador en el curso de su práctica;
- Vincular esta reflexión con sus propios marcos de práctica, o en caso de que no exista, ayudar a que el trabajador desarrolle uno;
- Presentarle al trabajador el material teórico y otros recursos, que proporcionan la base para emprender una acción y nuevas maneras de pensar sobre un problema actual;
- Apoyar al trabajador a conectarse y/o presentarle a actores importantes en el campo profesional.

El hecho de participar en una supervisión profesional externa puede ser desafiante para los trabajadores, ya que pueden ver de manera crítica su propia práctica ante la presencia de colegas que tienen más experiencia. Los beneficios de esta relación no se maximizan si el trabajador adopta una postura pasiva, lo que impide integrar el aprendizaje en la práctica futura. Es necesario tanto para el trabajador como para el colega compartir el entendimiento con respecto al foco actual y el tema de la supervisión profesional externa. Esto reduce la posibilidad de que la relación se transforme en solo una forma de apoyo de facto, consultas, planificación o incluso orientación. Cuando un trabajador no puede definir el propósito y el alcance de la relación, los colegas debieran poner esto en el centro de su reunión inicial. Se debiera contratar de manera formal una supervisión profesional externa y los colegas debieran percibir la remuneración de acuerdo a los tipos de servicios que proporcionen.

Algunas organizaciones demuestran su compromiso con el personal nombrado participando en la supervisión profesional externa y entregando fondos y/o tiempo para dicho fin. El colega no se encuentra en una relación de rendición de cuentas de la organización con otro trabajador, ya que no tienen ningún rol o responsabilidad dentro de la organización del trabajador. Sin embargo, sí cuentan con la responsabilidad de asegurarse de que la supervisión profesional externa que proporcionan sea consistente con el propósito declarado de la organización para el desarrollo y se les puede hacer responsables si la organización paga por o subsidia la supervisión, ya sea en efectivo o en tiempo. Entonces, el colega tendría que entregar un reporte a las autoridades competentes dentro de la organización con respecto a la dirección general del consejo que se le ha sugerido adoptar al trabajador y con qué conocimiento profesional lo puede sustentar.

También, el trabajador le puede pedir al supervisor externo que se reúna con las autoridades respectivas dentro de la organización, a lo que pueden estar o no de acuerdo, pero si lo están, entonces aplican los mismos principios. Dicha rendición de cuentas no requiere que el supervisor externo difunda cualquier confidencia que exista o que sea parte de los procesos políticos que se den dentro de la organización. Este nivel de integración requiere que el colega supervisor tenga información y conocimiento suficientes de la estructura, propósito y contexto de la organización del trabajador. La supervisión profesional externa usualmente ocurre con el conocimiento y apoyo del supervisor de práctica interna del trabajador e idealmente, tal como los dedos de una mano, trabajan al unísono. No corresponde a una alternativa, es simplemente otra hebra de relaciones en la urdimbre y trama que componen un tejido de una organización para el desarrollo saludable.

Mentoría: "ayuda a lo largo del camino"

La mentoría ocurre cuando los trabajadores desarrollan una relación profesional especial con un trabajador de mayor experiencia, aprendiendo de éste, quien puede modelar y aconsejar basado en una vasta experiencia. Dichas relaciones son bastante comunes.

En contraste, utilizamos la mentoría de manera estratégica para encontrar los recursos dentro de nosotros mismos y de la organización con el fin de manejar labores problemáticas durante un período en particular. Le permite a los trabajadores aprender de las experiencias de las personas fuera de la organización que cuentan con un conocimiento en un campo particular. La mentoría se utiliza para suplementar las habilidades y destrezas de algún participante, entregar más "poder a las personas" cuando en un proceso existen bajos recursos y/o cuando surgen problemas de manera continua, lo que entrega una perspectiva nueva a la situación. Si bien la mentoría se puede contratar formalmente a cambio de una remuneración, también puede adoptar la forma de un grupo de colegas unidos por su capacidad de consultores para apoyar a un trabajador con una labor en particular, como por ejemplo un grupo de referencia.

La mentoría también puede darse en procesos de uno a uno, diseñados para ayudar a un trabajador que no cuenta con acceso a un grupo de referencia fijo. Esto les permite pensar clara e imaginativamente sobre los temas asociados con un trabajo específico. El desarrollo de una red de colegas dentro de los cuales se pueden encontrar mentores es un recurso valioso para un trabajador. La identificación de los consultores puede resultar difícil para los trabajadores que son nuevos en un campo profesional o en un lugar particular. Esta realidad resalta la importancia de dichos trabajadores que buscan y logran acceso a las oportunidades de un diálogo colegiado.

Diálogo colegiado: "encontrar juntos nuestro camino"

El diálogo colegiado requiere confianza entre los participantes y una tolerancia y aceptación ante la diversidad de perspectivas. Es común contar con estructuras como "comunidad de práctica" o redes regionales para sustentar este tipo de relaciones organizacionales. Esta relación puede ser de una importancia significativa para los trabajadores nuevos, que están cansados, aislados o asediados y que se pueden ver beneficiados de un análisis mutuo disponible a través de dichas relaciones colegiadas. El diálogo colegiado busca crear y explorar nuevas formas de mirar la práctica del trabajador. El diálogo colegiado reconoce la importancia de aquellas discusiones externas en las cuales los trabajadores desarrollan sus propias ideas y habilidades de práctica a la vez que pueden compartir su experiencia. Tal como en la consulta, en el diálogo colegiado los trabajadores se reúnen de manera individual o en pequeños grupos. Las oportunidades para que ocurra el diálogo colegiado pueden ser espontáneas o decididas de antemano con un foco específico para la discusión. Las relaciones colegiadas le permiten a los trabajadores probar y definir ideas, valores y beneficios en una atmósfera que proporcione apoyo. Adicionalmente, proporciona un foro para un análisis del trabajo en curso y que tiene implicancias para las organizaciones y el trabajo para el desarrollo en general.

Estas conversaciones críticas han servido como los foros para la mayor parte del crecimiento de la práctica y teoría y las estrategias de acción. El diálogo colegiado y la educación se han convertido en las relaciones críticas que han nutrido gran parte del avance intelectual que se ha logrado en el trabajo participativo.

Educación: "nuevos horizontes"

La educación es el puente entre los contextos actuales y potenciales. Proporciona una oportunidad para que los trabajadores se pueden mover a lo largo, arriba o fuera del sector comunitario otorgándole profundidad y/o expandiendo el rango de sus competencias actuales. La educación propende a establecer una base profesional amplia de práctica. Al contar con una credencial educacional, es posible moverse en distintos contextos, lo que genera un beneficio profesional. En contraste a la capacitación, que corresponde a la responsabilidad de la organización, la educación es responsabilidad del trabajador, aunque las organizaciones pueden y apoyan las actividades educacionales si éstas contribuyen a desarrollar una mayor perspectiva dentro de su organización. Las actividades educacionales incluyen: cursos de estudio estructurados formalmente, que pueden conducir a una calificación de acreditación dentro de las universidades, institutos y otros sectores educacionales; asistencia a conferencias, seminarios, talleres y otras actividades de desarrollo profesional y formación de redes útiles, visitando agencias o viajes de estudio.

En suma, estas diez relaciones para el desarrollo dentro de las organizaciones actúan para asegurar el método y garantizan que se nutran y actualicen los dos principios macro discutidos anteriormente. La mezcla de estas relaciones aumenta la posibilidad de contar con una cultura de apoyo para el trabajo participativo, lo que posibilita que se mantenga el foco en el trabajo y construir sobre el principio de subsidiaridad. Sin una mezcla de estas relaciones dentro y alrededor de la organización, el trabajo macro, dentro del cual se incluyen el implicado, micro y mezzo, es probable que se desmorone. Eso generará confusión y se perturbará el flujo de la práctica creativa.

Cuarto principio del método macro: construir estructuras inclusivas

Aunque destacan la subsidiaridad, cultura y relaciones dentro de nuestra explicación del trabajo macro, también es importante comprender el rol y el tipo de estructuras que son relevantes. A veces, nos referimos al trabajo macro entre los colegas como "estructurar el trabajo" (ver Westoby y Dowling, 2013), lo que indica el cambio del trabajo a nivel mezzo, que podría solo durar un tiempo limitado, a través de formas más organizadas que puedan permitir una sostenibilidad a largo plazo.

Hasta ahora hemos hablado de manera genérica sobre la organización para el desarrollo. Hemos aludido a la "organización comunitaria" común del sector de las sin fines de lucro y también a otras estructuras tales como fundaciones establecidas generalmente por empresas. Sin embargo, existen muchos tipos de estructuras que los trabajadores competentes en el trabajo macro deben conocer. La siguiente tabla nombra otras estructuras que los trabajadores utilizan para facilitar el trabajo participativo, con descriptores que caracterizan su función.

Tabla 5.3 Estructuras del desarrollo inclusivas

Tipo	Descriptor
Reuniones	Una reunión de personas con un propósito en particular
Mesas redondas	Una reunión de grupos de interés que compiten entre sí
Comités y subcomités	Una reunión autorizada
Grupos de trabajo	Una reunión con una tarea establecida
Grupos consultivos y de referencia	Una reunión de expertos sin la autorización de actuar
Coloquio	Una pequeña reunión de personas que desean explorar un tema a través del diálogo
Conferencias	Una reunión más grande de personas con el fin de explorar distintos aspectos de un tema dado
Interagencias	Una reunión de representantes de organizaciones preparadas para compartir información y desarrollar una estrategia común
Foros	Una reunión de personas con la autoridad de votar y determinar una política
Asambleas	Un foro permanente
Redes	Una reunión informal de personas preparadas para compartir información y desarrollar una estrategia común
Federación	Una estructura que vincula a las organizaciones locales con una estructura meta
Organizaciones	Una estructura autorizada por toda la sociedad
Instituciones sociales y globales	Estructuras legales, pero con autoridad ampliamente aceptada a nivel social o global
Instituciones de personas	La expresión sumativa de las instituciones glocales (fusión de las palabras globales y locales) que le otorgan expresión y forma a los movimientos de las personas

Al nivel macro, el trabajador construye todo tipo de combinaciones de estas estructuras inclusivas, ya que cada una de ellas puede otorgar una expresión a la voz de los más pobres y cuenta con el potencial de agregar valor al trabajo participativo. Estas estructuras surgen y desaparecen y pueden variar en términos del valor en distintos momentos. Sabemos que las reuniones pueden ser una pérdida de tiempo. Por ejemplo, una conferencia se enfoca solo en palabras sin ningún resultado palpable o una reunión interagencias se convierte en una batalla campal debido a viejas rivalidades organizacionales, pero también sabemos que pueden ser de utilidad. Su capacidad de agregar valor a las labores de desarrollo siempre son su finalidad última.

Habiéndonos concentrado en los cuatro principios claves del método macro, ahora escogemos concentrarnos en los tres problemas de la práctica del método macro. A pesar de que puedan existir muchos problemas, resaltamos estos tres porque al observar y trabajar con los colegas, estos problemas parecen ser los más comunes. Se han identificado estos problemas recurrentes de la siguiente manera; comprender las responsabilidades que vienen con roles particulares, tanto elegidos como asignados y comprender el mandato y las etapas del trabajo desde su inicio hasta la finalización.

Primer problema de la práctica: autorizar el trabajo

Autorizar la acción inclusiva y participativa corresponde a un elemento crucial del método macro. La asociación de las autoridades en una organización para el desarrollo es capaz de lograr un avance, diferenciando las funciones en vez de los niveles de poder de cada autoridad y esta diferenciación establece los patrones de las acciones públicas autorizadas, que son ordenadas, pero que cumplen con los requisitos de ser tanto inclusivas como participativas.

La expresión central de la asociación de autoridades en una organización para el desarrollo se da entre los miembros de un comité administrativo (para las organizaciones sin fines de lucro) o miembros del directorio (para los actores corporativos) que corresponden a la autoridad elegida y los trabajadores, que corresponden a la autoridad designada. El comité de gestión o los miembros del directorio de una organización determinan qué se debiera hacer, lo que está sujeto a las debidas autoridades sociales y legales que los han autorizado en primer lugar. Los trabajadores tienen la autoridad de implementar aquellas actividades y están sujetos a las mismas autoridades sociales, aunque es muy poco útil tener supuestos de poder y antigüedad o las dicotomías que se suelen dar entre los ejecutivos versus el personal de desarrollo en la organización. Estas dicotomías son típicas del cargo que se desempeña más que de la relación que se da y permean todas las características de las relaciones que son tan necesarias para la calidad comunitaria en una organización para el desarrollo. Dichas dicotomías son la peor causa de división y, en el mejor de los casos, le restan valor a aquellas características personales que son tan valiosas para promover una agenda participativa.

Es responsabilidad del presidente organizar y administrar el trabajo del comité de gestión o a los miembros del directorio y aquellos comités que se desprenden de éstos. De igual forma es responsabilidad del presidente asegurar que los comités/directorios posean términos de referencia, un liderazgo apropiado y líneas de rendición de cuentas de acuerdo con las decisiones adoptadas por el comité de gestión. Por otra parte, es responsabilidad del coordinador de programas gestionar al personal designado y los comités en el sector correspondiente de la organización. Dónde se realiza el trabajo es importante, ya que eso determinará quién es el responsable.

En las organizaciones para el desarrollo no hay lugar para el dirigir sin hacer, lo que constituye un problema para la gerencia o para los miembros del directorio, que se sientan de brazos cruzados, deciden y dirigen, pero no ayudan ni se involucran, así como tampoco hay lugar para el mero hacer, pero sin una dirección clara, lo que genera confusión a trabajadores sin control. En este sentido, todos en la organización para el desarrollo son un "trabajador del desarrollo". En este elemento del método macro es posible percibir de manera clara su naturaleza multidimensional, donde es imposible que una sola persona logre todo lo que se requiere. Solo podemos realizar el trabajo que debemos, pero también podemos y debemos estar conscientes de lo que se requiere para el bien de la totalidad. Esto nos lleva nuevamente a la naturaleza misma y propósito de una organización para el desarrollo.

Como ya se ha mencionado, al nivel macro del desarrollo participativo, se necesita que las personas amplíen sus perspectivas y pasen desde una base de interés propio a ver qué responsabilidad nos cabe para lograr un bien social mayor. El llamado a la generosidad no es un paso tan sencillo, especialmente si las personas o los que son dependientes requieren mayores recursos para su sobrevivencia personal. Muchas organizaciones comunitarias o fundaciones establecidas por empresas se han disuelto debido a que no han realizado el trabajo asociado al método macro. Por ejemplo, las personas deciden incorporarse a las ONG y otras instituciones similares, que han enfrentado presiones debido a requisitos impuestos para obtener fondos con el fin de poder ser elegibles y así obtener fondos públicos, pero terminan viendo de qué manera una sola facción asume el control y conduce a la organización comunitaria, solo para lograr un beneficio personal, utilizando a la organización comunitaria como una organización de personas de facto. Este hecho es bastante común cuando una familia asume el control de la organización y la dirige y consume los recursos que se supone son para toda la comunidad para su beneficio personal. Dichas acciones pueden generar conflictos y resentimiento en la vida de las comunidades y agregar una capa extra de desesperanza y pobreza. Las comunidades pueden terminar pagando un precio muy caro si constituyen organizaciones comunitarias, sin haber hecho el trabajo de maduración asociado con el método macro.

Otro ejemplo común de una organización para el desarrollo que pierde su camino en el mundo empresarial es cuando se establecen fundaciones, pero más bien se convierten en instrumentos de relaciones públicas para la empresa que la estableció. En este caso, tienen poca o nula conexión con los representados que dicen beneficiar. Nuevamente, el propósito de la agenda del desarrollo participativo y su mandato se extravían.

Segundo problema de la práctica: junto con los cargos vienen las responsabilidades

Si todos en la organización son "trabajadores del desarrollo", entonces igualmente todos tienen responsabilidades en términos de relaciones para que la organización sea un lugar de trabajo seguro, feliz y productivo. La atención de la mayor parte de la literatura se ha enfocado en clarificar los roles y responsabilidades de las personas en las organizaciones, particularmente aquellos roles que tienen relación con el liderazgo de las organizaciones comunitarias tales como el presidente, tesorero, secretario, coordinador o director y miembro del comité de gestión; o en el caso del mundo corporativo, el director ejecutivo (CEO) y el líder de división o programa divisional o líder del programa. Debido a que esta literatura se enfoca en los roles individuales y las tareas administrativas, se ha escrito muy poco sobre las responsabilidades de las relaciones que la gente tiene entre sí y la naturaleza de las alianzas que tienen que forjar, para lograr que las organizaciones trabajen en el desarrollo. El foco de esta práctica del método macro es construir roles en las relaciones y transformar esas relaciones en alianzas productivas.

Nuestro punto de vista es que los roles más importantes dentro de una organización para el desarrollo se han visto tan mutilados por las interpretaciones burocráticas, particularmente aquellos asociados con el ejercicio del poder, que hemos intentado reinterpretar estos roles conocidos desde una perspectiva comunitaria y del desarrollo más que una burocrática y administrativa. Este enfoque un tanto distinto no tiene el fin de reemplazar roles ni de disminuir las tareas de la administración, que han sido su principal preocupación, sino más bien abrir dichos cargos a la contribución que podrían hacer a la agenda del desarrollo. El trabajo del método macro requiere de la contribución de todos y estas posturas importantes dentro de una organización para el desarrollo necesariamente tendrán un papel crítico.

Con el fin de simplificar y reforzar la perspectiva del desarrollo, hemos utilizado los cargos de presidente y director como los cargos de mayor jerarquía que se eligen o se designan.

El presidente tiene tres responsabilidades de relaciones importantes:

- cuidar de manera personal y profesional al coordinador del programa;
- hacer sentir a todos bienvenidos, incluidos y seguros ya sean parte del personal, voluntarios o solo un miembro;
- facilitar la capacidad de toma de decisiones de la organización.

La responsabilidad esencial de un presidente en una organización para el desarrollo es nutrir la relación con el director en el espíritu de una alianza genuina. El presidente y el director personifican de manera muy especial la alianza de autoridades que le otorgan una dimensión comunitaria a una organización para el desarrollo.

Esta relación entre un presidente y un director debe ser personal pero no privada, ya que ambos cargos son públicos. La relación debe ser profesional, de tal forma que el desempeño y el bienestar de ambas personas y la organización se puedan mantener de manera honesta. Los comités de gestión o directorios no debieran intentar realizar la supervisión profesional del director, lo que muchas veces ocurre y suele ser una experiencia conflictiva, confusa y cruel. El directorio o el comité de gestión son el foro público apropiado para realizar una supervisión estratégica del trabajo de la organización, pero no de un trabajador en particular. De vez en cuando, el directorio o el comité de gestión puede incluir en sus labores la revisión del desempeño del director. En dicho caso, el comité estaría realizando una revisión del desempeño del director, pero no una sesión de supervisión profesional. La responsabilidad de ejercer una supervisión del director está en las manos del presidente o la persona delegada por éste.

Es importante el precedente que se sienta con el director, que es el trabajador de mayor jerarquía dentro de la organización, que cuente con alguien especial que se preocupe de él en su rol público. Cada trabajador en la organización, ya sea asalariado o no, debiera contar con una supervisión profesional individual y una atención personal para apoyarlo en su trabajo público, de acuerdo al tercer principio discutido anteriormente. Es responsabilidad primordial del director asegurar que el personal designado tenga dicha oportunidad. El principio del cuidado personal y profesional debiera permear a toda la organización y cada persona debiera tener un espacio tanto para recibir como para dar en este proceso.

La segunda responsabilidad en cuanto a las relaciones del presidente es simbolizar, modelar y promover dentro de la organización las conductas centrales del trabajo para el desarrollo, "a lo largo", "junto" y en "asociación o alianza". El presidente tiene una oportunidad única, como el funcionario *senior* elegido, de generar relaciones con los miembros del directorio o los miembros del comité y el personal y las alianzas entre ambos.

La tercera responsabilidad del presidente es la de facilitar la toma de decisiones en la organización. El símbolo de esta responsabilidad se entiende de manera amplia debido a que el presidente preside las reuniones de directorio o las reuniones del comité de gestión. Lo que no siempre se entiende, es el hecho que en una organización para el desarrollo que funciona bien, el presidente rara vez vota, aunque tenga la autoridad de votar, incluso de votar dos veces, y en caso de un empate tenga el voto decisivo. El presidente de una organización para el desarrollo debiera votar cuando la organización debe tomar una decisión y, por cualquier razón, no es capaz de hacerlo, lo que en realidad debiera ser una circunstancia inusual. Lo que implica esta relación es que distintas voces de la organización deben ser escuchadas y respondidas y cuando se deben tomar decisiones difíciles, existe un debido proceso que se cumple y, además, se trata con respeto y de manera justa a los que se encuentran en situación de vulnerabilidad. Esta relación que el presidente aborda los incluye a todos y no solo a algunos de los miembros. Estos actos son relevantes para ayudar a que la organización pase de tener el estatus de organización de personas a una organización formalmente constituida, lo que se encuentra en el corazón del método macro. Se debiera mencionar que los directorios corporativos incluyen de manera creciente a la comunidad y especialistas en el área social, principalmente debido a los crecientes riesgos sociales y las preocupaciones por la licencia social, lo que facilita también que se incluya la voz de las comunidades impactadas en el más alto nivel. Es frecuente ver que a las personas se les asigna una cartera en el directorio, pero no son designaciones de especialistas.

En el área de designados de la organización, el director también tiene responsabilidades en cuanto a las relaciones:

- asesorar y prestarle servicios al directorio, comité de gestión o algún estamento equivalente a nivel organizacional;
- entregar una atención profesionalizada al personal designado, ya sea contratado o voluntario;
- abogar por la comunidad, no solo para la organización, ya sea dentro como fuera de ella.

Demás está decir que estas responsabilidades en cuanto a las relaciones las emprende el director de una organización para el desarrollo en el espíritu de asociación y no de poder y, en ese contexto, se entienden sin mayor explicación, pero con una sola excepción. A veces en las organizaciones no gubernamentales el trabajador con más experiencia es un director ejecutivo, lo que significa que cuenta con voto en el comité de gestión. De esa forma, ambos han designado una autoridad elegida. Esto puede ser especialmente apropiado si hablamos de una organización importante, entendiendo la realidad de que un comité voluntario no es capaz de asumir, por sí mismo, la responsabilidad de tomar demasiadas decisiones ejecutivas. Si se nombra a un director ejecutivo, es común que el comité de gestión incluya a un representante del personal de tal forma que sean capaces de escuchar la voz del personal, así como también de la gerencia. Tal disposición es mucho más común en las organizaciones sociales y globales y solo en contadas ocasiones una organización comunitaria llega a tener el tamaño donde esto se convierte en una necesidad. En su mayoría, los trabajadores del desarrollo consideran dichas disposiciones como indeseables debido a que con la designación de dos funcionarios al comité de gestión, el peso del control se aleja mucho de la comunidad, razón por la cual se debilita la agenda del desarrollo público, favoreciendo en vez al personal designado.

Es muy común que las organizaciones para el desarrollo tengan vicepresidentes. Existen dos tradiciones comunitarias con respecto a la designación de los cargos tipo "vice" o adjuntos. En su primera tradición, el cargo de adjunto o "vice" está ahí para ayudar a proporcionar estabilidad y continuidad a la segunda línea de liderazgo dentro de la organización. El adjunto o "vice" con mayor experiencia, por lo general, es el ex presidente, con un cargo *de jure* en el directorio o el comité de gestión de eventos pasados. El adjunto o "vice" con menos experiencia o *junior* corresponde a un cargo elegido, que va a la persona que los miembros eligen como la mejor opción para un futuro cargo de presidente.

La segunda tradición de segunda línea de liderazgo en una organización para el desarrollo no tiene el objeto de proporcionar un vínculo longitudinal entre el pasado y el futuro, sino que más bien fortalecer la posición del secretario, en particular en relación con la planificación colaborativa. La segunda tradición le otorga a los delegados o "vice" una función interna-externa, fortaleciendo las asociaciones laterales de la organización con la comunidad y la sociedad en general. Habitualmente una posición *senior* es responsable de temas externos y la del *junior* de otros más bien internos. Esta tradición posee ciertas ventajas, ya que fortalece las agendas para el desarrollo de abajo hacia arriba en la organización, puesto que proporciona una persona extra que genera vínculos con la comunidad, pero la distinción entre sus responsabilidades respectivas es más difusa. Esta segunda línea de liderazgo proporciona una oportunidad para desarrollar y suplementar el liderazgo dentro de la organización y esto puede ser muy importante si la organización es pequeña. Es una versión de estas funciones que se les otorga a las personas cuando una autoridad tradicional está señalada en la constitución. Esto puede variar desde un cargo de resolución de conflictos ocasional, a través de un puesto de asesoría, hasta una autoridad de pleno derecho que establece las macropolíticas de la organización.

El tesorero tiene tres responsabilidades en cuanto a las relaciones:

- asistir de manera profesional y personalizada al administrador financiero (que en una organización pequeña bien podría ser el contador);
- reunir, maximizar y compartir los recursos de la organización con todos los que realizan el trabajo de ésta, ya sea que hayan sido elegidos, designados, voluntarios o asalariados, y
- facilitar la toma de decisiones sobre la base de recursos y asignaciones de dichos recursos dentro de la organización.

El tesorero corresponde a un cargo elegido y el administrador financiero *senior* corresponde a un miembro del personal designado. Si bien el tesorero se enfoca en las finanzas y recursos, también cuenta con responsabilidades de relación similares a las del presidente, debido a que también es una asociación de dos autoridades distintitas, el elegido y el designado. En una organización para el desarrollo que funciona bien, el tesorero jamás debiera ser el administrador financiero *senior,* de lo contrario se encontrarían en asociación y rendirían cuenta solo a sí mismos y sería más probable que ocurran contratiempos. Esta confusión de roles es más probable y ocurre con mucha frecuencia solo en las organizaciones pequeñas. Por la misma razón, también debería haber un administrador financiero *senior* así como también un director. En una organización para el desarrollo, las responsabilidades no solo fluyen hacia arriba sino que se dan en forma de matriz de arriba hacia abajo y a lo largo, desarrollando el patrón familiar del método del trabajo macro.

Las responsabilidades del tesorero recientemente se han vuelto muy complejas y, a menos que se las entienda en el contexto de una asociación, se vuelven muy poco razonables para un voluntario que no recibe sueldo y que trabaja media jornada. En estas situaciones la naturaleza multidimensional del trabajo del método macro queda clara. Los administradores de finanzas, por lo general, en la actualidad, trabajan percibiendo un sueldo, incluso aunque sea un trabajo de media jornada y siguen siendo la única persona en la organización que cuenta con dos tipos de autoridad en su línea de supervisión, una que fluye del coordinador designado y otra del tesorero elegido. Habiendo recursos públicos involucrados, la razón de contar con esta doble línea de rendición de cuentas es fácil de entender.

El secretario, los miembros del directorio o comité de gestión y el personal, ya sea asalariado o voluntario, todos cuentan con responsabilidades de relación los unos con los otros y asociaciones que deben forjar para otorgarle a la organización esa característica comunitaria que la vuelve una base ideal para llevar a cabo una agenda participativa. El propósito de estas responsabilidades de relaciones es construir una cultura de inclusión que le otorgue a la organización un enfoque orientado a la comunidad. Es esta característica la que la vuelve una base ideal para emprender la agenda participativa.

Tercer problema de la práctica: mandato y las etapas del trabajo desde su inicio hasta el fin

Un argumento clave en el trabajo participativo consiste en que la pobreza es una serie de fenómenos construidos humanamente y que se puede deconstruir mediante el esfuerzo humano, involucrando siempre la participación de las personas que son objeto de sus fuerzas. Una de las estrategias más importantes para liberar las energías propias de las personas es a través del despliegue del personal entrenado y comprometido. Sin embargo, existe un número de niveles en los cuales se pueden colocar a los trabajadores y ellos pueden derivar su mandato para actuar a partir de sus distintos representados (ver Gradener, 2016). Aunque los roles de esos trabajadores varía, sus labores son complementarias y el foco es coherente.

Una de las dificultades primarias en la utilización pasada de personal capacitado ha sido que se espera que los trabajadores lleven a cabo una agenda de cambio, lo que frecuentemente requiere de parte de ellos buscar el cambio en sus comunidades de interés, con las cuales no han estado trabajando y de las cuales tampoco tienen un mandato. Por ejemplo, se esperaba de trabajadores que estaban en las mismas comunidades que generaran cambios en el gobierno, empresa o procedimiento organizacional o, de manera inversa, se esperaba que los trabajadores que estuvieran basados en la misma organización influyeran en los procesos comunitarios.

Las expectativas poco realistas se veían exacerbadas cuando los trabajadores operaban de manera aislada, sin apoyo ni supervisión y, los trabajadores a nivel comunitario eran, por lo general, los más aislados de todos.

En una agenda participativa madura, todos los trabajadores en estos tres niveles distintos comprenden que su trabajo es complementario y, aunque realizan distintas labores, comparten un punto focal común, que es el beneficio y progreso de las personas en un programa participativo.

En principio, los trabajadores deben contar con un alcance tanto vertical como horizontal. Por un alcance vertical nos referimos a tener acceso a la comunidad y la autoridad social y por un alcance horizontal nos referimos a tener acceso a los más desposeídos de la comunidad. Estas demandas se encuentran más allá de la capacidad de una sola persona, incluso aunque se encuentre dentro de una comunidad. El concepto de asociación o alianza en el trabajo del desarrollo fluye de la comprensión profunda en el sentido de que se requiere un número de colaboradores para lograr realizar una agenda participativa eficaz.

La agenda del desarrollo para las organizaciones debiera reflejar los principales problemas que éstas enfrentan en su trabajo cotidiano. Si se trata de una organización de vivienda, la agenda se debiera relacionar con la vivienda, si estamos hablando de una organización medioambiental, la agenda del desarrollo se debiera relacionar con este mismo tema, de igual forma, si es una organización relacionada con minería, también se debiera relacionar con la minería. El trabajo debiera fluir, ya sea desde un foco central y el propósito de la organización o su huella de impacto que surge de los problemas que se generan por su actividad, tales como en el caso de una empresa minera.

Tanto la agenda organizacional como la huella del impacto le otorgan legitimidad al trabajador para que pueda intervenir, pero una vez que el trabajo ha comenzado, rápidamente se puede ver la interconexión que se da entre los problemas. La salud está conectada con la vivienda, el medioambiente con el empleo, etc. Es como la comunidad percibe el grueso de los problemas y qué orden y prioridad establecen para ellos lo que da forma al perfil del trabajo.

Con frecuencia, lo que es un error, el trabajador decide la agenda, determinando sus prioridades y participación basado en una serie de razones tales como intereses personales, la base de su experiencia, conocimiento y comodidad. Dichas razones son un subtexto intocable en vez de ser un texto debatible. Cuando éste es el proceso de entrada, los trabajadores del desarrollo se ven restringidos a sus propias redes y muchas veces se ven atrapados por ellas.

La decisión de incluir un trabajo específico en la agenda del desarrollo es más bien personal, ya que el trabajador debe ser capaz de finalizar dicho trabajo. También debe basarse en la comunidad, ya que la comunidad debe estar de acuerdo con que el trabajo es importante y que juntos van a trabajar en el problema. Aunque tanto el trabajador como la comunidad son componentes esenciales, también corresponde a una decisión organizacional, ya que ésta le da luz verde para aceptar y proceder con el trabajo, de esta forma, el mandato queda claro. Es muy común ver que es el director, que con un abanico de distintas informaciones, es el que finalmente decide la agenda, aunque los proyectos más amplios pueden también involucrar una aprobación de políticas por el sector designado de la organización.

De esta manera, la agenda del desarrollo va tomando forma por las conexiones reales con las que ya cuenta la organización, es decir, las familias y las comunidades y esto va a ayudar a legitimar la participación del trabajador y proporcionar un foco, aunque no un límite, al trabajo que realizan. Este foco organizacional ayuda a legitimar la participación del trabador, ya sea en una organización de personas, desde una organización comunitaria o fundación o en una organización comunitaria desde la organización social o global. Siguiendo la misma idea, el flujo de trabajo organizacional es importante por dos razones fundamentales. En primer lugar, y lo que es más común, un trabajador tiene como base una organización constituida y por lo mismo está vinculado a los compromisos públicos de la organización. En una organización con compromisos que claramente incluyen un enfoque participativo, ella va a incorporar los problemas que la comunidad le hace ver, lo que claramente facilitará las cosas. Pero incluso, en el caso de una organización con un componente del desarrollo, se deben incluir las prioridades y características en el proceso de entrada.

La conformación de la agenda del desarrollo funciona mejor cuando el trabajo aborda de manera directa los principales problemas que la organización tiene en su relación con las comunidades con las cuales se relaciona. Esto significa que todos los trabajadores en la organización deben comprender la agenda del desarrollo y podrían sugerir, además, dónde se necesitaría realizar el trabajo estratégico y dónde sería de mayor beneficio. Incluso, esto podría provenir del funcionario que proporciona los fondos y que está al tanto de que una organización se encuentra en problemas. También podría provenir de un funcionario que está en terreno y que ha visitado la comunidad. Tal tipo de ayuda transversal es de gran ayuda.

La segunda razón de porqué es importante seguir el flujo de trabajo organizacional es que legitima la presencia del trabajador, les proporciona una razón para estar en la comunidad. Esto es especialmente importante si la comunidad se encuentra en crisis. Si bien este propósito entonces da forma a la reunión original, no debiera encasillar ni restringir el flujo del proceso participativo. Es muy raro que un problema comunitario sea unidimensional. Usualmente, los problemas están compuestos de múltiples pequeños problemas entrelazados y a medida que se los desmenuza, se establecen prioridades y se fija un programa de trabajo, de manera natural le sigue la agenda comunitaria.

La decisión de incluir un trabajo específico en la agenda es una decisión importante y necesariamente estratégica porque la capacidad de trabajar en el desarrollo cuenta con recursos limitados. Esto lo analizamos desde la perspectiva mezzo en las etapas dos (proyecto) y tres (programa comunitario). Esta decisión de comprometer personal y recursos a una actividad, obviamente se toma por parte de la gerencia, pero frecuentemente en equipo, de tal forma que se tome en cuenta la diversidad de opiniones y la decisión se debata.

Lo que es más problemático y difícil es la decisión de cómo salir de un trabajo específico. Con frecuencia vemos cómo se acumula el trabajo y se agregan proyectos y, sin embargo, no existe una estrategia de salida. Los trabajadores persisten con causas perdidas mucho más allá de lo que es razonable, tal como se aferran a proyectos exitosos mucho más de lo que debieran, simplemente porque se sienten cómodos y se sienten queridos y estimulados. En la actualidad, algunos sugieren que parte integral del proceso de entrada, debiera incluir cómo articular una estrategia de salida.

El proceso de "término" no recibe mucha cobertura en la literatura y sin embargo juega un rol tan importante en el trabajo participativo. Con mucha frecuencia, la razón de "no quedan más fondos" es el último y único factor en la decisión de cierre. El acto imaginativo que reflexiona sobre "cuando ya no nos quede más dinero" necesita ser tomado en cuenta en la decisión de entrada. En realidad se necesita escribir mucho más sobre este aspecto del trabajo, aquí solamente hemos decidido mencionarlo, pero no resolver sus innumerables dilemas.

En conclusión

En conclusión, podemos compartir algunas reflexiones finales sobre la inter-conexión entre el método macro y nuestras ideas previas sobre los marcos. Al nivel macro, es muy importante comprender la naturaleza misma del método, porque el método macro involucra la utilización ordenada de múltiples marcos y la utilización multidimensional de aquellos marcos tanto de manera individual como colectiva. En el Capítulo Uno describimos el método de la siguiente manera:

> El conocimiento acumulado nos ha ayudado a poner nombres a ideas y valores claves que se juntan en marcos que nos ayudan a dar sentido y forma al trabajo, y representan el contenido y la temática de la disciplina. Nos referimos a la recopilación organizada y al uso de estos marcos como el "método" de la práctica participativa.

El método macro requiere una estructura mental más compleja que la simple aplicación de marcos individuales posibles en el mundo cimentado, más pequeño y personal del trabajo implicado, micro y mezzo. En los niveles micro y mezzo, el trabajo se ve limitado a una persona o un grupo y, por lo tanto, el número de variables usualmente es mucho menor. Al nivel macro, potencial-mente existen muchas personas y grupos con ideas y aspiraciones que compiten entre sí.

Debido a que el nivel macro es un mundo más amplio que el método micro y mezzo y las acciones deben fluir alrededor, a lo largo y ancho y entre las partes y niveles, debe ser entendido de manera multidimensional. Por ejemplo, en cualquier momento se puede requerir que un trabajador labore desde el interior de la organización para poder lidiar con temas externos o desde el exterior, de arriba hacia abajo o viceversa o una combinación de todas las anteriores. La necesidad de trabajar de manera metódica, pero en un número de frentes de manera simultánea, corresponde a una descripción más precisa del mundo del método macro.

¿Pero cómo pueden los trabajadores lograr esto sin caer en el caos, cuando las acciones se encaminan en su propia dirección, con todas requiriendo aten-ción a la vez? El trabajador debe contar con un número de marcos primarios y cada uno debe contener los marcos secundarios, no solo uno (tal como es el caso del método micro y mezzo). Esta comprensión multimarcos y la ejecución del método macro es mucho más útil debido a que el foco de la acción se aleja decididamente del trabajador como el actor central, que asegura que todos los pasos del método estén en su lugar. A la vez, coloca a las personas de distintas comunidades de interés en el centro, con el trabajador como un aliado de ellos en el proceso. Por ejemplo, ellos pueden apreciar la contribución de distintas disciplinas y moverse entre un análisis de riesgo de un marco legal y pasar a un análisis financiero predictivo, mientras se toman en cuenta los impactos personales, sociales y medioambientales. Al utilizar diversos marcos, el trabajador proporciona solo esos elementos que pueden faltar en un trabajo específico. Esta postura minimalista es más difícil de practicar de lo que parece, porque el trabajador debe poseer los marcos apropiados con el fin de enmarcar el trabajo en su conjunto y conocer los elementos particulares asignados en el marco y que completarán el todo. Con el conocimiento de tal visión general y las partes que lo componen, el trabajador, entonces, puede utilizar el marco como un diagnóstico para afinar la conciencia de cuáles son los elementos que faltan, apreciar lo que se requiere en un proceso dado y finalmente, vincular las conductas que faltan de manera armónica en el diálogo y el trabajo en cuestión.

Esta utilización multidimensional de aquellos marcos, que es tan característica del método macro, hace que éste represente una expresión más madura de la práctica participativa. Sabemos y podemos sentir cuando los trabajadores son capaces de utilizar múltiples marcos y utilizarlos de distintas maneras. Así, ellos no se ven seducidos por un solo marco que promueven como auto-evidente. Utilizar el método macro lleva al trabajador más allá de la aplicación ideológica de un solo marco, no importando de cuál estemos hablando, ya sea "el mercado", "los resultados" o incluso "la voz de los más pobres". El método macro ayuda al trabajador a apreciar que todos los marcos se acercan a la verdad, todos tienen sus limitaciones, ya que dentro de todos ellos se esconde tanto la luz como la sombra.

Con esto en mente, ahora avanzamos al próximo método, el método meta, un nivel de trabajo que trata de estructurar a las organizaciones, generalmente "más allá de lo local" y trata de reflexionar en una manera particular, para que se considere la creciente complejidad.

Referencias

Gradener, J. (2016) *Keys to the community. A multiple case study into professional legitimation in community development practice*, Dissertation, University Utrecht, Utrecht.

Max-Neef, M. (1991) *Human scale development: conception, application and further reflections*, The Apex Press, California.

Schein, E.H. (2010) *Organizational culture and leadership,* 4th edn, Jossey-Bass, San Francisco.

Senge, P.M. (2006) *The fifth discipline: the art and practice of the learning organization,* Doubleday, New York.

Westoby, P. and Dowling, G. (2013) *Theory and practice of dialogical community development: international perspectives*, Routledge, Abingdon.

CAPÍTULO 6

De lo local a lo global: el arte del método meta

Resumen

Desde hace varias décadas sabemos que no importa cuán bueno sea el trabajador a nivel local, ya que no es ni eficaz, ni sostenible, a menos que se establezcan vínculos constructivos con las estructuras sociales más amplias y globales. En el método meta, exploramos el tema fundamental de la "conexión" y cómo da forma a distintos modelos de experimentos organizacionales glocalmente orientados, que combinan el trabajo local y global, de ahí la expresión "glocal". Se consideran los principios cruciales del método meta, incluyendo la posibilidad de reflexionar con distintas lógicas sociales y de pensar de manera paradójica, aceptando las contradicciones y abarcando y abrazando la complejidad.

Palabras claves: método meta, conexión, generaciones de trabajo, logística social paradoja, complejidad, contradicción, experimentos.

Perspectiva central del método meta

El método meta corresponde a la quinta parte del floreciente, desafiante y complejo método del desarrollo participativo. Utilizamos la expresión "al lado de" para describir las tareas que generan la relación del método micro; "junto con" para describir el movimiento en conjunto orientado a la acción, que es el propósito central del método mezzo; y "alianza o asociación", para describir las estructuras y procesos mutuos que le dan vida al método macro. El tema fundamental del método meta es la "conexión".

El método meta incorpora los elementos de persona a persona, grupo a grupo, grupo a organizaciones de los métodos micro, mezzo y macro, pero los trasciende tanto en el lugar como en su espíritu. Así, abarca no solo las aspiraciones de nuestras propias comunidades, sino que también los intereses de la humanidad en su conjunto. El método meta va más allá de las estrechas fronteras, ya sea que conecte el lugar de acá con otro en algún rincón remoto de otra parte del mundo o que conecte la importancia de la vida comunitaria y sus agendas con la cultura y objetivos del mundo corporativo.

Los desafíos que emergen rápidamente y afectan a la práctica del desarrollo, junto con el crecimiento tecnológico en el comercio, comunicaciones y transporte y, por consiguiente, los cambios en la cultura y costumbres son tan fundamentales que no pueden ser ignorados. Estos procesos más amplios influyen ahora en cada aspecto de nuestras vidas. Con el método meta, los profesionales conectan partes que a menudo son contradictorias, así como también el pasado con el futuro, que invariablemente nos impulsan en nuestro planeta, como si fuera una nave interplanetaria. Ellos intentan construir una comunidad a partir de las conexiones

http://dx.doi.org/10.3362/9781788530781.007

orientadas a nuestro mundo, multifacéticas y de lo local a lo global, generando y apoyando conexiones que son útiles, mutuas, sustentables y placenteras. En este sentido, el método meta lleva a los trabajadores del desarrollo más allá de la naturaleza unidimensional de esos maravillosos antiguos eslóganes como "pensar globalmente y actuar localmente" que han ocupado un lugar importante por tanto tiempo. El método meta requiere que el trabajador participe y facilite procesos útiles desde cualquier lugar y en cualquier dirección.

En capítulos anteriores hemos considerado, uno a uno, los métodos implicado, micro, mezzo y macro y cómo cada uno se despliega en el otro y así fortalecen y suplementan al todo. El propósito de este capítulo es explorar los principios particulares y experimentos en el método meta que dan forma a su carácter. En este capítulo, seguimos el ritmo y la estructura de los capítulos anteriores, nombrando diversos principios y luego discutiendo los experimentos en este método, dejando el final abierto con un sentido de que el trabajo del nivel meta todavía requiere de más atención por parte de, tanto los profesionales, como los estudiosos del tema. También se debiera decir que la práctica del método meta adopta todos los principios, pasos, etapas y ritmos del trabajo implicado, micro, mezzo y macro. Sin embargo, nos hemos enfocado en los principios y experimentos como una forma de permitirle a los trabajadores que forjen los caminos para la acción del desarrollo participativo, a través de los lentes de nuestro planeta tierra, como si fuese una nave interplanetaria y para las conexiones constantes entre lo local y lo global. También sugerimos que la relación entre el método meta y los principios micro, mezzo y macro es particularmente multidimensional más que jerárquica.

Límites de las organizaciones en el proceso del desarrollo

El autor especializado en temas del desarrollo David Korten escribió un libro fundamental, *Getting to the 21st Century: voluntary action and the global agenda* en 1990, que ayudó a describir y organizar el trabajo del desarrollo en una era global (Korten, 1990). Lo que Korten propuso era que, a lo largo de las décadas, el trabajo del desarrollo adoptó ciertas formas identificables, que denominó "generaciones". Cada generación reflejó una creciente comprensión de la pobreza y una respuesta a ella basada en el desarrollo crecientemente sofisticado.

Él sugirió que los organismos de desarrollo progresistas debieran verse a sí mismos como si se estuviesen moviendo a lo largo de cada una de las generaciones que se muestran en la Tabla 6.1, con una generación reemplazando la siguiente.

Con el fin de clarificar la agenda más amplia del desarrollo de personas en el primer capítulo de este libro, "Construyendo un terreno común", explicamos con detalle las diferencias entre el trabajo del desarrollo de primera y segunda generación y la diferencia que existe entre prestación de servicios y compromiso participativo de las personas en el trabajo del desarrollo de segunda generación. Pero este trabajo de segunda generación, aunque es esencial, tiene sus limitaciones y no se puede ver como un substituto de instituciones sociales y globales receptivas y del respeto fundamental de los derechos humanos. Es momento de ver el trabajo participativo de segunda generación en un contexto más amplio.

En la evolución del trabajo del desarrollo de personas existe mucha evidencia que sugiere que los gobiernos de distintos colores políticos y organizaciones sociales y globales de manera más general, han enfrentado dificultades en llevar a cabo la agenda del desarrollo participativo como parte de su responsabilidad

Tabla 6.1 Generaciones del trabajo del desarrollo

	Primera generación: beneficencia, ayuda y prestación de servicios	*Segunda generación:* desarrollo comunitario	*Tercera generación:* derechos humanos, lobby y campañas	*Cuarta generación:* movimientos integrados locales, sociales y globales
Definición del problema	Escasez desastre	Inercia local	Limitaciones institucionales y de políticas	Visión de movilización inadecuada
Marco temporal	Inmediato	Vida del proyecto	Diez a veinte años	Futuro indefinido
Alcance	Individual o familiar	Vecindario o pueblo	Región y/o nación	Nacional o global
Actores principales	ONG	ONG más la comunidad	Todas las personas pertinentes y las instituciones privadas	Redes de personas definidas de manera general
Rol de las ONG	Proveedor de servicios	Movilizador	Catalizador	Activista/ educador
Orientación de la gestión	Gestión logística	Gestión proyecto	Gestión estratégica	Redes auto gestionadas

central. Nos referimos a estas organizaciones más grandes, ya sean gubernamentales o no, como organizaciones "burocráticas" porque se han visto dominadas por la burocracia más que por agendas del desarrollo. Dichas organizaciones, para parafrasear los términos de Korten (1990), experimentan una gran dificultad de pasar de un trabajo de primera generación a uno de la segunda generación o, en nuestros propios términos, pasar a un desarrollo participativo, así como también la prestación de servicios en sus operaciones centrales. El no incluir una agenda de desarrollo participativo, por lo general, no se debe a que no lo han intentado.

Los primeros planes de desarrollo burocrático se realizaron con la visión de la "construcción de la nación" de Julius Nyrere en Tanzania en los 1950s, seguido después por un plan de "desarrollo de bloques", igual de audaz de Nehru en la India. Ambos planes fueron considerados como modelos de desarrollo en el Decenio de las Naciones Unidas para el Desarrollo de 1950. Aunque se aprendió mucho de estos esfuerzos, a ambos planes se les consideró un fracaso.

La "guerra contra la pobreza", se publicitó mucho en los Estados Unidos en la década de los años 60, para luego ser abolida y considerada como un experimento imprudente. En la década de 1970 y los 80 muchos países experimentaron con un sinnúmero de programas de desarrollo auspiciados por sus gobiernos: Australia, Botsuana, Filipinas, Corea y el Reino Unido, por nombrar unos pocos. De igual forma, las personas que participaron en dichos programas aprendieron mucho, pero dicho aprendizaje nunca se consolidó en los procesos y políticas gubernamentales antes de que se abolieran. En la actualidad, los gobiernos de Sudáfrica, Indonesia y Papúa Nueva Guinea siguen experimentando con distintos niveles de éxito, (ver Westoby y Botes, 2013; Westoby y Van Blerk, 2012). Incluso, en países donde los programas de desarrollo se consideraron imaginativos y muy exitosos, tales como el Programa del Movimiento de la Juventud en Papúa Nueva Guinea en la década de 1980, después prevaleció una agenda más costosa y dispareja de prestación de servicios, que más tarde desplazó a los programas de segunda generación. La experiencia de Papúa Nueva Guinea es muy común, tanto en el caso de países ricos como pobres.

Aunque es muy difícil para los que estamos enamorados del enfoque de desarrollo participativo y tan convencidos de la necesidad de incluir a los pobres en la creación de su futuro, debemos analizar el fracaso de nuestros sistemas gubernamentales y de las grandes organizaciones sociales y globales, que han llevado a cabo la agenda del desarrollo. Desde esta perspectiva podemos comprender de mejor manera cómo crear espacios para dicho fin y cómo estabilizarlos. Aunque se han dado muchas razones para dicho fracaso, nombramos algunos de los temas recurrentes, que refuerzan algunos hallazgos previos de Batten en 1962:

- la necesidad del gobierno de generar una organización a nivel nacional en vez de local se encuentra, muchas veces, en conflicto con los intereses localizados y marginalizados de los más pobres;
- la inhabilidad del gobierno de compartir el poder y los recursos más marginales de cualquier sociedad;
- el requisito de programas participativos para contar con flexibilidad y experimentación entra en conflicto con la cultura burocrática que requiere uniformidad de los procesos;
- la demanda implícita del trabajo participativo, de contar con un compromiso personal de los trabajadores del desarrollo, cuando el trabajo del gobierno es público y más encima en representación de un cargo y a nombre de la sociedad en su conjunto;
- la discrepancia constante que existe entre el presupuesto y los requisitos de recursos de las comunidades, con lo que en realidad está disponible desde el erario público;
- choques de expectativas entre el gobierno y las comunidades sobre los resultados apropiados y los plazos de los procesos de desarrollo;
- la falta de coherencia entre los ciclos fijos del gobierno y los niveles de preparación de las personas;
- altos niveles de intolerancia política con respecto a los errores que, en otras circunstancias, podrían utilizarse como oportunidades de aprendizaje;
- el requisito de que el programa participativo se "enfoque en las personas" y, a la vez, se pueda ajustar a las dificultades en la organización que tiene un componente político importante;
- y finalmente, los sistemas complejos encuentran muy difícil apoyar y gestionar a sus trabajadores a la luz de condiciones laborales difíciles, lo que lleva a una alta rotación y una deficiente continuidad de los programas.

Lo que hace más difíciles esos desafíos es el hecho de que el poder y el dinero han dominado la relación entre las organizaciones globales, sociales y comunitarias. En particular, las organizaciones comunitarias han sido utilizadas simplemente como instrumentos locales para lograr agendas sociales y globales más amplias. Con mucha frecuencia, los peores aspectos de esta utilización instrumental se han incorporado a las organizaciones, cuyo fin es el desarrollo. Así, el poder se convierte en la base de la autoridad más que la asociación y colaboración. Se adoptan los roles corporativos y los patrones de la gestión, que son propios y pertenecen a las organizaciones burocráticas y perturban el entorno más relacional de las organizaciones para el desarrollo, que cuentan con un programa participativo. La competencia brutal que se da entre ellas por los escasos recursos y frente a un público que se cansó y acostumbró a los desastres y las distintas posturas filosóficas y modelos de práctica profesional también juegan un rol en hacer que las prácticas del desarrollo sean más difíciles de mantener.

La mayoría de los trabajadores que participan en este trabajo identifican la necesidad de contar con mayores niveles de cooperación entre las organizaciones, liberarse de la ceguera organizacional y su egocentrismo y poder trabajar en los espacios que se encuentran más allá de las fronteras organizacionales. Podemos especular sobre porqué históricamente ha sido tan difícil para las organizaciones emprender una agenda participativa y cuáles son las razones con mayor o menor importancia. Es en dicho contexto del saber y especular donde la ardua tarea del método meta encuentra su lugar para estabilizar la agenda del desarrollo, más allá de las fronteras organizacionales.

Abrir el "nexo local-global"

Aunque la suma de diversos vínculos de arriba y abajo y entre lo "local" y lo "global" compone la práctica del método meta, dicha arena se define de mejor manera como el nexo "local-global". El nexo "local-global", que es una frase que describe la relación entre dos esferas de análisis y acción, aunque conceptualmente pueda parecer un tanto difuso y controvertido, captura la esencia imaginaria de los extremos del cambio en la era posmoderna. Para los profesionales del desarrollo, el método meta representa un cambio de metáfora en la manera como pensamos, analizamos y practicamos.

Con respecto a lo "local", la metáfora desafía a los trabajadores a profundizar aún más en los significados de lo "local" y la "comunidad", como lugares donde se da un cambio social y local significativo. En relación a lo "global", la metáfora desafía a los trabajadores a examinar cómo los vastos procesos y estructuras "globales" influyen e impactan de manera creciente sobre las actividades al nivel "local". Tal desafío para la práctica participativa es tanto importante como difícil cuando los valores dominantes son el crecimiento, el consumo y la competencia.

Los conceptos de "local" y "global", contrario a lo que se piensa, no son términos neutrales que solo reflejan procesos, espacios y/o temas "reales" o "verdaderos". De hecho, los conceptos se encuentran profundamente arraigados con alusiones y textos políticos, ideológicos y culturales. Desgraciadamente, estos conceptos frecuentemente se los interpreta en un sentido muy estrecho, que promueve una visión única, con definiciones totalizantes y una amnesia de la complejidad de las formas sociales, que se podrían denominar ya sea "local" o "global". Son muchos los que de manera consistente, y sin un sentido básico de crítica, asocian lo "local" con nociones de "participación" y "democracia", que esconden o incluso enmascaran las distintas formas por las cuales lo "local" también puede ser fuente de injusticia y opresión. A la vez, es muy común que a lo "global" se lo demonice, lo que es coherente con la imagen prevalente en el ideario popular de que esencialmente representa el atropello de una cultura única dando paso a una uniformidad global sin sentido. Tal como se da con tener una sola interpretación de lo "local", esto borra las distintas formas por las cuales lo "global" se puede ver asociado con procesos menos siniestros, tales como una creciente conciencia planetaria, conciencia transcultural e intercambio y el crecimiento de movimientos políticos para abordar los problemas como derechos humanos, ecología y paz.

Si la práctica participativa ha de incluir la del método meta y así poder lidiar de manera más eficaz con el nexo "local-global", entonces existe la necesidad de abordar la "amnesia" ideológica de la complejidad dentro de los conceptos y fenómenos de lo "local" y "global". Al utilizar los términos "local" y "global" es necesario comprender el contexto político en el cual se utilizan, qué valores se le puede atribuir a cada uno y cómo difieren las definiciones de acuerdo a la postura de cada uno dentro del contexto dado. Estos conceptos son constructos políticos que reflejan los marcos de referencia ideológicos y culturales y la exposición a estos patrones corresponden a un acto importante de resistencia. Los trabajadores deben exponer la naturaleza política de tales contextos que conllevan una definición, en particular cuando claramente reflejan ciertos principios ideológicos, ya sea que posean una connotación local o global, que esconda o silencie otras interpretaciones. En el método meta las frases ingeniosas y las respuestas únicas se convierten en parte del problema.

El método meta no corresponde meramente a una dimensión de la metodología que extiende el alcance de la práctica participativa. También se trata de la participación con una "meta perspectiva", que es una forma de pensar sobre las metodologías de la práctica del desarrollo. Dicha meta perspectiva se puede visualizar como un paradigma, como dice Henderson (1991: x),

> Yo creo que el paradigma es un par de lentes distintos que pueden revelar una nueva visión de la realidad, permitiéndonos volver a concebir nuestra situación, volver a enmarcar viejos problemas y encontrar nuevos caminos para un cambio evolutivo.

Dicho cambio de paradigma, efectivamente nos lleva más arriba y más allá de la metodología, con el significado "meta" que se posiciona entre, con, atrás, sobre, más allá, arriba (ver Webster's *Revised Unabridged Dictionary*, 1998) y no de manera disociativa o despectiva, sino más bien de una forma que nos hace participar en una reflexión sólida de lo que puede constituir las características de un paradigma del desarrollo. A la vez, esta perspectiva nos desafía con una práctica innovadora, colocándonos en una posición de influir de manera activa en la praxis futura de los puntos de vistas del mundo del desarrollo, más que adoptar una postura pasiva con un paradigma predigerido que está listo para su consumo. En cambio, el método meta nos proporciona un inicio desde el cual podemos comenzar a reflexionar sobre la metodología y los paradigmas participativos en vez solo escoger uno. De esta forma, la práctica se encuentra viva y se basa en la acción y reflexión, más que en algo inerte, puramente teórico y abstracto. Las palabras de Lewis Mumford (1955: 314) nos recuerdan lo mismo:

> La vida no se puede reducir a un sistema: la mejor sabiduría, cuando se ve reducida a un conjunto insistente de notas, se vuelve una cacofonía y mientras más tozudamente nos apeguemos a un sistema, más violencia ejercemos sobre la vida.

El método meta nos proporciona una base sobre la cual lidiar con las complejidades de los problemas que los trabajadores enfrentamos en el siglo 21.

Lo logra ayudándonos a pensar, como trabajadores del desarrollo y, a la vez, esto nos ayuda a abrir espacios de resistencia a las posibilidades de cambio. Para abrir posibilidades de transformación y cambio en sistemas locales y globales complejos, no solo necesitamos un compromiso desde una perspectiva política y un análisis correcto de "qué es" el trabajo que realizamos, también necesitamos marcos conceptuales que apoyarán la apertura de dichas posibilidades. La manera como conceptualizamos los problemas que afectan a las comunidades, desde dónde comenzamos, cómo estructuramos los problemas y qué tipos de conexiones podemos generar entre las personas y los problemas, todos dan forma a las posibilidades que podemos delinear para cambiar nuestra situación. El método meta desafía a que los trabajadores reflexionen sobre su pensamiento y creen una praxis de posibilidades.

La reflexión con nuestros colegas y sobre nuestra propia práctica ha llevado a la identificación de tres principios claves del pensamiento del método meta que abren dichas posibilidades. Estos tres principios incluyen:

- pensar con lógicas sociales distintas;
- pensar paradójicamente y aceptar la contradicción; e,
- incluir y abrazar lo complejo.

El primer principio del método meta: pensar con lógicas sociales distintas

La perspectiva a partir de la cual alguien percibe un objeto o grupo de objetos nos entrega mensajes importantes sobre la naturaleza de dichos objetos. Una manera de comprender esto es considerar las distintas "lógicas sociales" que llevan a las personas a formular distintos juicios sobre las mismas realidades sociales. Podemos identificar al menos cinco tipos de lógicas distintas, que moldean la forma como la gente interpreta sus realidades y también influyen sobre las direcciones posibles u oportunidades, que la gente cree que existen para un cambio o transformación. Ellas no son "realidades" en sí mismas – son más bien percepciones organizadas o juicios sobre lo que constituye una realidad dada. Así, estas cinco lógicas no son ni "peores" ni "mejores" que las otras, ni tampoco son las únicas lógicas que existen. Son meramente aquellas que hemos visto que generalmente dan forma a la práctica del desarrollo. Éstas ya se han explorado con mayor detalle en otros textos (ver Kelly y Sewell, 1988), así es que tenemos que resumirlas y considerar un ejemplo para explorar cómo se pueden aplicar.

"La lógica heurística", entendida como una lógica de la evocación, incluye ciertas palabras que proporcionan un punto focal que evoca un entendimiento común y une a las personas en pos de realidades humanas compartidas. Por ejemplo, "desarrollo sostenible" implica ciertas maneras de abordar la práctica del desarrollo, que evoca en nosotros ciertas emociones y reacciones en términos de lo que está "bien" y lo que está "mal". Dicha lógica le presta más atención y foco a ciertos factores en particular y estos factores se vuelven eslóganes que pueden propiciar, estimular e inspirar e incluso se pueden volver en un punto focal en acción a movilizar y concentrar la energía social o abrir el diálogo. Pensemos lo que significó la heurística de "escuela" en la historia del método mezzo. La lógica heurística está abierta – no existe un fin a la necesidad de contar con un contrapunto, distinción, tamiz y evaluación. Tal lógica puede llevar a un descubrimiento nuevo y/o el agotamiento, ya que las distinciones se vuelven más finas y menos útiles. Esta lógica fija la realidad desde un punto en el tiempo particular y sin embargo puede pasar por alto diferencias importantes y un entendimiento más bien fijo para los ideólogos. Se debe reconocer este lado oscuro de la lógica heurística tanto cuando la usamos nosotros, como cuando la usan otros.

La "lógica binaria", entendida como la lógica de la opción, se da cuando dos factores se manifiestan como si estuvieran separados y, usualmente, opuestos y por lo general se necesita escoger una opción. Es una lógica poderosa y cumple una función determinada, y corresponde a la forma más común de lógica social en la cultura occidental, donde se tiende a utilizarla en exceso. La lógica binaria es un marco de referencia de esto o lo otro, y nos exige escoger entre dos opciones. Suele ser simplista, puede separar fácilmente a las personas y las ideas que bien se podrían utilizar juntas, más bien llevan a adoptar una posición dogmática y discutir en vez de dialogar.

La "lógica dialógica" corresponde al tercer tipo de lógica. Ésta es una lógica del tanto esto/como aquello, y además aprecia las interrelaciones entre los factores, armonía, contradicción, paradojas, aunque la lógica dialógica puede ser conflictiva y puede aceptar la lucha paradójica. Esta lógica permite tener una comprensión más compleja que las anteriores dos y libera nuestro pensamiento mientras que, a la vez, desafía las realidades estáticas. También nos lleva más allá de estas realidades estáticas hacia una multiplicidad de posibilidades. Desde el punto de vista negativo, puede inmovilizar las capacidades de formular un juicio, asumir riesgos y tomar la iniciativa y en su raíz sigue siendo bipolar. Sin embargo, corresponde a la lógica cotidiana del trabajador del desarrollo y puede unir a las personas y encontrar una base común al nivel de las ideas.

La cuarta lógica, "lógica sintética", corresponde a una lógica de la transformación. Usualmente, incluye elementos de tesis, antítesis y síntesis. A la vez, abre nuestra perspectiva de una realidad que tiene más posibilidades que lo que encontramos en la lógica binaria o dialógica, a través de la expansión de nuestra comprensión de las realidades sociales. Las personas pueden emprender una acción, permitiendo que la síntesis de una tesis y de una antítesis los guíe, lo que puede posibilitar avanzar con lo dialéctico… se nombra un nuevo camino, que es la síntesis. Por consiguiente, esta lógica también aumenta las conexiones posibles y la oportunidad de encontrar mayores posibilidades.

La lógica social final, lógica de la "totalidad", tiene el propósito de imaginar el todo y desarrollar una perspectiva de dicha totalidad. Ayuda a nuestra mente a dar un paso atrás y tal como lo hacemos con nuestros brazos cuando abrazamos a alguien, abrazamos la totalidad. Es un proceso reflexivo y con mucha atención que resalta el pasado y presente, el aquí, ahora y el futuro y deliberadamente trata de establecer conexiones entre todos ellos. Esta lógica cuenta con una rica tradición y, por lo tanto, existe un número de ideas sabias explicadas de manera simple en marcos de tres puntos que están arraigados en la práctica. Por ejemplo, encontrar un equilibrio entre las demandas que existen en nuestras mentes o corazones y manos; o equilibrar las legítimas voces de "las personas" con sus "líderes" y aquellos "expertos" que proporcionan información crítica. Estos son dos de los distintos marcos de tres partes que han ayudado a los profesionales en los años a examinar sus mentes para lograr reflejar y abrazar la totalidad. Los profesionales experimentados saben cuántos de estos marcos, especialmente aquellos que se han probado, están arraigados en la práctica diaria.

Como ejemplo, en la Tabla 6.2 utilizamos la últimas cuatro lógicas sociales con el fin de examinar cómo ellas informan la conceptualización de nuestra práctica con respecto a la relación que existe entre las empresas y las ONG. A la vez, le recordamos a los trabajadores que en el método meta necesitamos utilizar todas estas lógicas de tal forma que podamos distinguir y expandir nuestro pensamiento.

Tabla 6.2 Ejemplo de cuatro lógicas sociales aplicadas

Lógica binaria: ONG versus empresas.	Esta lógica se podría expresar como "Las dos motivaciones que determinan a las empresas y las ONG son opuestas – la primera se enfoca solo en las ganancias y la última en crear un futuro positivo" Tal manera de enmarcar las ideas asegura que nuestra práctica caiga en una tensión de los opuestos. Esto nos da solo una visión unidimensional de cómo podemos involucrarnos en un trabajo de cambio es decir, desde el punto de vista de una ONG, solo podríamos abordar el cambio si nos oponemos a las empresas.
Lógica dialógica: ONG con y sin las empresas.	De igual forma, esta lógica se podría expresar de la siguiente manera, "Si las ONG y las empresas trabajan juntas, podemos construir un futuro mejor, sin embargo, debemos reconocer que habrá momentos en los cuales necesitaremos enfrentarnos". A la vez, esto abre nuestra práctica a las posibilidades que incluyan el tanto esto/como aquello, es decir, podemos trabajar tanto con las empresas como desafiarlas si es necesario. Reconoce el potencial de trabajar con, como el trabajar contra y, por consiguiente abre más posibilidades que la interpretación binaria.
Lógica sintética dialéctica: las ONG y las empresas forman '"BUNGOS" (ONG financiadas por las empresas)	Esta lógica proporciona posibilidades a partir de la síntesis – abre las posibilidades para extender el esquema del tanto esto/como aquello y nos ayuda a explorar más allá de las posibilidades de vincular a las ONG y empresas. Porque, si dichos "BUNGOS" simplemente permiten que uno de los elementos predomine, entonces no corresponde a una síntesis.
Lógica de la totalidad: ONG – empresas – gobierno.	La expresión se daría en los siguientes términos, "Ahora necesitamos una asociación entre los tres actores del desarrollo – Las ONG deben trabajar con las empresas y ambas con el gobierno. Todos tienen un rol que jugar en la totalidad". Esto abre las posibilidades de contar con un tercer actor en el escenario, que sea independiente de los otros dos. Proporciona mayores posibilidades de acción, aunque, por supuesto, ¡también complejiza las relaciones!

El ejemplo simplemente ofrece una manera de pensar sobre cómo la lógica ayuda a los trabajadores del desarrollo a ajustar sus juicios iniciales y considerar otros. Imaginemos la posibilidad de repensar los activismos verdes y los conflictos de la tala de árboles a través de una lógica social diferente. Imaginemos qué posibilidades y conexiones se podrían abrir, desechando viejos prejuicios, una práctica estancada y patrones repetidos del fracaso. La verdad y la justicia cuentan con distintas realidades y caminos y el hecho de formular distintos juicios con lógicas sociales diferentes puede abrir aquellos caminos y posibilidades.

Segundo principio del método meta: pensar de manera paradójica y aceptar las contradicciones

Al abrir las posibilidades en la práctica del desarrollo, la lógica social nos ayuda a explorar cómo los mapas mentales nos limitan. También pueden ayudar a los trabajadores a abrir sus pensamientos en una forma que nos ayude a avanzar de manera generativa. Al utilizar dicha lógica, una de las nociones importantes que tenemos que abrazar es la de la paradoja. Una paradoja es aceptar dos o más conceptos, procesos o dimensiones aparentemente contradictorios. La lógica de la paradoja es una en la cual el "tanto esto/como aquello" (y por consiguiente tiene una vinculación con la lógica dialéctica), incluye el encontrarse dentro de la tensión de la contradicción. Sin embargo, no se trata de transar entre dos elementos aparentemente contradictorios de los compromisos del desarrollo, ni tampoco de decidir a favor de uno u otro ni tampoco de resolver la tensión entre los elementos reduciendo la tensión que existe entre ellos, en otras palabras no se trata de la lógica de ya sea esto/o lo otro. En la paradoja no se intenta equilibrar las tensiones, ya que el equilibrio corresponde a una solución estática, mientras que compenetrarnos con la paradoja corresponde a algo más bien dinámico. Esta compenetración dinámica requiere un entrelazamiento constante, moverse entre y a lo largo, dentro y fuera, alrededor y más allá.

La mayor parte de la práctica participativa requiere una manera de pensar paradójica, de ahí que cuenta con el estatus de constituir un principio en y por sí mismo. Por ejemplo, como profesionales tenemos una actitud tanto intencional como flexible, metódicos y, a la vez, relajados. Si no tomamos en cuenta estas dimensiones del trabajo aparentemente paradójicas nos arriesgamos a estar ideológicamente determinados, a comportarnos de manera mecánica, nos perdemos entre las distracciones o solo podemos percibir las probabilidades más que estar abiertos a las posibilidades. Muchas veces también, entramos en roles paradójicos, ya que somos tanto líderes como seguidores; con mucha frecuencia nos encontramos tanto dentro como fuera y en realidad, trabajamos de abajo hacia arriba y viceversa. Si hemos sido criados y/o educados en una sociedad occidental este pensar de manera paradójica puede convertirse en un desafío monumental. De esta manera, buscamos organizar las cosas, formar jerarquías conceptuales, unificamos nuestros diversos deseos e intereses o simplificamos las maneras de hacer las cosas de tal forma que nos sintamos mejor capacitados de "hacer bien una cosa" o "saber lo que estamos tratando de hacer". La certidumbre y el conocer se vuelven partes esenciales de los determinantes de la práctica. La ironía es que las tensiones entre las dimensiones del mundo que son contradictorias o que se encuentran en oposición, de hecho, no desaparecen cuando uno privilegia una por sobre otra. Las tensiones solamente se vuelven implícitas, donde es más difícil tener un acceso en la práctica.

Por ejemplo, es extremadamente difícil trabajar con alguien que dice algo (como el proceso democrático) y en realidad actúa de manera opuesta (en este caso, son autocráticos y controladores). Como profesionales a todos nos debiera gustar privilegiar la democracia y el diálogo. Sin embargo, se puede dar el caso de que muchos de nosotros tengamos la tendencia a querer controlar los procesos y presionar por nuestra propia opción. Se requiere una habilidad especial para poder darse cuenta y asumir ambos deseos – lo explícito, abrazar el deseo de crear estructuras y participar en procesos que encarnen los ideales del consenso y colectividad y, lo implícito, que desgraciadamente, con frecuencia, son los deseos no percibidos, como el deseo de controlar y dirigir los procesos. A menos que se pueda asumir estas tensiones paradójicas y se abran a la discusión, será muy difícil trabajar con ambos lados de la tensión y las personas tendrán la tendencia a convertirse en fanáticos ideológicos en relación a que el deseo que sienten es el más importante para ellos (mientras que el deseo implícito se fortalece, pero muchas veces en las sombras). Todos hemos escuchado de organizaciones que vehementemente abogan por estructuras no jerárquicas y la toma de decisiones basada en consensos, mientras que en la realidad, ellas son dirigidas por estructuras informales opresivas y controladoras y jerarquías de poder tácitas.

También de manera más general, frecuentemente la existencia de tensiones paradójicas en los problemas y procesos permanece en silencio. Por ejemplo, las tensiones paradójicas entre la guerra y la paz no desaparecen cuando uno se convierte en un activista de la paz y va a las protestas y demostraciones por la paz. No es raro ver protestantes muy enojados que exigen el fin a la violencia "AHORA" en una manera que es implícitamente violenta y agresiva, lo que a veces se vuelve explícito. Sin embargo, a menos que aceptemos la tensión paradójica entre estos dos conceptos, se volverá difícil trabajar con la violencia que pueda existir en el movimiento a favor de la paz, que es la característica que se asocia con el "enemigo" y más que un mero rasgo, es el que prevalece tanto dentro como fuera de dicho movimiento. Esto también lo podemos llevar a un nivel más subjetivo, en el sentido de que muchas relaciones dentro de los movimientos por la paz (y por lo mismo, muchos movimientos que tienen en su centro un compromiso por la no violencia) se caracterizan por un grado de "violencia", basta solo pensar en las formas en las cuales las personas se critican entre sí, forman grupos "exclusivos" que se aferran de manera desesperada a posiciones ideológicas y, por consiguiente "dañan" las relaciones de las cuales forman parte. Aunque nos encantaría idealizar nuestras intenciones pacíficas, existe una necesidad real de tanto reconocer como trabajar con (más que en contra) el lado oscuro de los otros y de nosotros mismos, en vez de ayudar a promover la guerra y las maneras confrontacionales de relacionarnos.

Sin embargo, las paradojas no se restringen a los conceptos binarios. De hecho, unos de los desafíos de la práctica participativa es ser capaces de aceptar las tensiones paradójicas entre múltiples dimensiones simultáneas y utilizar estas tensiones como base para desarrollar de manera creciente y más creativa respuestas para cualquier desafío que surja en el trabajo. En un sentido práctico, el desafío que implica manejar estas tensiones se refleja en aceptar las diferencias que uno encuentra entre las personas y sus creencias, y cómo avanzar y hacerlo de tal forma que estimule el diálogo, la apertura, la experimentación y la escucha activa. A veces esto se puede volver muy difícil, lo que requiere una gran habilidad de parte de los trabajadores en términos de caminar por una línea muy tenue entre el conflicto y la "guerra", siendo el primero necesario y el último la antítesis de un proceso inclusivo. En dichas situaciones, los trabajadores frecuentemente deben facilitar una participación creativa con dichos conflictos.

Finalmente, el pensamiento paradójico nos ayuda a evitar convertirnos en fundamentalistas participativos o ideólogos. Ayuda a identificar las complejidades de perspectivas, lo que realmente forma parte de la práctica. Y también ayuda a evitar los obstáculos de la jerarquización ideológica de dichas perspectivas, reconociendo que todas las perspectivas tienen aspectos tanto buenos como malos, posibilidades de lo correcto e incorrecto, junto con consecuencias favorables y desfavorables.

Tercer principio del método meta: aceptar y abrazar la complejidad

Escribir sobre la práctica es una tarea muy difícil, ya que la práctica es compleja y multidimensional, mientras que escribir es lineal y unidimensional. Así es que aunque hagamos nuestro mejor esfuerzo, se hace imposible representar de manera precisa la complejidad y dinamismo de la práctica en una página. Como escritores, nos vemos enfrentados a dilemas reales que se desprenden de esta dificultad, lo que nos ha afectado durante el proceso de escritura, es decir el orden/ ubicación de cada dimensión de la metodología. La metodología no es un receta, por lo tanto, no sigue una dirección lineal (aunque algunas partes de ella puedan tener una característica secuencial, pero no son solamente secuenciales). En la práctica, las distintas dimensiones de la metodología se encuentran entrelazadas y en un andamiaje – cada una, a la vez, se encuentra implícita en todas las demás dimensiones de la metodología. Esta noción de inclusión es central para la comprensión del poder real de la metodología de la práctica – sin embargo, también de alguna forma es contracultural para muchos que han sido educados en el pensamiento occidental.

La mayor parte del pensamiento occidental se basa en la noción de que debemos descomponer los problemas, conceptos, objetos y estructuras en sus partes más básicas para poder comprender y trabajar con ellas. Trabajar con sistemas y pensamientos complejos significa, que esta manera de conceptualizar los problemas se vuelve muy simplista, no se involucra con el dinamismo de los sistemas, las interrelaciones e interdependencias entre las partes ni con la noción de que el todo es mayor que la suma de las partes. En la práctica participativa, el principio central es la generación de relaciones o la búsqueda de las conexiones más que la deconstrucción o la división. Buscamos construir relaciones entre las personas y de manera similar construir relaciones entre las estructuras, organizaciones y entre conceptos, enfoques y estrategias. Más aún, pensamos sobre cómo podemos extender más allá la construcción de relaciones – a personas en otros lugares, a personas con distintas perspectivas (a veces dentro de las estructuras a las cuales nos oponemos), a estructuras que apoyan nuestro trabajo. Un punto de vista participativo busca unir más que dividir y vincular e integrar más que separar, recordando, por supuesto, que muchas veces el proceso de unión siempre puede generar tensiones y dar como resultado un conflicto en vez de armonía.

Gran parte de las ideologías del cambio social que han guiado a los pensadores y activistas han propuesto trayectorias del cambio bastante unidimensionales – cómo la adopción a gran escala de ciertas acciones, revoluciones o paradigmas del pensamiento llevarán al fin y al cabo a un cambio sistemático que, a la vez, terminará con la pobreza y el sufrimiento. A pesar del hecho de que estas ideologías han sido severamente criticadas y sus sólidas bases se han visto seriamente horadadas, siguen existiendo corrientes subterráneas que permean la teoría y práctica y nos hacen aferrarnos firmemente a un solo bote salvavidas de soluciones. De alguna manera, nos vemos seducidos por la noción de que pueda existir una sola "cura" para la pobreza, tal como aquellas curas que han reducido o eliminado ciertas enfermedades del mundo – la respuesta mágica, que algún día resolverá los problemasdel mundo o incluso proveerá la solución perfecta para esto o lo de más allá del problema local.

Cuando analizamos el historial de las respuestas mágicas vemos el "abracadabra detrás de la cortina", las "respuestas" y las "soluciones" nunca serán finales e incluso si "resolvemos" tal o cual problema, a partir de la "solución" fluirán consecuencias no anticipadas, que se convertirán en problemas nuevos. Muchas veces la llamada "solución" generará todo tipo de preguntas nuevas que se convertirán en "nuevos problemas", lo que creará una cantidad de temas nuevos que deberán abordarse. Sería maravilloso que pudiéramos simplificar los problemas humanos de tal forma que todos puedan calzar en un plano lineal a partir del cual se pudiera aplicar fórmulas escritas que den como resultado una respuesta correcta. Dicha esperanza fundamentalista es igual a no aceptar que la tierra es redonda, porque parece plana, al menos en el corto plazo, lo que es más manejable. Pero la realidad es que la circularidad y complejidad son la base desde donde surgen los problemas humanos. Cuando lidiamos con dichos temas, entonces, debemos reconocer que las "respuestas" y "soluciones" son constructos lineales, que pueden "resaltar" partes del complejo circular, que es parte de la pobreza, pero nunca podrán llenar todas las curvas de su complejidad.

Habiendo considerado tres principios del método meta, enfocados en el pensamiento, ahora nos concentramos en la segunda parte de este capítulo. Aquí examinamos lo que hemos designado como "experimentos con el método meta" y nos enfocamos en las prácticas que adoptan el tipo de pensamiento mencionado anteriormente en el mundo estructural de las asociaciones organizacionales, conectando el nexo local-global y global-local. En este sentido, intentamos mostrar cómo los trabajadores pasan de la cabeza "pensamiento" a las manos, posibilitando diversos tipos de estructuras que incluyen el tipo de complejidad identificada.

Experimentos con el método meta

Ya es un hecho reconocido que muchos de los problemas que intentamos abordar en el trabajo participativo tienen sus orígenes en procesos globales y que muchos de los problemas globales encuentran sus orígenes en el impulso colectivo de la conducta de las personas. Como ya se ha mencionado, todavía se repiten las viejas y agotadas frases como "pensar globalmente y actuar localmente", o "todo comienza con la persona", que si bien apuntan a algo verdadero, sin embargo, son insuficientes. Necesitamos comenzar con la persona y terminar también con ella. Comenzar en la parte superior y terminar también ahí. La verdad es que, el trabajo debe ser realizado en todas partes y el trabajo a todos los niveles – lo que refleja aún más el mantra de Margaret Wheatley "comienza en cualquier parte, anda a cualquier parte" (Wheatley y Freize, 2011).

La primera reacción a la escala de lo que se requiere puede ser abrumadora. Los trabajadores del desarrollo con frecuencia ven las labores a ser ejecutadas como demasiado grandes y las fuerzas que intervienen como demasiado poderosas para ser manejadas. Cuando se examina la respuesta, lo podemos percibir de manera profunda como una percepción moderna totalizante del yo, esto es, como un individuo aislado. Es verdad que somos los que somos y no otros. Este sentido del yo y de la identidad individual es una verdad maravillosa a la cual nos queremos aferrar. En el otro lado duro de la individualidad, también sabemos que morimos solos incluso aunque estemos acompañados. Sin embargo, también es verdad que las personas le deben sus existencias a otros, pronunciamos palabras que no inventamos originalmente y nuestro bienestar continuo se basa en gran medida en los esfuerzos de otros. La naturaleza de este todo indivisible, del cual formamos parte, proporciona una razón fundamental de nuestros esfuerzos de construir una comunidad y también es la misma comprensión ostensiblemente vasta que es necesaria para construir el movimiento generado por las personas. Es esta conexión fundamental a un mundo desconocido mayor de "otros" desconocidos, que reconocemos como importante y es esta verdad la que permea todo el método meta.

El trabajo del método meta no solo corresponde a un acto imaginativo de vincularnos a nosotros, como individuos, con el ancho mundo de los otros. También corresponde a una labor estructural donde conectamos a las personas con la organización, a la organización con la organización a todos los niveles posibles y de todas las maneras posibles. Pero cuando enfrentamos esta tarea existe una forma similar de ceguera moderna a la que limita la conexión individual, pero esta vez se concreta debido a las fronteras impermeables que colocamos alrededor de las organizaciones. Tal como tenemos la tendencia a totalizar a los individuos, también tendemos a totalizar la identidad de las organizaciones, y el trabajo de toda una vida frecuentemente se vuelca en promover el único interés de la organización y no verla como parte de un todo mayor. De igual forma como la visión única totalizante de un individuo es errada, lo mismo pasa con la visión totalizante de las organizaciones. En el método meta tenemos que conectar a la organización como parte de un tejido de un todo indivisible.

Pero cuando vinculamos a una persona, ¿con qué otra persona la vinculamos? ¿con qué organización? Aunque no podamos responder la pregunta con cierto grado de certeza, hemos visto cómo han surgido cuatro modelos importantes. Los cuatro modelos que describimos son el resultado de la experimentación de muchas personas y tal como se da en la historia del desarrollo, el trabajo se sigue desplegando. Estos modelos incluyen: vinculación local, asociaciones estructurales, instituciones de personas y movimientos liderados por personas, cada uno de los cuales pasamos a describir a continuación.

Modelo uno: vinculación local

En la "vinculación local", los trabajadores del desarrollo construyen relaciones entre personas de distintos lugares, en distintos contextos espaciales alrededor del mundo. En este sentido, el trabajo, posee un foco espacial y se da predominantemente a nivel "local", muy en línea con la práctica tradicional. Sin embargo, difiere de la práctica tradicional en el sentido de que se incorpora necesariamente la dimensión "global" en el análisis del problema en cuestión y en acciones subsiguientes a lo largo de un mínimo de dos lugares. Incluso, el análisis y secuencias de acción se interpretan como si tuvieran una naturaleza "local-global" y no están contenidas exclusivamente dentro de las fronteras de un lugar único en particular.

Dentro de este modelo, los métodos micro, mezzo y macro ayudan a establecer relaciones formales entre las personas, entre organizaciones de personas y organizaciones para el desarrollo en los distintos lugares y éstos proporcionan los vehículos para un análisis y acción conjuntos. Los problemas debido a los cuales se emprende una acción son temas que afectan a las personas en lugares específicos, que están incluidos en la vinculación, aunque en muchos casos los problemas tienen una naturaleza bastante universal y afectan a muchas (sino a todas) comunidades a nivel global.

El desafío de ese modelo se centra en la pregunta de cómo las comunidades pueden lidiar con una relación que enfatiza lo mutuo y la acción conjunta a múltiples niveles locales. Lo que separa al imán que atrae a las comunidades es la distancia y la diferencia que se da entre ellas. Existe la distancia espacial, ya que muchas veces se encuentran separadas por miles de kilómetros, con frecuencia en distintos países y a veces en diferentes continentes. Existe una increíble diversidad de interpretaciones sobre problemas universales de un lugar a otro. Pero la distancia espacial presenta tanto problemas como posibilidades. Existe una gran posibilidad de una comunicación errónea y de malos entendidos con respecto a interpretaciones muy distintas sobre problemas comunes. No obstante, estas diferencias abren la posibilidad de que se pueda generar una perspectiva nueva, lo que a su vez, puede generar la posibilidad de un cambio ulterior. Existe un problema de recursos si se quiere mantener relaciones con lugares tan distantes, pero también esto se puede tomar como un gran incentivo para ser más creativos, utilizando todo el espectro de las modernas tecnologías de la comunicación así como también reinventar el intercambio de símbolos antiguos, que pueden ser tan simples como una carta personal o una artesanía como regalo. En los procesos del método meta, "conectar" una parte a otro parte no solo distinta, sino que también distante, hace que florezca toda la sabiduría del método del desarrollo que nos posibilita realizar cosas "juntos", "al lado de" y en "asociación". Es precisamente cómo los profesionales del desarrollo lidian con estos problemas fundamentales donde se encuentra el corazón del método meta.

En la práctica, el modelo que vincula con lo local se encuentra cimentado sobre los principios locales, debido a que los problemas y crisis "globales" se pueden ver, tocar, sentir y oler. Por ejemplo, una comunidad que es dependiente de la tala de la madera para su sobrevivencia se puede preocupar sobre el impacto que pueden producir las inundaciones en comunidades que se encuentran en las planicies y ambas comunidades se pueden apoyar y cuidar. Esta profundización consciente de la interdependencia que rodea a las personas y su medioambiente les ayuda a madurar de manera profunda. Estas expresiones concretas de los problemas genera claridad, inmediatez e impulso a la acción que aumenta la posibilidad de la participación de las personas y, por ende, el éxito posterior. Dentro de este modelo, las estructuras e instituciones que son las más visibles y que los trabajadores del desarrollo utilizan para propiciar el trabajo del método meta, se encuentran y permanecen al nivel "local". Si tomamos un ejemplo de la sobrepesca y el trabajo de los pueblos pesqueros, el trabajo permanece enfocado en las asociaciones de pesca y el vínculo de diversas asociaciones similares en la distancia. La relevancia misma de dichas instituciones locales con frecuencia significa que las instituciones "globales" involucradas permanecen de algún modo abstraídas y escondidas. Sin embargo, se debiera agregar, que si bien la primacía de las instituciones locales prevalece en la vinculación local, los trabajadores pueden general un número de conexiones con otras instituciones, ya sea de manera separada o en conjunto, lo que los puede beneficiar en su lucha.

La idea básica de la vinculación con lo local es lo suficientemente directa y debido a la inmediatez de su conexión con los métodos micro, mezzo y macro, las rutinas de la práctica quedan lo suficientemente claras. La pregunta central es ¿porqué una comunidad debiera esforzarse en vincularse con otra? Aunque la respuesta a dicha pregunta depende de la circunstancia, existen patrones generales que han surgido en el tiempo. Una conexión y motivación recurrente proviene de la familia, la religión y los vínculos étnicos cuando las personas buscan profundamente cómo sanar algunos impactos positivos de estas prácticas sociales, especialmente las separaciones provocadas por la migración y las guerras. En otros ejemplos que conocemos, las conexiones han crecido a partir de la amistad personal mientras que otras a partir de dificultades compartidas o preocupaciones mutuas sobre un ecosistema compartido, un río o montaña que va más allá de las fronteras locales, regionales o nacionales. Todas estas razones y otras pueden proporcionar un motivo suficiente y cada historia tiene su propia forma y carácter.

Justo en el corazón de la vinculación con lo local se encuentran las preguntas sobre la sostenibilidad. Esta dificultad es reconocida por los trabajadores del desarrollo, que dicen que con frecuencia son las personas comunes y corrientes las que prefieren este modelo más que los líderes formales, al igual que los grupos comunitarios más pequeños con los recursos más escasos, en vez de las instituciones que proporcionan la energía real para sustentar las vinculaciones. Las relaciones mutuas siguen siendo parte central de la sostenibilidad de la vinculación con lo local, pero los recursos disponibles ciertamente afectan la escala y rapidez con las cuales el proceso puede avanzar.

Con todas las posibilidades de este modelo, terminamos con una palabra de precaución. Si la vinculación con lo local se utiliza de tal forma que estimule lo mutuo y una acción conjunta genuina, es vital que todas las partes no repitan el patrón de colonizador/colonizado con el dominio de una comunidad por sobre otra, aunque sea muy sutil. En el alma del método meta se encuentran la asociación, colaboración y conexión.

Modelo dos: asociaciones estructurales

El modelo de "asociaciones estructurales" en la práctica del método meta se enfoca en generar el nexo local-global con una red de alianzas organizacionales e institucionales que vinculan su trabajo de manera lateral y vertical.

Este modelo se construye a partir de las relaciones de asociación, que son muy importantes y que hemos considerado entre las organizaciones de personas y las organizaciones constituidas para el desarrollo en el Capítulo Cinco. Pero ahora, expandimos la red de asociaciones para incluir cada nivel de la organización: personas, comunidad, social, internacional y global. La expresión más tradicional de este nexo local-global corresponde a las organizaciones para el desarrollo del norte global, vinculadas a organismos de financiación y países donantes que han desarrollado "asociaciones" con el sur global, que, a su vez, ejecutan programas diseñados y operados localmente.

En el método meta, el trabajador del desarrollo facilita la colaboración y cooperación a distintos niveles, entre lo "local" y lo "global". La colaboración es multidimensional. Es vertical y frecuentemente incluye el desarrollo de asociaciones dentro y entre distintas organizaciones no gubernamentales que intervienen en el trabajo del desarrollo de personas, de una comunidad "local" hasta las estructuras y organizaciones regionales, nacionales, internacionales y globales. También tiene un carácter horizontal, lo que significa el desarrollo de asociaciones dentro y/o entre organizaciones al mismo tiempo o a un nivel estructural similar. El trabajo mueve el proceso tanto hacia arriba como hacia abajo en la dimensión vertical y a lo largo de ella en la dimensión horizontal.

El modelo de asociación estructural corresponde a una expresión importante del trabajo de método meta, especialmente cuando existe una estimación exhaustiva en todas las partes de la red, en el sentido que las organizaciones de personas corresponden al punto focal primario del proceso participativo. Con este modelo, al nivel "local" se reúnen, amplifican y transmiten las voces de las personas de tal forma que pueden realizar una contribución central a las decisiones y generación de políticas al nivel "global".

La asociación estructural no tiene que ver con el control burocrático de las jerarquías o autoridad, lo que de manera inevitable convertiría los procesos participativos en programas de prestación de servicios. La asociación estructural, idealmente corresponde a un proceso mediante el cual las personas y organizaciones, utilizando su propio conocimiento y experiencia, articulan sus necesidades, ejercitando su propio poder político en foros nacionales, internacionales y globales. Debido a que es una relación mutua, funciona de la manera que sea más apropiada, de arriba hacia abajo o viceversa, desde dentro hacia afuera o viceversa, etc. Mientras que existe un compromiso absoluto hacia los intereses de los más pobres a nivel comunitario, también existe la valoración en el sentido de que la verdad y una perspectiva útil pueden provenir desde cualquier lugar y, al reconocer este hecho, ya no es una ideología que solo valora el enfoque que va de abajo hacia arriba. Es importante, si este método no ha de convertirse en una burocracia global, que el nexo "local" y lo "global" no se interprete de manera jerárquica en una posición desventajada en relación con lo "global". Por consiguiente, este trabajo ha de ser permeado por la práctica micro, mezzo y macro al generar relaciones a lo largo y ancho de las partes.

El trabajo del método meta resulta extraordinariamente desafiante cuando la comunidad "local" permanece siendo el punto focal del trabajo y beneficiario principal de cualquier resultado. Tal foco requiere un cambio profundo a nivel de políticas y procedimientos en las organizaciones e instituciones con culturas orientadas al servicio, la jerarquía y el poder, porque requiere que la organización responda a lo que las organizaciones asociadas y, especialmente, lo que organizaciones de personas quieren. Esencialmente, los requisitos de una buena práctica del desarrollo son los que dan forma a las estructuras y no vice versa.

La práctica del método meta, donde de manera deliberada vinculamos lo "local" con lo "global" requerirá que los trabajadores reconozcan algunas de las falacias de la acostumbrada separación estructural de los procesos de desarrollo "local" y "global". También cambia las maneras tradicionales como nos hemos organizado teniendo en mente más la separación en vez de la conexión. Estructuralmente, lo que esto significa se puede ver ilustrado por varios ejemplos en tres niveles distintos:

1. la limitación del gobierno local a la administración de los "asuntos locales", tal como está definido por las fronteras políticas de su propia jurisdicción y la exclusión de problemas internacionales y "globales" de sus agendas;
2. foco de las ONG del desarrollo en programas a un nivel internacional o "global" y sobre el "desarrollo" como un problema del sur, cuando este foco excluye el inicio de los programas y la aprobación a un nivel "local" y el "desarrollo", ya sea como un problema del sur como del norte;
3. foco en programas de instituciones tales como las Naciones Unidas o el Banco Mundial, que funcionan exclusivamente a nivel "global" o a un nivel internacional sin la participación de las personas a nivel "local".

En el método meta, necesitamos más de estas instituciones tradicionales y familiares en comparación a lo que usualmente ocurre.

Este modelo de asociación estructural no es nuevo. Lo que es nuevo es una valoración creciente de su importancia como método de vinculación de lo "local" y "global" en un amplio abanico de contextos de práctica. A pesar de esta creciente valoración, sigue existiendo una tendencia a interpretar estos dos niveles extremos como si formaran un continuo ordenado de manera jerárquica, en el cual, cualquier nivel se asocia con cualidades claramente negativas y el otro con cualidades exageradamente positivas. Qué niveles constituyen lo "local" y lo "global" se relaciona bastante con la posición de un trabajador en particular en el continuo. Si se conceptualiza de esta manera el análisis local-global, los patrones de la práctica fluyen en contraposición, en vez de hacerlo siguiendo un curso del desarrollo. La organización para el desarrollo, en vez de convertirse en un aliado, se convierte en un "mediador" entre las comunidades "globales" y "locales" y/o en un "defensor" o "protector" de lo "local", pero un crítico de lo "global". Las intervenciones basadas en la beneficencia y en un romanticismo pertenecen a una era pasada. Ya no es adecuado, en la era global, que una organización para el desarrollo hable a nombre de o haga algo "por" o "hacia" otros. Cada uno debe desarrollar su propia voz a partir de sus propias experiencias.

Pero quizás el cambio más fundamental que se necesita es que nuestras organizaciones internacionales para el desarrollo más importantes se vuelvan globales. Las organizaciones globales para el desarrollo ciertamente tendrán que desarrollar sus propios programas internos, desarrollar su propio conocimiento y experiencia y luego conectar fluidamente su propio trabajo local con instituciones globales. Esto reconoce total y abiertamente que los problemas que abordamos en la actualidad no están meramente "ahí", sino que también están acá en nuestro hogar y ambos están conectados entre sí. Solo entonces, con este cambio fundamental en la manera como pensamos, podrán incorporar el método meta en su repertorio.

Aunque todavía hay mucho por hacer y existen diversas dificultades profundamente arraigadas, solo es posible encontrar consuelo debido al avance y la creciente sofisticación de la práctica del método meta para poder generar relaciones estructurales.

Modelo tres: instituciones de personas

Una "institución de personas" corresponde a una forma meta-organizacional que representa la cualidad y la voz de la organización de personas a niveles regionales, nacionales y globales. Las instituciones de personas proporcionan una estructura a través de la cual los problemas que han sido mencionados en las organizaciones lideradas por personas se pueden amplificar en y por la voz de personas que experimentan los problemas.

A primera vista, las estructuras asociadas con las instituciones de personas se ven bastante tradicionales. Pero en la realidad, tienen una sensación y procesos totalmente distintos porque la institución se enfoca en las personas y pertenece a las personas que participan en ella. Esta capacidad de respuesta de la institución de personas a las personas involucradas se ve como un claro contraste con las formas institucionales sociales que pertenecen a la sociedad y que son una plataforma para que los representantes puedan conducir sus propósitos sociales, tal como es el caso en la institución social del Parlamento. No es necesario repetir que las instituciones de personas son una expresión del proceso participativo y no un substituto de las instituciones sociales, particularmente en el caso del Parlamento.

Si la idea que se encuentra en el trasfondo de las instituciones de personas es lo suficientemente simple, la ejecución de ellas no lo es, por cierto. Es muy difícil permanecer fiel a los más pobres y no a los más poderosos; enfocar la energía en el proceso que va de abajo hacia arriba y no al revés; contar con procesos democráticos y participativos más que adoptar una forma representativa y burocrática.

Las estructuras de las instituciones de personas que están surgiendo son:

- organizaciones de personas como unidades primarias de institución;
- redes de organizaciones de personas donde se construyen las relaciones, se comparte la información y experiencia y donde se generan las conexiones;
- foros donde se debate la política y donde se toman las decisiones;
- asambleas de comunidades de interés donde se establecen la visión y las metas estratégicas;
- federaciones donde el trabajo localizado desarrolla una voz política.

El método meta requiere una completa familiaridad con procesos democráticos y de toma de decisiones inclusivos que le den vida a las redes, foros, asambleas y federaciones. Cómo registrar e implementar las decisiones corresponde a un nivel nuevo de habilidades que mueve el trabajo y a los trabajadores más allá de los registros y acciones de un grupo mezzo pequeño.

El surgimiento de instituciones de personas es una aspecto fascinante del método meta, lo que se ha visto forzado por las limitaciones intrínsecas de incluso la mejor práctica participativa. Existe una valoración creciente de que es necesario basarse completamente en los esfuerzos localizados de Korten (1990), el llamado trabajo del desarrollo de segunda generación, pero no es suficiente. De manera simultánea, existe una tendencia de ir más allá del trabajo de segunda generación para incluir el enfoque basado en los derechos del trabajo de tercera generación y el enfoque transnacional del trabajo de cuarta generación. Las instituciones de personas tienden a encarnar los elementos de estas distintas generaciones, con procesos paralelos del trabajo basado en un lugar, campañas basadas en derechos y promoción así como también el elemento transnacional.

Una de las historias favoritas del método meta que apoyó el surgimiento de las instituciones de personas es el trabajo de Max-Neef narrado en su libro fundamental *From the Outside Looking In: Experiences in Barefoot Economics* (Max-Neef, 1992). En la primera mitad del libro, él narra la historia de ECU-28, un ejemplo de generación de institución de personas dentro de la región de los Andes del Ecuador.

La metodología del proyecto buscaba movilizar un proceso participativo de "comunicación horizontal" entre los pueblos que rara vez han tenido la posibilidad de conocerse y crear un entendimiento compartido sobre sus problemas a través de la generación de una consciencia regional. El proyecto evitó un proceso más ortodoxo de campesinos de distintos pueblos hablando con las "estructuras verticales" del estado de manera separada. En otras palabras, un proceso mediante el cual un pueblo o aldea genera su propia representación sobre los "problemas del pueblo" propios y de manera aislada. En vez, a través de una serie de procesos de base apoyados por el proyecto, se pudo reunir a las comunidades de los pueblos con el fin de formular un análisis regional de su estado actual de la situación, que de esa manera puedan presentar ante las autoridades pertinentes como un todo. A través del proceso de "encuentros provinciales", que consisten en reuniones entre los comités de los pueblos o aldeas donde aprenden los unos de los otros y construyen un análisis compartido, ellos formaron una estructura de pueblos regionales, que es el Congreso de Agricultores Regionales. Dicho Congreso tenía sus raíces en lo local (las personas representaban a sus pueblos o aldeas locales y le informaban los resultados a todo el pueblo después), sin embargo, esto daba la posibilidad de crear un análisis y una base de poder de las personas a nivel regional (Max-Neef 1992: 25–117).

Esta historia resalta algunos procesos importantes al momento de construir instituciones de personas, tales como:

- construir relaciones horizontales entre personas que cuentan con experiencias similares, pero que no han tenido la posibilidad de compartirlas entre sí;
- fortalecer estas relaciones horizontales hasta el punto donde las personas puedan generar estructuras formales;
- mantener límites claros de comunicación y rendición de cuentas entre lo local y la nueva estructura regional creada;
- nutrir el liderazgo participativo donde los líderes emergentes siguen comprometidos a un ethos de participación constante más que a la acumulación de poder;
- reconocer que, si bien las estructuras más complejas requieren de algún tipo de definición de roles, el ethos clave sigue siendo relacional más que orientado a los roles; y
- dedicar tiempo a construir un fuerte sentido de valores y visiones compartidas.

Una segunda historia, orientada más al mundo corporativo, corresponde a la de una gran empresa minera que explotaba minas en varios países. En esta historia, la empresa sugirió llevar representantes a las distintas comunidades con el fin de compartir sus historias y comprender preocupaciones comunes que trascendían lo local. Esta actitud iba más bien en contra de lo que culturalmente se daba, ya que usualmente las empresas lidian con cada comunidad de manera separada. El hecho de unir a los representantes llevó a la formación de un foro y una de las características del foro es, en primer lugar, unir a todas las partes interesadas, pero también crear un registro de sus preocupaciones e informar sobre los avances en un foro futuro, así como también considerar los nuevos problemas que hayan surgido. La relevancia de pasar de un evento único a un proceso que cuente con rendición de cuentas y con registro es un hito en un trabajo del nivel meta.

Modelo cuatro: movimiento liderado por personas

El modelo del "movimiento liderado por personas" se enfoca en el nexo local-global, tal como se ha dispuesto a través del desarrollo de redes de personas en los movimientos locales, sociales y globales. Este modelo define lo "global" como universal y mira cómo se puede identificar un problema en distintas formas a lo largo de varios contextos "locales" alrededor del mundo. Son estos problemas "globales" y universales los que forman la base de una acción común en distintos lugares o, de otra forma, acciones específicamente relevantes a ciertos lugares en particular que sirven para abordar los problemas planteados por la naturaleza "global" del problema. Los ejemplos actuales de dichas instituciones de personas incluyen *Vía Campesina* y *Shack Dwellers International*.

Las estrategias de la práctica, que muy frecuentemente se asocian con este método, son aquellas que incluyen las campañas y/o la defensa y con métodos de acción social directa que es común a los activistas dentro de los nuevos movimientos sociales. Estos métodos han establecido de manera efectiva las bases teóricas y de la práctica y tienen vínculos con la literatura del desarrollo, en particular a través de las tradiciones de acción comunitaria popularizadas por Mahatma Gandhi, Martin Luther King, Dorothy Day, las mujeres de Greenham Common, Saul Alinsky y otros.

En la práctica del método meta, lo "local" proporciona el contexto, la motivación y la forma política de la acción, mientras que lo "global", frecuentemente se interpreta como el "sitio" planetario en el cual convergen los problemas universales y que tienen un impacto máximo. Este modelo se usa en la actualidad por parte de las organizaciones para el desarrollo a través de la adopción de un número de problemas "globales" claves (interpretados como universales) alrededor de los cuales se adoptan estrategias, después de realizar consultas con las organizaciones asociadas. Luego se "adoptan" y/o "adaptan" estas estrategias en espacios "locales" distintos. Se pueden identificar varios principios de la práctica con respecto a la vinculación de lo "local" y lo "global", que posibilitan que el proceso posea una característica de desarrollo y no solamente abogar de manera superficial, adoptando una naturaleza meramente de carácter representacional. Estos incluyen:

- quién define el problema "global" y cómo, corresponde a un proceso mutuo;
- en la definición del problema, existe tanto lo local en lo global y lo global en lo local;
- los objetivos del movimiento y de la campaña contienen tanto elementos de cambio personal como de reforma institucional;
- las políticas y procedimientos corresponden tanto a labores de "abajo hacia arriba" como de "arriba hacia abajo", lo que minimiza el riesgo de una incompatibilidad entre los contextos, metodologías y diferencias de poder "locales" y "globales"; y
- la interpretación e integración horizontales son valoradas en todos los niveles.

Las estrategias de la práctica, que con frecuencia se las asocia a los movimientos de personas, han sido objeto de críticas constantes, ya que se suele interpretar los problemas como si fuesen únicos y a los profesionales se les critica también como elitistas poderosos. Estas elites, a su vez, tratan de totalizar los problemas, debido a que se los ve representando a todas las personas, comunidades y sociedades quienes pueden ser incluidas bajo la bandera de un solo movimiento particular. Esta forma de práctica define al movimiento parcialmente o incluso totalmente como un proceso político basado en el poder. Tales interpretaciones minimizan la agenda participativa, negando tanto su base inclusiva como las complejidades y diferencias que se pueden asociar con problemas diversos e interconectados en distintos lugares.

La teoría y práctica de los movimientos, redes y campañas tienen una dificultad en entender y manejar la complejidad dentro de los movimientos globales, sociales y locales (Platstrik, Taylor y Cleveland, 2014). En el mundo posmoderno, existe un enorme rango de estos movimientos con metas, valores, membrecías, actividades y estructuras distintas, sin mencionar el tamaño, duración e influencia. Las expresiones del desarrollo de un movimiento y campañas son más bien dialógicas y no solo se trata de una lucha violenta con el poderoso. Ellos comparten información, lo que puede ayudar a tomar mejores decisiones y generar un mejor círculo de *feedback y feedforward* que monitoreen los impactos negativos y positivos. Pero por sobretodo, un movimiento y campaña orientada al desarrollo permanecen abiertos a la reforma a todos los niveles, ya sea personal, local, social y global.

En el trabajo del movimiento de personas, se recoge la buena voluntad de todas y cualquier parte, utilizando la energía y preocupaciones de las personas como un recurso precioso, consciente de cómo el contexto y la conducta de la acción necesariamente moldea sus propósitos fundamentales. Sin prestar atención a sus bases, los profesionales podrían repetir los errores coloniales pasados imponiendo los así llamados modos de acción universales que, en realidad, son particulares a otro contexto y luego implementar procesos que son la antítesis de las aspiraciones de los movimientos liderados por personas, que los inspiraron en primer lugar. Pero con estas precauciones viene la posibilidad y oportunidad de expresar nuestra humanidad común, invitándonos a entrar y salir, subir y bajar en cualquier forma que queramos expresarnos, de manera simultánea, donde se aborda lo "personal" y lo "planetario".

Hemos descrito cuatro modelos principales que ayudan a los trabajadores a ver y comprender el nexo local-global en la práctica del desarrollo. Sin embargo, estos no son los modelos definitivos para participar en dicha práctica. Preferimos sugerir que existen muchas otras formas de entrar en la práctica participativa que responden a los problemas de la globalización. Este nivel de práctica, en muchas maneras, corresponde mas bien a un trabajo en curso más que otra cosa, ya que los trabajadores se encuentran en un proceso continuo de comprensión del nexo local-global. Los cuatro modelos perfectamente podrían haber evolucionado en un quinto o sexto.

En conclusión

Algunos dicen que nuestra descripción del modelo meta representa una visión más bien desesperanzada. Después de todo, en una era donde se anhela la certidumbre y las soluciones simples y sólidas a los problemas complejos, ¿cómo sería posible abogar por una práctica del pensamiento meta que incluya distintas lógicas y paradojas sociales que acepten la contradicción? ¿Cómo podríamos abogar por una práctica y experimentación estructural a escala local-global que usualmente se encuentra más allá de nuestra posibilidad de imaginarla? Sin embargo, cuando nos detenemos y reflexionamos en esto, nos damos cuenta de que al aceptar las "soluciones", la certidumbre y el control son ilusiones y esto es útil en vez de desesperanzador. Proporciona una base mucho más sólida desde la cual se puede percibir el valor de los experimentos "pequeños" y "lentos" en lugares donde uno puede lidiar con la complejidad de los problemas más que pasarlos por alto. Significa que ya no podemos aceptar de manera ciega soluciones prefabricadas y masivas. En vez, experimentamos de manera creativa y en formas en las que reconocemos y trabajamos sobre las particularidades de los espacios que ocupamos. Significa que nos alejamos de la posición más bien infructuosa en el sentido de que "podemos hacer todo" (por ejemplo, "resolver la pobreza mundial"), y enfocarnos en una más factible en el sentido de que podemos hacer algo y que esto, aunque sea pequeño, marcará la diferencia. Experimentarlo es involucrarnos de manera activa, con humildad y una mente y corazón abiertos y con esperanza.

Podemos ver la naturaleza de dichos experimentos en el trabajo de Gandhi – captado de manera tan hermosa en el siguiente párrafo en la introducción de su autobiografía *The Story of My Experiments with Truth* (1927: xii):

> Espero y rezo para que nadie vaya a considerar este consejo intercalado en los siguientes capítulos como si tuviese algún nivel de autoridad. Los experimentos que se narran se debieran considerar como ilustraciones a la luz de que cualquiera puede llevar a cabo [sus] propios experimentos de acuerdo a [sus] propias inclinaciones y capacidad. Confío que hasta un cierto nivel limitado, las ilustraciones puedan ser realmente útiles; porque no voy a esconder ni a minimizar cualquier cosa desagradable que se deba contar. Espero darle a conocer al lector todas mis falencias y errores. Mi propósito es describir experimentos en la ciencia Satyagraha y no contarles la buena persona que soy. Al juzgarme a mí mismo trataré de ser lo más severo y veraz, tal como espero que los otros lo sean consigo mismos.

Esta cita hace referencia a la principal contradicción del trabajo participativo, ya que contiene tanto humillad como un juicio crítico. Contrasta la humildad de que, "...nadie considerará esto como si tuviera algún nivel de autoridad ...", con el giro y la idea central de, "... al juzgarme a mí mismo trataré de ser lo más severo y veraz, tal como espero que los otros lo sean consigo mismos". Al participar de manera experimental en el mundo de la práctica participativa, ambas conductas se tienen que expresar. Con dicho comentario, nos toca abordar ahora el capítulo final: Juntos en una Base Común.

Referencias

Batten, T.R. (1962) *Training for community development: a critical study of method*, Oxford University Press, London.

Gandhi, M.K. (1927) *An autobiography, or, the story of my experiments with truth*, trans. M Desai, Penguin, Harmondsworth.

Henderson, H. (1991) *Paradigms in progress: life beyond economics*, Knowledge Systems, Indianapolis.

Kelly, A. and Sewell, S. (1988) *With head, heart and hand: dimensions of community building*, Boolarong, Brisbane.

Korten, D. (1990) *Getting to the 21st Century: voluntary action and the global agenda*, Kumarian Press, Colorado.

Max-Neef, M. (1992) *From the outside looking in: experiences in barefoot economics*, Zed Books, London.

Mumford, L. (1955) *The human prospect*, Beacon Press, Boston.

Plastrik, P., Taylor, M. and Cleveland, J. (2014) *Connecting to change the world: harnessing the power of networks for social impact*, Island Press, London.

Westoby, P. and Botes, L. (2013) 'I work with the community, not the parties! The political and practical dilemmas of South Africa's state employed community development workers', *British Journal of Social Work*, vol. 43, no. 7, pp. 1294–1311.

Westoby. P. and Van Blerk, R. (2012) 'An exploration of the training of community development workers within South Africa', *Development in Practice*, vol. 22, no. 8, pp. 1082–1096.

Wheatley, M. and Frieze, D. (2011) *Walk out walk on: a journey into communities daring to live the future now*, Berrett-Koehler, San Francisco.

CAPÍTULO 7

Sueños y reflexiones: juntos sobre una base común

Resumen

En·este capítulo final, ponemos al trabajo del desarrollo en un plano honesto y apropiado, explorando cómo los trabajadores pueden cultivar la suavidad; trabajar y examinar distintas motivaciones y aún así, seguir comprometidos con el trabajo. Una meditación final sobre el don del compañerismo reconoce que el trabajo del desarrollo, como una vocación, no es heroico y, aún así, es un trabajo privilegiado. No tenemos que pasar mucho tiempo realizando este trabajo antes de que hayamos compartido mucho con varias personas y nuestros trabajadores se hayan convertido en nuestros colegas, compañeros y amigos. Este es el lado receptor del regalo del yo, el regalo que se le entrega al otro.

Palabras claves: dulzura, el regalo del yo, el regalo del compañerismo, desarrollo comunitario, desarrollo internacional.

A medida que nos despedimos, revisando nuestros comentarios iniciales sobre el emisario del "nosotros" a lo largo del texto, no queremos que corresponda solamente a nuestra voz, sino que también a la voz de nuestros colegas del pasado y presente, que nos han ayudado a lo largo del camino.

En un libro que ha narrado la mayor parte de la historia que queríamos contar, la historia de la práctica aprendida de nuestros colegas alrededor del mundo, la historia de un marco emergente, desde el implicado hasta los micro-mezzo-macro-meta, la historia de la profundidad de los cambios que han ocurrido y seguirán ocurriendo, dentro del mundo del trabajo del desarrollo, ¿cómo podemos terminar? Siempre es una ardua tarea y, sin embargo, nunca cesan las palabras y más trabajo que realizar.

Hemos moldeado estas palabras finales en lo que hemos llamado "sueños y reflexiones" como una manera de reflejar la promesa del trabajo o, para decirlo en otras palabras, para terminar con un sentido del trabajo que es indicativo de algo que está por venir, "lleno de promesas". Para todo el arduo trabajo implícito en la práctica del desarrollo participativo existe una gran promesa y sueño que esperamos que también esté viva dentro de lo que hemos escrito.

En estos comentarios y reflexiones finales hemos considerado los temas humanos fundamentales, que tanto impactan en lo que hacemos, en el sentido de cultivar la dulzura, motivación, compromiso y compañerismo. ¿Cómo cultivamos la dulzura y amabilidad hacia nosotros y hacia otros? ¿Qué motiva a que las personas realicen el trabajo del desarrollo? ¿Cuáles son las sombras que pueden oscurecer este proceso? ¿Cuáles son nuestros compromisos? y ¿qué pasa con nuestros colegas, camaradas y compañeros en este trabajo? Todas éstas son preguntas

http://dx.doi.org/10.3362/9781788530781.008

pertinentes y que atañen a cualquier trabajador, ya sea joven o experimentado, siempre estarán presentes.

Cultivar la dulzura

A pesar de que nos aferramos al sueño y la promesa del trabajo del desarrollo participativo, enfrentamos problemas que, por lo general, son tan enormes y abrumadores que parecen insalvables. Al enfrentar esta situación, es importante ser amables y dulces con nosotros, con otros y con todo el proceso del desarrollo para que no nos volvamos impacientes, enojados o incluso violentos. Consideremos la siguiente verdad tan bien expuesta por Bernard Lievegoed (citada en Kaplan, 2002: 197),

> Sin provocación, sin violencia, sino con dulzura. Desarrollar dulzura hacia el mal, que es la mayor labor de nuestro camino... La dulzura y el amor son fuerzas que salvan el alma humana.

La dulzura requiere una honestidad profunda sobre lo que es, ya que las cosas siempre podrían mejorar, ser más justas y equilibradas. La dulzura nos invita a ver la verdad de este problema, por difícil que sea. La dulzura también necesita una comprensión profunda y necesita poder enfrentar las múltiples facetas de la violencia, esa violencia no solo corresponde al dominio de las armas de fuego y el odio. La violencia es compleja, se extiende a lo largo de un continuo amplio y representa una sombra que se puede manifestar dentro de todas las ideologías. Son demasiados los casos donde se ha engendrado la violencia a nombre del "bien", la violencia se da siempre que se utilice la fuerza (y la fuerza puede ser física, conceptual, emocional o cultural) y en otras formas, puede ocurrir cuando nos negamos a escuchar a alguien o a trabajar con otros.

Podemos perpetrar la "violencia" cuando le inculcamos cierta ideología a los otros, cuando insistimos que la gente se conforme a ciertos marcos temporales, al involucrarnos en una acción, pero sin participación verdadera porque simplemente los fondos están disponibles, podemos rehusarnos a escuchar lo que las personas quieren y necesitan porque nosotros contamos con la experiencia de "conocer" esto. Ésta, quizás, no sea una violencia consciente, de hecho, se puede ejercer a nombre de la no violencia, pero es su naturaleza inconsciente la que la vuelve endémica y colonizadora. En un sentido, si bien no es un acto de violencia directa, la práctica ideológicamente orientada muy seguramente contribuirá a una forma de lo que el activista de la paz y experto en conflictos, Johan Galtung llamó violencia cultural o estructural (Galtung, 1990). La dulzura requiere una intención veraz que reconoce las diversas posibilidades de la "violencia" y enfrenta de manera honesta estas posibilidades, dentro de nosotros, en los otros, en nuestras comunidades y en nuestra sociedad. El regalo de entregar esta dulzura es inspirar la "veracidad" en el trabajo. Mientras más se desarme y libere a la verdad de cualquier vestigio de intenciones de dominar o colonizar, mayor peso intelectual y moral tendrá la verdad para poder convertirse en un espíritu libre, lo que se encuentra en el corazón del cambio. En la expresión "tratar con dulzura", nos referimos a todas las cualidades que tienen que ver con un trato dulce y amable y mucho más. Queremos enfatizar que el trato dulce corresponde a una actividad deliberada y con propósito y no solo un regalo de la naturaleza y una situación pasiva. También nos referimos a un tipo de movimiento muy especial, una especie de brisa que cambia las realidades, que va y viene, pero siempre dentro de un contexto apropiado de una relación. Paradójicamente, son estas mismas cualidades de dulzura las que le otorgan la libertad a un trabajador del desarrollo para poder emprender y abordar el lado ingrato del trabajo, para desafiar y cambiar, para moldearnos y reinventarnos y lo mismo con los demás, para dejar atrás todas las formas de cautiverio y aprender las difíciles habilidades que se necesitan para construir una comunidad. En su trabajo con los profesionales de las disciplinas sociales Allan Kaplan (2002: 197), comparte lo siguiente,

> abordar nuestro trabajo con fuerza y poder y, a la vez, trabajar con dulzura y amor, con compasión y comprensión, dicha sensibilidad se encuentra en el corazón de nuestra práctica.

La suavidad vincula nuestras realidades privadas con los procesos públicos, tal como nosotros enfrentamos nuestras propias realidades (nuestras capacidades, limitaciones, sueños, deseos y posibilidades) y de manera activa nos ocupamos de ellas. Enfrentamos las "realidades" de los procesos públicos y aprendemos a participar en una forma que reconoce las tensiones, paradojas y fragilidades inherentes a cualquier acción pública, sin tener temor a situarnos en el medio de una tormenta.

El regalo de poder tratar con suavidad y dulzura corresponde a la energía y oportunidad de mostrar y contar y practicar lo que se puede hacer, para hacer las cosas de manera distinta y mejor. La ignorancia, el ego y una necesidad exagerada de contar con la aprobación son contaminantes comunes que ensucian este maravilloso regalo. Cualquiera puede ser capaz de oler el hedor de estos contaminantes en los procesos y corresponde a una obligación especial del trabajador abrir las ventanas y dejar que entre el aire puro. Pero los trabajadores no se encuentran separados o sobre estas fragilidades humanas y, es muy común que, ellos mismos se contaminen en el proceso. En este tipo de situaciones no existe un substituto para pedir perdón, que esté vacío de cualquier insidia y lo que es mejor aún es que la disculpa se pida con una breve explicación, que sea simple y humilde. Es de crítica importancia tener confianza para poder permitir que se produzca la maravillosa influencia de la dulzura mientras seguimos siendo conscientes de nosotros mismos, lo que es crucial para poder abrirnos al corazón y alma del trabajo.

Trabajar con las motivaciones

La fuerza del pensamiento de Gandhi, que se encuentra en el centro de nuestra tradición y práctica, puede sonar un tanto imponente y, el llamado antes mencionado de tener una suavidad determinada, puede ser igual de desafiante. Sin embargo, la necesidad de comprender nuestro mundo "interno" adquiere mayor nitidez cuando comenzamos a trabajar de manera cercana con las personas. Nuestra motivación de participar en el trabajo corresponde a un aspecto particularmente importante sobre cómo nuestro mundo interior se conecta con el mundo exterior de la práctica. Ya existen demasiados "bienhechores" en el mundo como para no prestar atención de manera cuidadosa. Las siguientes palabras de una mujer aborigen australiana llamada Lila Watson de manera conmovedora nos señala una advertencia:

> Si vienes con la intención de ayudarme, entonces estás perdiendo tu tiempo, pero si has venido porque tu liberación personal está íntimamente ligada con la mía, entonces trabajemos juntos.

Comprender nuestras motivaciones significa ahondar en lo que implica realizar este trabajo o un compromiso hacia esta vocación. ¿Qué eventos, historias, experiencias y reacción nos incitan o nos iimpulsan a trabajar en un campo que se encuentra menos estructurado, mucho menos remunerado y menos reconocido que otros, un campo donde estamos trabajando con los sectores más marginalizados del resto del mundo? Nuestras motivaciones no son simples, ni lineales y no son fácilmente comprensibles, el hecho de trabajar para develarlos no es algo que se pueda hacer de la noche a la mañana, después de que lo saquemos desde nuestro subconsciente. Eso nos retrotrae a nuestros inicios y recordamos las historias de nuestros colegas del Capítulo Dos sobre el método implicado.

El compromiso de un trabajador con su trabajo surge desde el deseo de actuar, de involucrarse, de unirse a otros, de tratar de discernir la verdad de la mejor manera que podamos, de luchar para influir, moldear o cambiar para mejor las circunstancias. Sin embargo, nuestras motivaciones son complejas y, por lo tanto, no se basan en realidades únicas e indivisibles. A veces, para una persona en particular, puede existir una decisión única y monumental para realizar este tipo de trabajo. Pero es más común ver que es una serie de pequeñas decisiones que forman y reforman el compromiso en el tiempo, moldeado por las necesidades y circunstancias que mutan de manera permanente. Estas decisiones dibujan las direcciones que toman nuestras vidas y nos explican lo que hemos hecho de importante. El poder comprender nuestras motivaciones es un proceso dinámico, parte de ser capaces de participar de manera atenta y consciente es reflexionar cuidadosamente sobre qué nos motiva de manera general y también de manera más específica ante ciertas situaciones.

Todos tenemos historias en las cuales vemos los indicios que nos condujeron hasta este lugar, podemos vislumbrar tanto las luces como las sombras de nuestras motivaciones, esto es, aquellas cosas que podrían apoyarnos en nuestro trabajo y aquellas que volverían nuestro trabajo más difícil para nosotros. Por ejemplo, cuando se les pregunta a las personas porqué quieren trabajar en la práctica participativa muchos responden con un cliché, "Quiero ayudar a las personas que se encuentran sumidas en la pobreza". Esta es una respuesta loable y noble, que muestra un alto grado de altruismo y de responsabilidad personal para trabajar con el fin de terminar con la pobreza.

Sin embargo, esta respuesta tiene un lado oscuro, ya que querer "ayudar a las personas", se asocia muchas veces con el deseo de "hacer algo por" una lógica que sugiere que los problemas "yacen" en el otro y que es el "ayudante" el que puede proporcionar un alivio de cualquier sufrimiento que esté ocurriendo. Las palabras pertinentes de Lila Watson, citadas arriba, resuenan de manera muy profunda. Lo que es inherente en esta posición es una desconexión entre el yo y el otro, uno se convierte en el que sufre y el otro en el que ayuda, con las respuestas o soluciones necesarias para resolver el sufrimiento. Existe una diferenciación de poder – al que sufre se le asocia con el problema, pero sin el conocimiento de o las habilidades para implementar la solución, mientras que el ayudante encarna la solución, cuenta con la experiencia para iniciar el camino de las respuestas. En esta respuesta se encuentra implícita una negación de que existe una interdependencia en la vida, de cuán interconectados nos encontramos en todos los problemas que atañen a la humanidad, cómo tu opresión está vinculada con la mía, aunque no se encuentren en el mismo plano y cómo nuestra liberación mutua es lo que realmente se encuentra en el meollo de las cosas.

Existen tantas historias en el mundo de la práctica del desarrollo que apuntan a las sombras que oscurecen el proceso del ayudar, cómo los que ayudan sin darse cuenta han empeorado la situación, cómo el "ayudar" ha tenido consecuencias que han provocado una mayor fisura dentro de los problemas originales, cómo los que ayudan se han dado por vencidos o se han ido mientras que la gente sigue lidiando con los problemas. Las dificultades de esto son incluso mayores si nosotros (como trabajadores) estamos dañando debido a los temas con los cuales estamos trabajando. Cuando nos vemos afectados de manera directa por aquellas cosas en las cuales nos encontramos trabajando para logar un cambio, entonces participar en ese trabajo de cambio es tanto una lucha privada como pública y los intereses involucrados son mucho más difíciles de discernir. Dichas historias apuntan a una necesidad real de los profesionales de examinar cuidadosamente cómo las historias sobre sus motivaciones están vinculadas a la manera como se posicionan en este escenario y cómo desarrollan su compromiso hacia la vida del trabajo. No estamos diciendo que "ayudar" per se sea algo negativo, más bien, estamos diciendo que necesitamos ver sus sombras y comprender de manera muy cuidadosa cómo esta motivación puede moldear el trabajo.

Cuando recordamos que el trabajo participativo comienza con un cierto grado de interés propio, también sabemos que a través de la metodología de trabajar enfocados en el desarrollo nos encontramos en un proceso de transformar el interés propio en interés público y el trabajo global del meta. Esta transformación ocurre dentro del trabajo, así también como dentro del trabajador. Así, es necesario que se dé un cambio en el equilibrio entre el interés propio y el interés público durante la vida de un trabajo del desarrollo. Existe un énfasis en el interés propio de las personas que se encuentran unidas en pos de un problema – eso es lo que genera la energía y la pasión para que las personas se puedan unir. Sin embargo, en el tiempo, si bien este interés propio no se disipa, existe la necesidad de que el énfasis cambie hacia un interés comunitario y luego prevalezca lo público, esto es, si hemos de evitar que las organizaciones comunitarias y las entidades públicas sean determinadas por individuos que actúan en función de sus propios intereses. No estamos diciendo que se debiera negar el interés propio o se lo debiera reemplazar por un interés público en cualquier etapa. No obstante, se debiera percibir el equilibrio entre ellos en movimiento, tal como cambia la vida del trabajo.

El tipo de conciencia que estamos invitando requiere una "participación consciente". Participar de manera consciente en la práctica del desarrollo corresponde a la esencia de la práctica reflexiva y es indicadora de una práctica viva, encarnando los principios en los cuales creemos, a pesar de todas las contradicciones; el ciclo continuo de estar conscientes de lo que nos está ocurriendo, qué le está ocurriendo a los demás y al mundo en el cual estamos insertos juntos en el proceso. Existe una verdad maravillosa que dice que para poder ser capaces de estar de manera consciente es necesario que podamos escuchar la "esencia" de nuestras propias historias, de poder pararnos, tal como lo dice Martin Buber, de manera clara en nuestro propio terreno (Kramer, 2003). Solo entonces podremos ser capaces de interactuar y estar de manera mutua y recíproca con las historias de los otros.

Comprometerse con el trabajo: el regalo del yo

Compromiso es una palabra que en la actualidad ha perdido gran parte de su sentido, tanto en la jerga de las ciencias sociales como en el vocabulario de la vida diaria. No obstante, para profundizar en la comprensión de nuestras motivaciones, convertirnos en trabajadores del desarrollo y nuestro propio interés, junto con la posibilidad de cultivar la práctica reflexiva, todo lo anterior requiere un compromiso.

Con frecuencia se interpreta el compromiso en términos de lo que podríamos perder al tomar una decisión para comprometernos a algo, particularmente en términos de la pérdida de la libertad, las infinitas opciones que dejamos de elegir cuando nos comprometemos con una persona o una forma de vida en particular. Las personas adquieren una fobia al compromiso, tratando de mantener sus opciones abiertas y, sin embargo, en el proceso nunca abordan realmente lo que es un temor subyacente de involucrarse con otros, lo que ensombrece la mayor parte de lo que llamamos "fobia". Es una lástima que haya ocurrido la denigración del compromiso, ya que significa que otro mundo precioso más se ha visto contaminado y es difícil encontrar un reemplazo tan correcto y veraz para describir la resolución de mente y corazón que las personas adoptan cuando deciden algo.

En esencia, a lo que nos referimos por compromiso en la vida comunitaria se refiere a tomar una decisión "de hacer algo" cuando sentimos la necesidad de actuar sobre una injusticia más que simplemente quedarnos parados y luego perseverar en la decisión de una forma que se vea por nuestro sentido de lo que es "correcto" (más que nuestro sentido de justicia). El compromiso otorga una dirección, mas no respuestas, y abre un número infinito de juicios e interpretaciones posibles sobre lo que es verdad y justo. El compromiso de trabajar en el mundo del desarrollo... con quién, en qué lugar, a qué hora, con qué propósito inmediato a largo plazo... se convierte en una experiencia que cambia sin cesar. Lo único que permanece constante es solo nuestra creencia que las cosas podrían y pueden ser distintas, más justas, menos degradantes, más libres y que mejoran la vida y que nosotros haremos nuestro esfuerzo.

Al adoptar un compromiso, de hecho nos estamos involucrando en un proceso de entregar un regalo y el obsequio más fundamental en el trabajo del desarrollo es el más humano, valiente y humilde de todos, el regalo del yo. Tomamos decisiones de dar, asistir, responder, reírnos, celebrar, sufrir y compartir con otros. El regalo del yo está impulsado por un sentido de lo que es correcto y necesario. A pesar de todas las limitaciones que pueda tener el trabajo del desarrollo, su falta de estatus, su reputación del conservadurismo reaccionario, su ubicación que se encuentra lejos de los centros donde todo ocurre, si el trabajo es ético, entonces goza de un poder para insistir en las respuestas humanas a los problemas humanos y la fortaleza de ser honestos y resistir caer en la tentación de ser comprado. A menos que reconozcamos el elemento ético y moral del trabajo y lo integremos con un compromiso consciente, será fácil que perdamos el curso de nuestro camino. Nos podemos embarcar en búsquedas interminables para obtener la respuesta "más completa", regulaciones estrictas sobre prevención de incendios, listas de cosas que tenemos que hacer y no hacer, trucos mágicos que podrán completar el "trabajo" del desarrollo. Pero la sabiduría de nuestra tradición nos deja entrever que no existen trucos ni respuestas fáciles, pero es difícil aceptar esta sabiduría cuando estamos tratando desesperadamente de hacer que las cosas sean más fáciles y que podamos hacer lo correcto. Necesitamos reconocer que existe el dolor, pero también mucha alegría, experimentación pero también emoción. Tenemos que recordar que existe un regalo humilde del yo que es el que ofrecemos, respaldado por el compromiso que nos puede llevar por los buenos y malos momentos. Cuando la práctica se encuentra arraigada apropiadamente en este nivel de humor, esperanza y capacidad humana, no existen supuestos, sino que más bien un viaje con los horizontes abiertos y lleno de la riqueza que nos brinda la vida.

A pesar de que pueda sonar un tanto altisonante, el regalo del yo no se debiera entender como algo pomposo. Sin embargo, es desalentador y engañador si se emprende con una actitud farisaica. Las personas rápidamente se dan cuenta de que se están promocionando a sí mismos y en un abrir y cerrar de ojos dejan de cooperar. Con una plétora de movimientos sociales que se ofrecen, con propósitos sociales marcadamente distintos, es poco probable que alguno de nosotros podamos aseverar sin temor a equivocarnos que hayamos encontrado "el camino", "la verdad" que resolverán los problemas que aquejan al mundo. El difícil camino que implica construir una comunidad se vuelve más difícil cuando los procesos se enfrentan contra dichos escollos ideológicos. Con nuestro mismo compromiso declaramos que tenemos algo que ofrecer, algo que se basa en nuestra experiencia y algo que otras personas necesitan y quieren aprender de nosotros, pero esto no nos da la licencia para predicar, sino simplemente para entregar.

Si el compromiso hacia el desarrollo participativo puede ser a veces un arma de doble filo, también es algo que no siempre nos sentimos con la capacidad de tener de manera pública. Siempre es difícil cuando a uno le preguntan en una fiesta ¿a qué te dedicas? y uno trata de saber cómo responder. Escoger trabajar con la comunidad debido a una opción ética es algo que desafía el sentido común de muchas personas. El trabajo no es bien pagado y uno tampoco puede garantizar que va a poder mejorar los problemas y lo va a hacer de manera más rápida en comparación con otras formas de enfrentar dicha situación, pero se vuelve incluso más difícil porque trabajar en una comunidad pone nuestros corazones y energías fuera de los sistemas sociales dominantes y sus estructuras. Uno trabaja en los lugares marginales, con personas que con frecuencia viven en la pobreza y están plagados por impotencia y muchas veces el trabajo que realizamos en el gran abanico de las políticas sociales se percibe como irrelevante. El peso político real de la "comunidad" es más o menos cero, aunque la retórica quisiera que se perciba lo contrario. Si vemos más allá de las posturas formales sobre la comunidad y su importancia, los gobiernos y, de manera creciente, las empresas perciben a las comunidades como el dominio y el repositorio de todas aquellas personas que se han escondido de la corriente convencional. Las personas que no calzan en el sistema, cuyas vidas problemáticas no se pueden arreglar por las soluciones producidas de manera masiva, que no pueden mantenerse al día y que al fin y al cabo no cuentan. Ellas son personas que no son parte de lo que a todo el mundo le importa. Entonces, al decidir trabajar con las personas que se encuentran en los confines de la sociedad, dentro de un marco metodológico que los coloca en control de los procesos y resultados, también nosotros, los trabajadores, nos colocamos fuera de la corriente convencional y, por lo tanto, necesitamos generar nuestra fortaleza para poder lidiar con las implicancias de lo que esto conlleva.

Entonces el compromiso requiere un trabajo constante más que darse por vencido después de la primera explosión de entusiasmo sobre el método. No se trata tampoco de tener una fe ciega en la práctica del desarrollo participativo. Más bien se trata de comprender cómo podemos cimentar nuestra fe en los procesos del desarrollo mientras mantenemos nuestra mente abierta a las dificultades que todo esto conlleva, debido a la adicción convencional que existe por soluciones y control "rápidos". Debido a que nadie puede comprometerse a nombre de otra persona sin afectar la integridad y libertad de los otros en dicha opción, cada trabajador, en el tiempo, construye la naturaleza de su compromiso de su propia manera. El compromiso corresponde a una parte sensible y compleja del trabajo del desarrollo participativo porque nunca terminamos de comprender el compromiso adoptado por otro y tampoco podemos dar por sentada la contribución de otro. Muchos de los roles a los que estamos acostumbrados, tales como los de empleador-empleado, padres-hijos, doctor-pacientes, no logran abarcar dichos niveles altos de libertad y flexibilidad con expectativas simultáneas de interdependencia. En esta era posmoderna estamos tan acostumbrados a dividir y comparar, disfrutando la flexibilidad a partir de complicaciones enmarañadas de interdependencia y libertad de la tenacidad del compromiso, pero la misma naturaleza del trabajo participativo nos obliga a construir puentes entre ambos mundos. De esta forma, el trabajo del desarrollo participativo es más una vocación que una carrera.

Entre compañeros

En este momento nos encontramos por terminar nuestras palabras. Parece verdad que nos estamos acercando al final con un círculo, donde volvemos al "nosotros", al tanto de la necesidad siempre presente de contar con nuestros colegas y camaradas en trabajo. Nuestra vocación no tiene que ser heroica, sino que más bien se construye con piedras fundacionales basadas en la interdependencia y reciprocidad. No corresponde al trabajo de una persona aislada, aunque hayamos hablado hasta la saciedad sobre la verdad de la práctica, que debe incluir el componente de la consciencia de uno mismo en ella.

El trabajo del desarrollo, como vocación, no debiera ser heroico y, no obstante, es un trabajo privilegiado. No tenemos que trabajar por mucho tiempo para darnos cuenta de que hemos compartido mucho con un sinnúmero de personas y nuestros compañeros de trabajo se han convertido en nuestros colegas, compañeros y amigos. A medida que pasan los años, se comparte y se confía tanto de tal forma que se forjan relaciones muy profundas y especiales, algunos se convierten en nuestros camaradas y nos entregan la energía vital que ayuda a que el trabajo se transforme en la actividad especial que es. Este es el lado receptor del regalo del yo, el regalo del otro.

El regalo del compañerismo puede servir a los propósitos sublimes de liberación, revolución, descolonización, empoderamiento, atestiguar, desarrollo comunitario, justicia social, resistencia, buen gobierno, servicio, libertad y derechos humanos. También sirve a los humildes propósitos de la vida diaria y la multitud de labores necesarias que se deben ejecutar para construir una comunidad. Ya sea que se perciba como sublime o mundano, el compañerismo goza de una forma reconocible por tener una relación tanto pública como perdurable entre las personas. La amistad, con su acogedora comprensión de la forma de la vida de otras personas, su lealtad personal y una aceptación abierta, no corresponde al mismo regalo que es el compañerismo. Éste es más disciplinado que la amistad, más político que la vecindad y más orientado hacia el exterior que las relaciones íntimas que compartimos con los amantes, parejas o familiares. Los verdaderos compañeros son amigos, vecinos e incluso familia, pero incluso van más allá. Los compañeros son aliados en la lucha para construir una comunidad, que comparten un sueño, se arriesgan y soportan el peso de un viaje hacia la acción pública.

¿Qué podemos decir sobre este tipo muy particular y especial de relación, que es similar también, pero diferente de una asociación de colegas profesionales, con conocidos, con familiares y amigos? Quizás podríamos decir que el mero hecho que exista es un milagro. No es para nada una exageración decir que casi cualquier fuerza social, económica y política, dentro de una comunidad, amenaza con afectar o destruir el compañerismo. Muchos de nosotros nos encontramos trabajando y viviendo en maneras que no son éticas para la vida en comunidad. Con frecuencia, tenemos que realizar un esfuerzo enorme simplemente para mantenernos en contacto entre nosotros. Viajamos largas distancias para estar brevemente presentes ante los otros, programando nuestras reuniones con semanas de anticipación para visitar las agencias en la calle o en la esquina, quitándole el tiempo que le dedicamos a la familia y amigos para asistir a una reunión.

Además, existen limitaciones y presiones dentro del trabajo que separan falsamente nuestros esfuerzos comunes: pautas de financiamiento, límites rígidos entre los grupos objetivo, descripciones de trabajo limitadas, lealtades locales y rivalidades entre estados y regiones, separación por género y raza, prioridades en competencia, diferentes procedimientos de trabajo, chismes y rumores hirientes, estereotipos, pequeñas políticas y una gran cantidad de grupitos y clichés. El resultado neto de estas y otras fuerzas demasiado familiares es el desmembramiento de lo que podría ser un poderoso movimiento de trabajadores del desarrollo. Terminamos conociéndonos muy poco, demasiado bien o nada en absoluto. No es de extrañar que las relaciones sean tan difíciles de sostener y que los verdaderos camaradas sean tan escasos.

Sin embargo, a pesar de las dificultades externas y nuestras imperfecciones internas, a menudo es este compañerismo especial en el trabajo lo que nos mantiene en marcha, especialmente cuando las cosas se ponen difíciles. Es útil saber que no estamos solos y que nuestros problemas no son únicos. Al vincular a los presentes con los del pasado y los que están por venir, el compañerismo puede saltarse las barreras del tiempo, la geografía, la edad, la clase, la raza, el género, el idioma y la cultura. También hace posible que los trabajadores compartan su sabiduría de práctica colectiva, ya que la piedra angular es nuestro bien común, no el beneficio de una persona en particular. El compañerismo está ahí para que mostremos interés en los demás, para renovar nuestro coraje, para sostener a los que toman riesgos. Está ahí para que nos aferremos unos a otros cuando las probabilidades no se vean bien, e incluso cuando se haya hecho todo lo que se puede hacer, animarnos unos a otros a dejarnos llevar, aprender de la experiencia y seguir adelante. Los compañeros se afirman y se desafían mutuamente, curan las heridas, desafían a los amos y señores, hacen los informes juntos, pero especialmente están inequívocamente presentes el uno para el otro. Los regalos en el compañerismo no son nada pomposos, ni vergonzosos, con frecuencia son tan simples como ir juntos a tomar un trago, o a comer, prestar un libro o música, escribirle una nota o hacer una llamada rápida. Las caras, voces y características personales de los compañeros conocidos son una gran parte de la alegría del trabajo.

Los verdaderos compañeros no dicen "bien hecho" cuando no es así, ni pretenden que no hay dificultades cuando las hay, pero agradecen y aprecian con alegría los riesgos asumidos y el esfuerzo realizado. Sin organización formal, roles o procedimientos, no prestamos juramentos de lealtad y no nos adherimos a ninguna doctrina de partido, pero existen reglas y recompensas informales que a menudo son más poderosas por ser parte del espíritu no declarado del trabajo.

Desafortunadamente, es más fácil sacar de la red a los compañeros potenciales que reclutarlos. También existen, como en todos los movimientos y agrupaciones de personas marginadas, dilemas continuos sobre la libertad, la responsabilidad, la cohesión grupal y la autonomía individual y, en particular en estos tiempos, confusiones sobre la naturaleza del liderazgo o la iniciativa dentro del amplio ámbito del desarrollo de las personas y, en particular, su expresión participativa. Estas confusiones pueden llevar a acusaciones que pueden ser crueles, ya que, con mucha frecuencia, el acusador, sin ninguna acción que defender, puede revestir sus opiniones con las trampas de un alto nivel moral: su percepción desde la retrospectiva es tan clara e inteligente. En marcado contraste, quien asume riesgos y cuyo trabajo y registro está ahí para que todos lo vean es potencialmente vulnerable y desordenado.

El compañerismo refleja el tipo de relaciones que queremos fomentar entre todas las personas de la comunidad, entre los locales, entre el gobierno y la comunidad, entre los sectores, entre los estados y las naciones. Como en todo movimiento popular, las personas anhelan nuevas y mejores relaciones humanas para dar vida al nuevo orden. Nuestro objetivo es fomentar este nuevo orden en el kibutz, en las cooperativas y colectivos, en la parroquia y en la sede local del partido político o en el vecindario local y en el lugar de trabajo, cuya suma, es ni más ni menos la comunidad. Se necesita tiempo y madurez para darse cuenta de que nuevos y mejores compañeros, los interesantes que nos divertirán y el querido amigo que nos apoyará con devoción, no están "allá afuera", esperando el descubrimiento. Ya están aquí y los conocemos, incluso si no los reconocemos como tales. En el trabajo de desarrollo, los camaradas a menudo resultan ser las personas que ya conocemos, en los lugares donde vivimos y trabajamos, personas muy parecidas a nosotros mismos.

Sin embargo, a pesar de todas sus maravillosas fortalezas, el compañerismo es tan limitado como cualquier otra relación. Éste no es un matrimonio, no es un contrato comercial, no es un intercambio y, ciertamente, no es una cobertura de seguro. A menudo y decepcionantemente, está cargado de fragilidad. Cuando los recursos son escasos y los nervios se encuentran destrozados, las circunstancias que forjan un propósito común también pueden romperse y mutilarse. Es un error romantizar el compañerismo o esperar que los camaradas nos entreguen lo que no pueden. Aunque cuenten con la mejor voluntad del mundo, los compañeros no pueden dar todo lo que necesitamos para el desarrollo personal o profesional, ni pueden protegernos de la soledad y el dolor.

En conclusión

Con todas estas palabras sobre el compañerismo en mente, una de las cosas maravillosas de trabajar en comunidad es que podemos convertirnos en socios en la tarea de crear y mantener la camaradería, conscientemente instrumental en su creación. Este libro es uno de nuestros intentos por fomentar el compañerismo, proporcionando una metodología participativa, dialógica y comunitaria, infundida con el rastro de la tradición gandhiana centrada en las personas, con un marco claro que le da al lenguaje el tipo de prácticas y sabiduría que podrían servir de base para un mundo mejor. Como autores, podemos invitar legítimamente a las personas a unirse al trabajo. Con este libro, como compañeros potenciales, podemos ayudar a preparar a los trabajadores para que lo hagan bien y mostrar lo que otros están haciendo o han hecho. Nadie puede capacitar a una persona para que se convierta en un trabajador o un compañero; es, después de todo, un don, pero podemos apreciar, sensibilizar, agradecer, celebrar, incluso advertir y confrontar a las personas mientras participan en el trabajo participativo.

Esta invitación tiene implicancias muy prácticas. No existe una división entre teoría y práctica que asuma que las personas aprenden la teoría y la práctica del trabajo de desarrollo por separado. El trabajo trata sobre la acción práctica y aprendemos ideas, practicamos habilidades y desarrollamos relaciones que nos ayudarán a tomar una acción. El contenido o la agenda de la acción es infinitamente variado. Podría ser un proceso de consulta con una comunidad sobre agua potable más segura, o sobre cómo garantizar que los jóvenes, los ancianos o los más vulnerables puedan expresar su opinión sobre este u otro aspecto de la vida. Tales acciones canalizan nuestras energías y preocupaciones al reducir el número infinito de posibilidades. Al hacer esto en lugar de esto otro, el hacer que las tareas sean concretas y específicas, le da al trabajo una identidad pública y enfocada. Este ámbito práctico es el lugar de nacimiento, la guardería y el hogar de la camaradería. Es el crisol de la praxis, ese ciclo de acción y reflexión desafiante pero siempre gratificante.

Sin embargo, también parece increíble en este ciclo de praxis que se encuentra en el corazón de la práctica participativa, que uno de los aportes que crece en términos de importancia a medida que pasan los años sea que el trabajador agradezca a las personas y hable sobre agradecer a otros por su contribución. El agradecimiento al que nos referimos no es el de un funcionario del área de servicios al cliente bien capacitado. El agradecimiento puede ser una simple mirada que dice "bien hecho", un gesto de reconocimiento, la nota de agradecimiento... cualquiera de estos comportamientos y muchos más, que afirman, se unen y celebran los esfuerzos de un individuo por construir comunidad. Estas son las semillas del centro vital que hacen posible la vida comunitaria.

Ha llegado el momento de lamentar o celebrar un final, de dejar este libro de lado y volver a entrar en el mundo, incluso cuando sentimos que hemos viajado juntos, autores y lectores, para crear un nuevo mundo. Como parte del lamento o celebración, terminamos con las potentes palabras de Fran Peavey, autor de *Heart Politics* (2000: 386–7),

- Si puedes mantenerte enfocado en tu tarea, mientras que a tu alrededor hay un caos;
- Si puedes mantener un estilo de vida simple mientras que a tu alrededor, la gente se ve consumida por el consumo y la acumulación de riqueza;
- Si puedes recordar tu verdadera tarea de cara a las pautas del financiamiento;
- Si puedes recordar que las personas que están frente a ti en cualquier lucha han dividido los corazones y cada parte de cada corazón anhela el bien común;
- Si puedes trabajar para alcanzar objetivos sociales positivos sin ser arrogante o moralista;
- Si puedes determinar cuándo has hecho suficiente trabajo y te permites descansar y jugar sin culpa;
- Si puedes recordar estar orgulloso de ti mismo, de tus tradiciones y de tu gente, incluso mientras trabajas para cambiar algunos aspectos dentro de ti o tu cultura;

- Si puedes recordar que todo lo que te rodea es apoyo para ti y tu trabajo, aunque ese apoyo no siempre sea visible;
- Si puedes recordar que ningún principio abstracto es más importante que la vida misma;
- Si puedes mantener tus relaciones íntimas, así como tu jardín, un hogar floreciente y nutritivo para tu alma;
- Si, entre el quebrantamiento de la vida, puedes encontrar fragmentos de esperanza y elevar esa esperanza a las masas de una manera que los inspire a soñar de nuevo;
- Y si puedes mantener tu sentido del humor mientras te enfrentas al sufrimiento y la devastación y todavía llorar por el dolor de este mundo en estos tiempos,

Entonces puedes ser un trabajador del cambio social, mi amigo, y te garantizo que no hay un amor más grande, ni una vida más significativa disponible en la humanidad. Encontrarás alegría en casi todos los días, y paz mientras tu cabeza reposa sobre la almohada cada noche. Cada uno de nosotros puede hacer muy poco para preservar la vida mientras pasamos por este mundo, pero es importante que aportemos con nuestra pequeña parte. Es todo lo que podemos hacer. Hacer historia no es una ciencia, sino un misterio genuino con componentes de pasión, verdad y engaño, todo mezclado en un complejo péndulo de tiempo. La historia puede (o no) juzgar nuestro trabajo con amabilidad, no tenemos el control, pero podemos estar tranquilos en la seguridad de que hemos hecho todo lo posible con lo que sabíamos.

Consideramos la fuerza del alma, que es la tradición a la que pertenecemos, como la fuente de energía para hacer este trabajo. El arte y la práctica de encauzar gentilmente el alma-fuerza. Este capítulo es una revisión final de nuestras motivaciones para hacer este trabajo antes de que terminemos en compañía de nuestros camaradas. Esperamos que puedan descansar tranquilos, queridos lectores.

Referencias

Galtung, J. (1990) 'Cultural Violence', *Journal of Peace Research*, vol. 27, no. 3, pp. 291–305.

Kaplan, A. (2002) *Development practitioners and social process: artists of the invisible*, Pluto Press, London.

Kramer, K. (2003) *Buber's I and Thou: Practicing Living Dialogue*, Paulist Press, New Jersey.

Peavey, F. (2000) *Heart politics revisited*, Pluto Press, Sydney.

Índice

La letra r si sigue a un número de página denota un recuadro; f, una figura; y t, una tabla.